現代南インドの女性たち

カーストがもたらす規範と幸福

西村 祐子
Nishimura Yuko

新曜社

はじめに

二年にわたるコロナ禍が過ぎ去った二〇二二年の夏、筆者は久しぶりに南インドのチェンナイを訪れた。チェンナイ市の訪問は当時研究テーマとしていた皮革産業についての調査のためだったが、いつものように同市に住むウマーとその家族に会いにでかけた。居間に腰を下ろすと、彼女は筆者に「エム・エイ・エムが亡くなった」と告げた。エム・エイ・エム、と呼ばれるのは彼女の母方交叉イトコで年が一〇歳以上離れているMAMラーマサミィの略称だ（交叉イトコとは、父のシマイの子供あるいは母のキョウダイの子供）。彼は南インドきっての財閥の総帥で、たえざる闘争と華やかなスキャンダルに彩られた人物だ（Mは彼の曾祖父のムッタイヤー、Aは祖父アンナーマライ、最後のMは父のムッタイヤーを指し、彼を呼ぶときはMAMと「屋号」のように使用する）。

このところウマーの家を訪れるたびにまず耳にするのが「誰それが亡くなった」というニュースなのだが、筆者はMAMの妻とは親しかったものの、MAMと話をしたことなどない。「ああそう」といって話を切り上げようとした。だがウマーはまだ何かを話したいように筆者をみつめている。

元々ＭＡＭを筆者に紹介しようとしてくれたのは南インドを代表する英字新聞の「ザ・ヒンドゥー」紙の社主のＮ・ラーム氏だった。「何百頭も馬を持っていて、競馬に熱中しているとても面白い人物だ。ぜひ会ってみればよい」とすすめられた。目の前で紹介のために彼に直接電話をかけてくれ、筆者は大いに恐縮したのだが、当時の筆者はフィールドワークの経験が浅く、「競馬に夢中になっている中年男」がなぜ筆者の研究にとって重要なのか、まったく理解できなかった。そうして結局その時は会わずじまいだった。だが、その後筆者は彼の妻のシガッピ・アーッチーや父方オバのラクシュミー・アーッチーと仲良くなった。彼の還暦を祝う盛大な式典の準備の間にもＭＡＭを目にしたことはあるが、なかなか気難しそうな印象だった。しかし親族の女性たちは彼に対してはいたわりのまなざしを向け、彼も彼女たちに従順に従っているようにみえた。

長年にわたって交流が続くと、お互いに年をとり、訃報を聞くことが増えてくるものだ。だが、いかにもあっさりした筆者の態度にウマーは拍子抜けしたらしい。何か言いたそうになおもこちらをみているが、その時は無言で話を切り上げた。

本書を書きながら、その時のことがよみがえってきた。おそらく彼女はＭＡＭと彼の養子をめぐる対立について話しておきたかったのだろう。ＭＡＭと養子のアイヤッパンの間に壮絶な対立があったことはその後に知ることになるのだが、その結末を語り、分析の糸口を示してくれたのは彼の周囲の女性たちだ。

彼らはナガラッタールという商業カーストに属している。彼らの社会における価値規範の一端を、親族構造と婚姻制度の観点から考察し、日本の読者のために読み解こうとするのが本書である。それゆえ、インドの専門家や研究者志望の方々だけでなく、インド社会を理解したいと望んでいる読者のために本書は書かれた。

本書で取り上げられるのはナガラッタール・カーストという事例になってくるために、当然ながら南インドの社会についての考察となり、北インドの事例は比較対象として扱われる。

インド文化を論じる場合、ことさら北と南をこのように分けるのには理由がある。両者は社会構造のありようや、カースト観においての大きな違いがある。言語体系も異なる。北は主にインド・ヨーロッパ語系に属するヒンディー語やパンジャビー語、グジャラティー語、ベンガル語などが話されている。これに対して南インドはドラヴィダ言語系とされる四つの言語、すなわちタミル語、テルグ語、カンナダ語、マラヤラム語を話す。親族体系も異なる部分がある。南インド諸州は一四世紀半ばから一七世紀半ばまでこの地域を支配したヴィジャヤナガル王国にみられるように、北インドからの侵入者たちを防ぎ、ヒンドゥー文化圏を貫きとおした地域である。したがってヒンドゥー教における社会規範や儀礼は、北インドより南インドにより色濃く残されている。サンスクリット語の文学や宗教的伝統も南により色濃く残っている。

ヒンドゥー教はインドの民間宗教であり、日本における神道に似た特徴をもつ。キリスト教やイスラム教のように「入信」するというよりその環境で生きることにより身につく風俗習慣だ。本書で考察される古典的な婚姻形態である交叉イトコ婚に関しても、元来は北インドでも実施されていたものだ。だが北インドは西方からのさまざまな民族の侵入を受け、社会変化を遂げ、婚姻形態も変化せざるを得なかった。北インドは今日のパキスタン、アフガニスタン、イラン、イラク、あるいはトルコなどとの文化的な共通性も多い。交叉イトコ婚も平行イトコ婚も「近親相姦」として避けられる（平行イトコとは、父のキョウダイの子供あるいは母のシマイの子供）。

だが、南と北がそれほど異なるとすれば、インドと日本は文化的にどれほど隔たっているだろうか。筆者は隔たっているようでも、案外南インドと日本との共通点はあると思っている。だが北インドはかなり違う。筆者が初めてインドを訪問したときに聞いた話が端的にそれを示している。

デリーに駐在していたある日本人の商社マンが次のような話をしてくれた。「インド人は、我々に話を持ち込んでくるとき、黒いカラスをもってきてそれを白いハトだと主張する。何を言う、これは黒いカラスじゃないか、と文句をいい、抵抗する。だが、説明を聞いているうちに、黒いカラスの色がだんだん灰色になり、しまいには真っ白なハトになって飛び立ってしまう」。あっけにとられる日本人ビジネスマンをしり目に北インドのビジネスマンたちが強引にビジネス交渉をするさまが目に浮かぶ。言い得て妙なので、感心したものだ。

これに対し、南インドの論理展開はかなり異なる。黒いカラスを白いハトにするよりも「信義」と「継続した信頼関係による取引」、「安定性」を重んじる。取引に際して「神々の前での真正さ」をもちだすこともある。本書で言及するナガラッタールの場合、伝統的な取引の場合は信奉するシヴァ寺の本殿の前で、神に誓って真正な取引であることを誓わせることもあったという。継続性を重んじ、どちらかというと保守的で社会に安定感がある。このような政治的な安定性があるゆえに産業も発展する。インドにおけるシリコンバレーとは南インドのバンガロールやトリヴァンドラム、ハイデラバード、チェンナイといった都市だし、北インドよりも英語を話す人口が多いため、欧米のバックオフィスとしてのコールセンターも多い。欧米で仕事を得、定住する若者が多いだけでなく中近東に出稼ぎにゆき帰国してビジネスを始めるイスラム教徒もいる。総じて北インドのような激しい競争、ジェットコースターのような論理の展開と応酬などは少ない。そして、識字率や女性の就業率は北インドより高い。

もしかして、こうした南インドの社会の安定性こそが彼らの経済的発展を支えているのではないだろうか。そのように筆者は類推した。それならば、彼らの伝統的な親族構造は経済発展を妨げるどころか社会の安定化に寄与するはずだ。

商慣習についてもヒンドゥー教徒としての倫理があり、日本人との親和性を説く人々もいる。本書に登場するナガラッタールのなかには日本人をよく知る人物もおり、その上で「日本人ともっともうまくやっていけるのはわれわれだ」と豪語する。確かにかつては重要な商取引を行う場合は寺の拝殿で神の前で双方が正直さを証明するために誓いをたて、証文を交わしたという話などを聞くと、日本における近江商人の商業倫理を思い出してしまう。

商業カーストだけを調べて南インド社会全体がわかるはずがないと思われるかもしれない。それでも、日本の近江商人の商業倫理は、彼らだけにとどまらず近世日本の商業倫理や道徳観に共通する要素を強くもっている。同様に、インドの商人たちの商業倫理も当該社会の倫理に共通するものをもっているはずである。

だが、いままでのインド研究者の多くが見逃してきた点にも筆者は注目したい。それは女性の視点だ。筆者は本書を書きながら、彼らの商業倫理を支えているカーストの理念の中枢に女性の存在があるのに気づいた。ビジネスを執り行うのは多くが男性だ。だがそこだけみても彼らのビジネスはわからない。彼らの活動の背景には女性たちがもたらす人脈と文化・経済活動が存在する。そんな女性たちを糸口にすれば、南インドのカーストや婚姻形態についてより深く知ることができるのではないだろうか。筆者はそう予測し、調査を始めたが、それは正しいと今では実感できている。

このため、本書の序章ではインド研究でこれまで議論されてきたカースト論や親族構造論、浄・不浄論などにあらかじめ言及せざるを得ない。この部分が面倒だと感じる方はとりあえずその部分を読み飛ばし、ナガラッタールのカーストが成立した過程に関する考察部分から読み始められてもかまわない。読み進むうちに途中で「カースト」や、浄・不浄論について知りたいと思い始めたら、序章に返ってその部分を読んでいただければよい。きちんと序章から読まれるに越したことはないが、その折は、しばし辛抱してお付き合いいただければ幸いである。無論、これらの予備知識があれば第一章以降の理解に大きく貢献する。翻って序論を読み返す必要がないから便利ではある。

第一章から終章まではナガラッタールのウマーとその一族の女性たちをめぐる一続きの物語だ。これは彼女たちの人生の諸段階を追ってゆくかたちで話が進められる。

第一章では今日のインドの結婚事情が論じられ、若い人々がどのように結婚を決めるかについて詳述される。そして二一世紀でもカーストがなぜ配偶者選択の重要な要素になっているかが考察される。

第二章では婚姻に際しての重要な要素であるカーストの内部構造を考察する。そこに立ち現れてくるのが「範例」としての交叉イトコとの婚姻の重要性であり、ナガラッタール・カーストが事例に取り上げられる。また、この章では、ナガラッタール・カーストのなかで「アーッチー」（アネ）という親族名称で呼ばれる既婚女性の地位についての考察を行う。

第三章は既婚女性のパワーと密接にかかわる結婚持参材の考察を行う。ムコ方からの過度な持参材の要求は現代インドの大きな問題となっているが、元来は女性の財産権として考えられていたのがハナヨメの持参材である。その持参材について、ナガラッタールの事象を論じながら原点にもどって考察する。

第四章ではハナヨメ側を中心に、結婚式において執り行われる儀礼の象徴分析を行う。分析を通して女性が妻方と夫方の親族をつなぐ存在としてどのように機能し、母方オジが婚姻とどのようにかかわっているかを考察する。

第五章では既婚女性の夫が六〇歳に達した折に祝われる「サーンディ」の儀礼を考察し、生存する夫をもつ吉兆の女性（スマンガリ）が果たす役割について考察する。本章で扱われるサーンディの祭典は上記に言及したMAMラーマサミィのものである。

第六章は吉兆のスマンガリに対峙する凶としての寡婦（アマンガリ）の地位について考察し、南インドにおける吉兆性のシンボリズムについて考察する。また、葬送儀礼を支える父系親族（パンガーリ）と婚姻儀礼を主導する母方オジ（姻族）の役割における対比関係についても考察する。

エピローグでは本書を通じて登場してきたウマーと彼女の一族の「いま」を追い、親族構造とカーストが織りなす南インドの社会的安定性に及ぼす女性の役割について考察する。

本書には実は前編がある。かつて筆者がLSE（ロンドン大学）で博士号を取得した論文をもとにして執筆した英文の著作だ（Nishimura 1990）。だが、年を重ねるうちに当時は思いおよばなかった視点でインドの親族関係が浮かび上がってくるようになり、本書を書きたいと強く思うようになった。

本書はクロード・レヴィ＝ストロースの『親族の基本構造』から強い影響を受けている。だが、それ以上に、現地の人々との三〇年以上の交流からの影響がある。彼らの日常に隠されている意味については、若かった頃は到底思い至らなかったことが多い。以前よりも人々の感情や行動の機微に気づくことができるようになったのは彼らの薫陶のおかげである。

何年も会っていなくとも、チェンナイを訪れる筆者をいつでも喜んで迎え入れ、日々の移り変わりや感情の機微を語ってくれた人々の思いを、果たして日本語でうまく伝えられるだろうか。そのことについては不安もある。だが一方では、日本と南インドは「案外共通するものがある」と読者に感じてもらえたらよいとも願っている。本書に登場する多くの人々がすでに鬼籍に入った今、本書が残された人々と彼らの思いがつながるための糸口となれば幸いである。

目次

装幀＝はんぺんデザイン　吉名昌

序章　「カースト」に内在する平等性

ヴァルナとカースト

インドを語るとき、我々は「カースト」という語彙を思い浮かべる。「カースト」といえば、高校の世界史の教科書などで「インドの古代から続く出生による身分制度」として言及されることが多い。そして「バラモン、クシャトリヤ、ヴァイシャ、シュードラという四つのカテゴリーがある」などといった記述を目にする。さらに、シュードラ（農耕民、漁民）の下に存在していたチャンダーラ（不可触民）とされる隷属民が存在し、インドにおける「カースト制度」には現在も大きな問題があるとされることが多い。

だが、現地では日常会話で「カースト」という単語が用いられることがほとんどない。代わりに使われるのは「ジャーティ」だ。実は「カースト」は現地語ではない。「カースト」は英語の語彙だが、その元になったのはポルトガル語の「カスタ」(家柄、血統)で、この語を現地の慣習に言及する折に用いていたのは一六世紀の南インドを訪れたポルトガル人だ。しかし彼らはアフリカやペルシア湾岸を訪れた際も現地の社会慣習や血族集団を指してこの語を用いており、特にインド固有の社会制度や慣習に対して用いていたわけではない(池亀 2021)。現地ではカーストの特徴である内婚集団は、「ジャーティ」と総称される。これは、サンスクリット語の「jāta」(生まれ、存在)に由来する。

カーストへのアイデンティティは流動的で重層的な記号のつらなりからなる

「カースト」の四つの階級は、元来「ヴァルナ」としてマヌ法典などに出現しているものだ。紀元前一五〇〇年から紀元後五〇〇年の間に編纂された古代サンスクリットの諸文献のなかに、「色、外見、外観、形」を意味する語としてヴァルナが登場する。後期リグヴェーダの「プルシャ・スクタ」では、四つの社会階級として、バラモン(僧侶、学者)、クシャトリヤ(支配者、戦士)、ヴァイシャ(商人)、シュードラ(農耕民)という区分が登場している。だが、これらの区分は、当時ですら実際に内婚集団として機能していたわけではない。あくまでも記述者であるバラモンにとっての理念形だった。

これに対して実際のカーストは出生や世襲職業によって決定される地域的な集団で、現に機能している内婚集団だ。それぞれが、トマール、シソーディヤ、マラタ、ナーヤールといったカースト名をもつ。このカーストがさらに分岐してサブ・カースト化していることもある。たとえば、ナーヤールにはメーノーン、クルプ、パニッカーなどというサブ・カーストがある。アイヤンガー、アイヤー、などというカースト名を英語で姓のように名乗り、スブラマニアム・アイヤーなどとしている米国定住のインド人もいる。それを聞くと南インドのバラモンとわかる。インドの人々は、これらのカースト名を聞くと、大体がヴァルナモデルによる「カースト」を連想できる。だが、たとえバラモン同士であっても、異なるカーストの間では通常は通婚関係がない。それは社会的評価のランキングが異なるからではない。風俗習慣や人脈が異なるからだ。この感覚を類推するために日本の地域名にあてはめて想像してみると、以下のようになるだろう。あくまでもまったく架空のストーリーであることを強調しておきたい。

カーストの特徴は、そもそも同じ職業についていた地域集団だということから始まるので、過去に「鍛冶屋」をやっていたご先祖がいる集団を北海道で想定してみよう。伝統的職業は、現在ついている仕事とはかかわりがない。仮に北海道の旭川で鍛冶屋をやっていた先祖をもつカーストがあるとする。そしてその集団の人口が一〇万人程度いるとする。彼らはもはや鍛冶屋を職業としなくなってもその子孫たちが「旭川鍛冶屋」というカーストを名乗り、内部で結婚相手を見つけているとしてみよう。苫小牧を本拠地とする、先祖が鍛冶屋の集団は、「苫小牧鍛冶屋」というカーストを名乗り、旭川の集団とは通婚しない。だが旭川鍛冶屋のあるグループがたまたま苫小牧に住んでいるとしよう。そのひとりと結婚した旭川鍛冶屋の女性は夫の居住地区に移動し、子供は苫小牧にいても「旭川鍛冶屋」というカーストを名乗る。姓名は「旭川鍛冶屋太郎」となっているかもしれない。日本でも、姓に「鳥飼」や「鵜飼」、「太鼓屋」といった先祖の職業が入っている苗字もあるが、それに地名がくっついていると思えばよい。「旭川鍛冶屋」の子孫は仕事や親の関係で、ニューヨークに住むことも東京に住むこともあるだろう。昔と違って鍛冶屋をしているわけでなく、個人の生業もさまざまだ。しかし移住地で同じ「旭川鍛冶屋」カーストの人物と会えば、「どちらの居住区のかたですか」と聞くかもしれない。だが結婚するには所属する氏族集団が異なることをチェックしなければならない。カーストのなかにある父系氏族集団が同じであれば通婚を避ける。旭川にある一〇の町が、それぞれ鎮守の神を祀っており、それらの名称で「そこから派生した氏」がそれぞれの神を祀っている。そして、同じ鎮守の神を祀っている場所に出自があれば、通婚できない。必ず違う鎮守神を祀る町の出身の人とでなければならない。

だが、ニューヨーク在住の「旭川鍛冶屋」の集団は、皆で集い、そのなかで結婚相手を見つけようとするかもしれない。朝の習慣から始まり、おせちのつくり方や方言などを共有しているから、同じカーストであれば、人脈だけでなく生活習慣全般についての知識の共有が容易だ。「旭川の天神様のお祭りが」などといってもすぐに意味がわかる。それが同じ風土で育ったものとしての紐帯を呼ぶ。

実際、南インド人を両親にもつ文化人類学者のE・ヴァレンティン・ダニエル（Daniel 1987）は、「あなたの郷里はどちらですか」と南インド人同士がはじめてあったときに尋ねあうと書いている。邂逅の場所がニューヨークやカリフォルニアでも関係ない。そう聞いてから会話を始めるのだ。たとえ相手の南インド人がアメリカ生まれでアメリカ国籍でもそれを聞く。彼らにとって、国籍より「郷里」（ソンダ・ウール）がアイデンティティの要だからだ。ソンダ・ウールとは訳せば生まれ育ったまち、ということだが、生まれた場所が仮に米国であっても彼らは先祖が生まれ育った土地の名をいう。どこで暮らそうとも、インドの「ある地域」で培われたカーストの気質は、共有される。そこで生まれていなくとも、先祖を通じて個人に反映してくると考えているゆえだ。

こうした日常的な行動や言葉、象徴的な表現などから構成されるアイデンティティをダニエルは「流動的な記号（fluid signs）」と呼んだ（Daniel 1987）。その土地の土、気候、そこでとれる野菜でつくった食べ物、調理の仕方、カースト方言、特別な祭礼の祝い方などが彼らの文化を構成する。そして自カーストへの所属観はこうした流動的な「記号」の重層的なつらなりから形成される。こうしたダニエルのカースト観は、集団外にみられるハイエラルキー性よりも、むしろ集団内の文化を共有することによるカースト内の同位性、連帯性に注目したものだ。

先祖が定着した地域から離れて別の地域に移り住んでもそのカーストに所属するという状況はインド国内でも変わらない。親や祖先が属するカーストを継承し、その一員と名乗る。だがこれらのカーストは古代から分裂を続け、現在にいたっては数千あまりも存在し、内婚集団として機能している。だが、これに対してヴァルナモデルにもとづいた「ステイタス」を強調したハイエラルキー性をもつ「カースト」観も存在する。そのような「カースト」観は一七世紀以降の英国植民地時代につくられたものだ。

国勢調査によって変貌した「カースト」

「カースト」はインド固有の職業集団を意味する言葉として、ヴァルナモデルによるハイエラルキー的なカテゴリー付けを与えられ、固定化された。具体的な契機は英国植民地政府が開始した国勢調査だった。インドでのはじめての国勢調査は一八六五年に一部の北インド地域で行われたのを端緒に一八七二年に全インドで実施され、以後一八八二年から一〇年ごとに英国植民地時代を通じて行われていった。国勢調査のなかでは、カーストの「ハイエラルキー性」や特質を知り、その知識を共有するために、ヴァルナモデルによる区分評価が採用されたが、そこで参照されたのがマヌ法典だった。マヌ法典は当時すでに英語に翻訳されており、「ヴァルナ」としてのバラモン、クシャトリヤ、ヴァイシャ、シュードラ、そしてチャンダーラ（不可触民カースト）、というカテゴリーが登場していることが英語でも読むことができた。そこで、英国植民地政府は国勢調査で集められたデータを活用し、ヴァルナとカーストの概念を連関させ、統合的なハイエラルキー性によってカーストのリストをつくりだそうとした。植民地としてのインドの統治を現地の概念を取り入れつつ効果的に行うためである。英国植民地政府は行政官吏や国勢調査員として活動するバラモンの提案を受け入れ、行政上、現地住民の階層化、分類化のカテゴリーとして各種のカーストを分類するのにその上位区分としてヴァルナモデルを活用した（O'Hanlon 2017）。

この現象自体が植民地時代を通してバラモンの社会的地位と経済的なパワーが躍進した理由の一端を説明してもいる。バラモンは元来が僧侶や書記係などを伝統的職業として時の有力者や王族に仕えていた。それゆえの識字力と文献知識を武器に、今度は英国植民地政府の官吏として、あるいは医師、弁護士などの新たに創設されつつあった専門業種に携わる「都市型エリート」として近代的ミドルクラスの先駆けとなっていった。

ちなみに植民地政府がカルカッタとマドラス（現チェンナイ）に大学を発足させると、第一期生として入学した学生のほとんどがバラモンだったという。彼らは大学では英語によって、英国式の近代教育を受け、現地文化の翻訳者としても英国植民地政府の手足となって活躍した。そして英国植民地政府の官吏やキリスト教の宣教師らとともに「インドの歴史」や「インドの宗教」などについての多くの書籍を著していった。

国勢調査と連動して書かれた各地の地誌をもとにした「南インドにおけるカーストと部族」（Thurston and Rangachari 1909）においても、ヴァルナ観による「カースト」のカテゴリーづけが反映されている。以降多くの民族史研究家や官吏が同書を参照したことでも明らかなように、近代インドにおける「カースト」は英国植民地政府のカースト分類によって色付けされ、なおかつ促進されたという側面をもっているのだ。それはバラモン・カーストの視点による、彼らをカーストの頂点とした宗教的浄・不浄倫理にも反映されてゆく。

浄・不浄観はインドに限らず、多くの文化における宗教儀礼に反映されている。キヨメはどのような儀礼でもプロセスとして必須とされており、日本でも仏教が渡来する以前からキヨメの文化は存在し、神への動物供犠においても強調されていたものだった。したがって、必ずしもインドだけが浄・不浄観によってステイタスや宗教儀礼を執り行っていたわけではない。また、このような宗教的観点から浄・不浄を社会ステイタスと一致させることは難しい部分も多い。それにもかかわらず英国植民地政府がバラモンの意見を取り入れ、「ヴァルナモデル」をカースト観の根幹として採用したことは多くの禍根を残すこととなる。

だが、英国植民地政府のカースト政策は別の面からみると否定的なものばかりではなかった。最下層の不可触民カーストに対しては、英国植民地政府はそれまで彼らにはほとんど与えられていなかった教育の機会を与え、社会的な上昇を遂げることを可能にした。この結果不可触民カースト兵士のための学校の教員になったり、英国人家庭の料理人として就職の機会を与えられたりした不可触民カースト出身者もいた(1)。教育を手にし、法務大臣まで上り詰めたビムラオ・ラムジー・アンベッドカー(2)などの当時の先端知識人を生み出す機会を与えたことは評価される。

とはいえ、最下層にいた彼らとは比較にならないほどの利益がヴァルナモデルの対極にあるバラモンに対して与えられていたことも事実である。バラモン・カーストは、植民地時代以前に獲得していた経済・文化資本をフルに活用しつつ、英国植民地政府が植民地経営にあたって導入した「ミドルクラス」職への転換を果たしていった。「ミドルクラス職」はウェーバーがいうところの「社会的評価」をカースト全体に対して高めるという点においては著しい効果があったのである。

植民地支配下におけるホワイトカラー層の出現とサンスクリット化運動

西欧式の近代教育を受けていることは、高カーストのみならず、一般の中間カーストにとっても重要な階級上昇手段である。そこで、国勢調査が導入されてからは、上位ヴァルナモデルに沿った社会的評価を得ようとする動きが高まった。この結果、すでに近代的教育を受け、評価が定まっているバラモンのカースト習慣を真似ようとする動きが出てきた。次の国勢調査でバラモンまたはクシャトリヤといった高ヴァルナのカーストの範疇に彼らのカーストを加えさせるためである。上位カーストのモデルに従った風俗習慣を取り入れようとする運動の機運が低カースト集団の間で高まった。このような文化的カースト上昇志向の運動は、マイソール・ナラシムチャー・スリニヴァスによって「サンスクリット化」と名付けられている（Srinivas 1952）。その多くが上位カーストであるバラモンの「サンスクリット的」とされる風俗習慣を真似たからである。

このような地位上昇運動は、通常、カースト自体の経済的ポジションの変化とともに現れる。英国植民地時代に導入されていった貨幣経済への移行により、それまでの村落社会における相互依存によって成り立っていた村の経済は急速に貨幣経済への移行を始め、「お金を稼げる」新たな職業としてのビジネスが社会的評価を上げることに役立った。そこに率先して飛び込んでいった高カーストは村落から都市部に移り住んでゆく。一方、空白となった村落の政治領域に中位カーストが参入し、台頭し、村の政治を牛耳るようになる。このような「変化するカースト行動現象」に注目したアンドレ・ベタイルは、インド独立後のカーストや経済的な階層が変化し、カーストによるステイタスよりもクラスにパワーが移りつつあるという状況に考察を加えた（Béteille 1965）。一方、このようなカーストの動態的な側面に注目する研究者らに対し、社会構造の基層としてのハイエラルキー性をカースト思想の中枢にある「浄・不浄」の対立にみる研究者もいた。その中心的な存在はルイ・デュモンであった。

ベジタリアン神と非ベジタリアン神

デュモンはインドにおけるヒンドゥー的な宗教観の根本を浄・不浄の対立にみいだした。カーストとは、内婚による世襲的な職業をもつ下位区分集団（カースト）であり、それぞれのカーストの世襲職業における「浄・不浄」の社会的ステイタスのバロメーターによって地位が決定されるとした（Dumont 1980）。

バラモン（浄）／不可触民（不浄）という対抗軸は、「宗教的」浄性としてベジタリアニズムを説き、対抗軸の不浄を肉体（屍）の腐敗や損傷など、「血」とかかわり、死を連想させる事象、つまり非ベジタリアニズム（非菜食）の極点にある伝統的職業を想定した。そして、そのような社会的なハイエラルキー性は、神々のパンテオン（位階）にも表現され、ピュアな存在として上位に位置づけられる

「シヴァ神」や「ヴィシュヌ神」などの全インド的に知られる「サンスクリット的な」神々に対し、地域神としての「ムニヤンディ」や「ピダーリアンマン」、「カルッパン」などの肉食で酒などを供物として受け取る低位な神々が対極にあった。彼らは上位の神々を守る「守護神」となり、動物供犠を受け付ける下位カーストの神という位置づけとなる。だが、バラモンは当初からベジタリアンであったわけではない。また、多くのインド人は非ベジタリアンであり、非ベジタリアンのバラモンもいる。現在人口の三九パーセント程度が自称ベジタリアンであるという（Corichi 2021）が、肉食はしないものの魚や卵を食べてもベジタリアンだとする人々もいる。

神々の位階とベジタリアニズム

古代のバラモン教とは狩猟牧畜民であるアーリヤ人がもたらした民俗宗教で、マヌ法典によれば、祭司であるバラモンは水牛や牛の供犠が行われる際、もっとも良い肉の部分を食す権利を有していた。元来北インドのバラモンは肉食であった。それに対し、アーリヤ人よりも先にインド大陸に定住していた人々（ドラヴィダ系言語を話す人々）は農業に従事し、牛や馬の供犠を行わなかった。それらを耕作に使用していたため、食するとしても、多くが家禽類などであり、基本的には穀類、豆類、乳製品等をタンパク源とするベジタリアンであった。商人や職人などの都市民を中心に、バラモン教へのカウンターカルチャー運動として勃興したジャイナ教や仏教は不殺生を説き、ベジタリアニズムの提唱によって勢力を伸ばした（Thapar 1975）。農作業に有益な牛や馬を屠らず魚や植物性タンパク質に依存するベジタリアニズムを説く仏教やジャイナ教は農耕民や商人、職人層に受け入れられたのである。この結果、バラモン教が土着化し、中世に勃興したヒンドゥー教諸派もまたベジタリアニズムを受け入れてゆき、バラモンもベジタリアンとなっていったのである。現在高位の神々として全インド的に知られるシヴァ神（破壊神）とヴィシュヌ神（創造神）は通常ベジタリアンの神々として高カーストに崇拝され、バラモン祭司が奉仕しているが、いずれも中世にヒンドゥー教によって普遍化されていった神々である。だが、あくまでも「高位にある」というだけで、「高位にある神々」を一般の人々が熱心に崇拝しているかどうかは別の問題である。シヴァやヴィシュヌといった高位にある神々とは「具体的な願いをかなえてくれるパワーのある神」とは認識されていないからだ。本来願い事をかなえてくれるパワーがあるのは地方神で、非ベジタリアンの神々であり、カーリー女神やマーリヤンマン女神はヤギや鶏などを屠る血の供犠を要求する強い女神である。酒を好み、ヤギや鶏などの生け贄を喜ぶカルッパンなどの男性地方神も多い。

崇拝する神の位相によって高カーストか低カーストかがわかる場合もある。低カーストのなかにはムニ、カルッパン、といった非ベジタリアン神の名を子供につける場合がみられるが、バラモンは決してこれらの神々の名を選ばない。しかしながら、低位とされるこれらの神々であっても、不浄を喜ぶことはない。いずれの神々であっても礼拝する人々は身を清め、特別の願い事をかなえるためには精進料理で一定期間を過ごし、供犠やお参りを行うことが要求される。動物供犠によって血が流れる場合であってもその場は清められ浄性が保たれなければならない。神は浄を要求し、不浄を嫌うという点ではいずれも等しいのだ。

では不浄とは何か。不浄とは血や分泌物の流出、あるいは「死」という観念的なケガレが身内の死などによって一定期間もたらされる状態であるとデュモンはいう。

彼によれば、僧侶であるバラモン・カーストと世襲的な職業で不浄にさらされる不可触民カーストという二項対立がある。だが、バラモンはクシャトリヤに対してベジタリアンであるがゆえに浄性が高いといえるのだろうか。あるいはバラモンとクシャトリヤはヴァイシャよりも浄性が高いのだろうか。デュモンの図式によれば、そうなってしまう。これら上位カーストの三者は「浄性の高いカースト」として「不浄のシュードラ」カーストに対して上位のステイタスを形成する。さらにこの四者はカーストヒンドゥーとして、彼らよりも不浄なカーストである不可触民カーストに対して「より浄である」ことにより、上位のステイタスを占めるとデュモンは論じる。

デュモンによれば、インド社会の浄性はベジタリアニズム（肉、魚、卵などを断つこと）に起因している。だが、それは必ずしも「何を食するか」といった食事上の個人のベジタリアニズムによるのではない。バラモンでも肉食の人間は相当数いるが、彼らは不可触民カーストに生まれ、ベジタリアンで僧侶となった個人よりも、カーストがベジタリアンとされるゆえに、「浄性が高い」ということになる。つまり、カーストという集団において「浄である、ベジタリアンのカーストである」という評価が下されると、それは低下することがない。

非ベジタリアン食でもっとも忌まれるのは肉食、それも牛肉を食することである。不可触民カーストのパラヤやチャッキリヤ、パッラーなどのカーストは伝統的世襲業として人間の死体や動物の屍の処理を手掛けていた。それゆえ屍の皮の処理加工に長じることとなった。彼らのなかには加えて人糞の処理やトイレ掃除なども世襲職として手掛けていたカーストもある。だが、ほとんどの不可触民カーストは死体処理や動物の屍の処理によって生計を立てているわけではない。もっぱら農作業をはじめとする労務に従事している。それでもいったん「不可触民カースト」とされれば、それが社会的評価として定着する。

一方、バラモンは世襲的な僧侶カーストとして、寺に奉仕する仕事を引き受けている人々もいる。だが、内部では階層化があり、寺院の祭司職は社会的評価が低い。王によって寄進された土地をもつ地主として王国の祭事を引き受けたり、寺や役所の書記、教職、管理運営などの業務を手掛ける人々もいた。彼らは全体として識字率が高く、ヴェーダの暗唱などによる学習訓練が行き届き、公的な儀礼祭司職や書類作成などの事務職につくには有利だったのだ。

一方、デュモンによれば、浄・不浄の二項対立は、女性と男性の間にもハイエラルキーを生み出す。女性は毎月の経血によって「不浄」の状態に置かれることから、どのカーストであっても女性は男性よりも劣位に置かれ、バラモンであっても祭司をつかさどることはできず、月経中や産後しばらくは寺から遠ざかっていなければならない。

だが、いかなる儀礼においても「浄」であることはすべての参加者に求められるのであり、それらは集団として守られるのではなく、参加者個々人が守ることである。そこに社会的ハイエラルキーの上下は無関係である。「集団として浄」であるとされるカーストの人間がベジタリアニズムの禁忌を破ったとしても彼らは依然として「浄であるカースト」に属すとされ、それが社会の基底的なハイエラルキーを形成するという。だがこのようなデュモンの議論には無理があるのではないだろうか。

経済力と一致する高カーストのステイタス

浄・不浄による「カースト」のハイエラルキーにもとづく社会組織論については多くの批判がある。そもそもデュモンのカースト論には自身が述べるように、西欧の階級社会と東洋のカースト社会の対比を行ったマックス・ウェーバー（Weber 1978）の言説が反映されているのだが、ウェーバーが述べる「社会的なステイタス」は、デュモンが想定した以上の多面的な要素を含んでいる。そしてこれらの要素はカースト社会だけでなく階級社会にも共通してみられる。

ウェーバーは、ステイタスを論じるにあたり、社会的地位を包括的にとらえようとして、「階級状況」と「身分状況」を組み合わせて考察した。「階級状況」とは個人の所得や資産、職業などである。この指標は経済的な上下関係によって決定される。「身分状況」には、上記の「階級状況」に加え、従事している職業の評判や「社会的評価」が反映される（渡辺 1997）。

ウェーバーによれば、人の上下関係や階級は、いくつもの社会的評価が組み合わさったものである。たとえば、裁判官を例にとると、彼らは社会的な評価が高い。潤沢な財産を持ち合わせ、政治力も発揮することができる資本家よりも社会的評価は高いくらいだ。この場合、資本家以上の「社会的威信」を持ち合わせているといえる。だが、企業家や資本家ほど高収入ではない。つまり、裁判官の社会的評価とは彼がもっている財産にはよらないのである。

「社会的な評価」や「威信」の観点からみると、階級とカーストにおけるステイタスの指標は共通する部分が多い。だが、カーストでは生まれによって所属集団が決定され、そこから移動して別の所属集団に移ることが不可能である。どれほど富を増やそうと、本人自身がアイデンティティのよりどころとしているカースト集団を離れ、富裕とされる、あるいは社会的威信が高いとされるカーストに移り、ステイタスを向上させることを本人が望むことはない。仮に本人がそう望んでも既存の別のカーストの成員が彼を同じカーストの人間と認めることはない。

先に述べたように、バラモンの場合、彼らの社会的評価は、英国植民地化以前から高かった。ヴェーダの編纂にかかわったように、歴史書や経典を扱う以上、文字の学習はこのカーストにおいては必須であった。また、それを生かし、神に仕える僧侶や占星術師、藩王国の書記や官吏として働き、藩王などから土地を受領していた。これらの要素がバラモンの社会的評価と威信をつくりあげてきたのであり、クシャトリヤやヴァイシャ・カーストにおいても、彼らのカーストが「高カーストだ」と認められているのは社会的評価の高さゆえである。地主や商人として政治経済力を蓄えたクシャトリヤやヴァイシャにあたる集団もあるが、そのなかから著しく成功するいくつかのカーストが現れ、所属するカーストの社会的威信を大幅に向上させたケースもある。その最たるカーストのひとつが本書の中心となるナガラッタールである。だが、その社会的威信の急激な向上は、バラモン・カーストと同様、英国植民地時代につくられており、英国植民地政府との結びつきによる富の急激な蓄積によるものである。

結局デュモンがみた「カーストの宗教的価値観によるハイエラルキー」とは、英国植民地下で財の保有を飛躍的に向上させ、それによって経済・政治資本や文化資本を積み上げることに成功したカーストが、たまたまヴァルナモデルでいうところの「高カースト」であったということであり、当初からの「浄・不浄による宗教観」が彼らを上位カーストとしたわけではないのである（Barnett 1975）。

「カーストのアイデンティティ」と「結婚」

だが、インドのカーストについてウェーバーもデュモンも見逃している重要な点がある。それはカーストの成員がもつ自カーストに対する強い愛着、すなわちアイデンティティの存在、成員同士の横のつながりである。

西欧の階級社会においては、「ミドルクラス」や「アッパークラス」などへの個人の帰属感は薄いように思われる。なぜならば、ミドルクラスとワーキングクラスの間をかなりの人々が一生の間に、あるいは二代から三代かけて行き来するからである。階級社会における個人とその家族による階級上昇行動は、彼らが住む町や村の集団全体のアップグレードをもたらさないし、それを必要ともしない。

だが、カーストの場合、たとえ低カーストとされる集団の成員であっても、彼らがたとえ社会的に成功を収めても、自カーストを離れようとはしない。彼らは自分が高カーストの人間としてあるカースト集団に紛れ込み、そこで孤立して生活することなどは思いもよらない。自分が育ったカーストの伝統や文化を否定し、「自分のものでない他のカースト」の文化を自分のものとして嘘をつきとおす意味などないからだ。むしろ自カースト集団全体の地位が向上し、社会的にそれが認められてほしいと願う。それは彼らや自分たちの子供の結婚相手が自カースト集団に存在しており、社会的評価や威信の構築は自カースト内での評価としてまず現れると考えるからである。

米国のピュー・リサーチセンターによる聞き取り調査によれば、彼らの実施した調査に応じたインド人の九八パーセントが「現代でもカーストは存在する」と答えている（Pew Research Center 2021）。そして、たとえ低カーストに分類されている集団の成員であっても「自カーストは自分のアイデンティティの一部である」と主張する。この結果、結婚相手として自カーストのメンバーを最優先することになるのはきわめて自然である。

儀礼空間と時間を支配する吉と凶

浄・不浄が必ずしもカーストのハイエラルキーの表現とはならず、儀礼においても必ずしも中心を占めるテーマではないと思い至るとき、儀礼空間で強調される重要な二項対立がみえてくる。それが吉と凶である。

彼らのカースト理念がカースト内婚であり、交叉イトコ婚（次節に説明）であるならば、親族関係によって編み出され続けていく集団存続のための理念は清浄さよりも吉兆性を尊ぶはずである。なぜならば、吉兆性は豊穣多産性や利益の増大、家庭の幸福といった世俗的な幸運の希求表現だからだ。初潮儀礼や結婚式のような吉事にあっては産婆や洗濯屋カーストが重要な役割を果たす。産婆は子供の誕生にかかわり、洗濯屋は汚れた血を洗い流してくれるので、「吉兆」の存在である。初潮が訪れたとき、中間カーストでは洗濯屋カーストの女性からサリーを借り、ずっとそれをまとっていなければならないという。バラモンからみると洗濯屋カーストなどは不浄なカーストといえるのだが、洗濯屋カーストはまさに吉事にふさわしい存在だ。これに対し、バラモンの僧侶は葬送儀礼に関連付けられることが多く、非バラモン・カーストの一部にとっては吉事にはむしろ「不吉」な存在ですらある。

ナガラッタール・カーストの儀礼では、豊穣多産の祈りの表現であるムフルタム（ハナムコがハナヨメにターリーという金の首飾りをかける瞬間）にはバラモン僧侶はいったん姿を消さなければならない。婚姻や祖先崇拝の儀礼、初潮儀礼などにおいて中心になる祭司たちは、母方オジ、一家の父方の祖母、一家の長男などの、親族または姻族につらなる人々だ。それらの役割は「親族名称によって」与えられるもので、それ以外の親族名称をもつ人が代行することはできない。結婚式には「キヨメ」という準備段階が必要だが、浄性以上に吉兆性を重視する。だがこのような吉兆性について、デュモンは沈黙している。おそらくそれは彼が親族構造の再生産にきわめて重要な女性の役割についての考察を欠いているからであると思われるのだ。

交叉イトコ婚と女性の地位

南インド社会は交叉イトコ婚という親族構造を基底としている。交叉イトコとは母のキョウダイや父のシマイの子供たちである。彼らとの結婚が交叉イトコ婚だ。このような社会では、父のキョウダイの子供たちや母のシマイの子供たちは実のキョウダイ、シマイと同じととらえられるので、結婚はできない。だが、この交叉イトコ婚のルールに従えば、「ハナヨメとして娘を与えれば次かその次の世代に別の女性がハナヨメとして娘を与えた氏族から戻ってくる」という感覚になるだろう。だから交換は望ましく、両者が等位で、与えたものが形を変えて、しかも利子をつけて戻ってくる、という吉兆性そのものの表象となる。「利子をつけて」というのは、この場合具体的な財であることもあるが、人脈などの目に見えない財産のこともある。

女性の交換を行うには、一定の固定的なパートナーとなる氏族が必要だ。彼らは自分の氏族と「同位」でなければならない。「低位」や「高位」の氏族に娘を与えるとなにかと問題が生じる。交換が継続しないのだ。また、交換に出せる女性とそうでない女性は区別しておかなければならない。クロード・レヴィ＝ストロース（Lévi-Strauss 1949=2000）に従えば、これが交叉イトコと平行イトコを分けて考える理由である。両者の区別はのちに述べるように、親族名称のなかで明確に区別されている。

同位婚と昇嫁婚のモデルの違い

一方、北インドでは南インドとは一見、異なるルールがあるようにみえる。あらゆるイトコ婚はインセスト（近親相姦）とみなされ、忌まれ禁じられる。インセストとして禁じられる親戚があまりにも多いので、一度娘を受け取った氏族とは婚姻関係を継続しない。インセストを知らずに犯してしまうことの恐れから、ハナヨメの出身村から親族の男子が再びハナヨメを迎えることすら禁じられる。この結果、ハイエラルキー的には「格の高いムコの氏族」に対してハナヨメの氏族が格下であることを公に認めることともなる。娘を与える側よりも娘を受け取る側が儀礼的には高い位置にあることになるのだ。これが昇嫁婚（hypergamy）のコンセプトで、ハナヨメの生家はダウリ（持参材）を与えるだけでなく、ムコ方の生家に対して毎年の付け届けも彼女が亡くなるまで継続的に行うことが要求される。ムコ方が「高位であること」を主張するあまり、ダウリの額が少ないとしてハナヨメを虐待し、しばしば死に至らせることすらある。(3)

これに対し、南インドでは交叉イトコ婚を好む。適当な相手がいない場合でも、カースト内婚に固執する。娘を与える側ももらう側も交叉イトコ婚が基底となっている社会では立場が入れ替わることがあり、それゆえに同位である。昇嫁婚に対する同位婚（isogamy）と表現される。このようなシステムにおいては、女性は自分が所属する氏族に結婚した後も守られ、ステイタスが維持されやすい。

反対に、彼女がまったく婚姻関係も姻戚関係ももたない村での結婚を余儀なくされれば、孤立し婚家でも「よそ者」として虐げられる可能性は高くなる。それが北インド型の「昇嫁婚」のモデルである。そのルールの根幹にあるのが「サピンダ婚」のルールである。

一九五五年に施行されたヒンドゥー婚姻法によると、サピンダ（結婚が禁止される近親）と呼ばれる関係は母系親族では三世代まで、すなわち母のキョウダイやシマイ、その子供たちとも結婚できないとされている。これが父系親族では五世代目までとなるので、祖父、父のキョウダイ、および父と祖父のシマイ、その子供たち、彼らの子供たちも結婚対象とはならない。マヌ法典によると、サピンダは七世代までに及ぶとされているくらいだ。

だが、このような「サピンダ」のルールにもかかわらず、今日でも南インドでは交叉イトコ婚が平然と行われている。インドのイスラム教徒においては、キョウダイで築いた財産を分割させないために、父のキョウダイの子供たちとの結婚、すなわち平行イトコ婚を好むが交叉イトコ婚も認めている。つまり、ヒンドゥーの婚姻法において慣習法として規定されているのとは真逆の婚姻形態が地域の文化伝統として堂々とまかり通っているのである。また、たとえ北インドであっても、森林地帯に住む少数部族民集団の間では交叉イトコ婚が普通に実施されている。このような一見矛盾に満ちた婚姻ルールの事象はどのように説明できるのだろうか。

レヴィ＝ストロース（Lévi-Strauss 1949=2000）は、それはインドではかつては広範に交叉イトコ婚が実施されていた名残りだと述べる。北インドでは、西から流入する異民族集団が増えてゆく激動期を経験していった。彼らとの同盟により、社会を運営してゆくためにはサピンダ関係をより広範囲に規定することが必要だった。他の種族との婚姻をある程度認めてゆくには昇嫁婚モデルが適当であり、交叉イトコ婚において行われる母方オジの儀礼は簡略化され、夫婦の間の異カースト婚によってヨメは母の家と切り離されねばならない。こうして交叉イトコ婚は忌避されるに至ったとレヴィ＝ストロースは推測した。そして北インドでは多数の異民族を吸収するなかで集団の階層化が進んでいった。これに対し、南インドではあまり外からの集団的な大規模の流入がなかった。この結果、原初的な「交叉イトコ婚」による女性の交換が継続されていったのだ。

「交換する動物」としての人間

ブロニスロウ・マリノフスキーの『西太平洋の遠洋航海者』のなかで論じられているのはパプアニューギニアの島々を結ぶ同位的な交換システムとしての「クラの輪」である（Malinowski 1922=2010）。これに着目したエドワード・S・モース（Mauss [1925]1954=2015）は、人間にとって交換自体が目的であるという「贈与論」を展開した。レヴィ＝ストロースはモースの議論を援用し、インセスト・タブー（近親婚の禁止）というルールそのものが他集団との婚姻同盟によって自集団を生存と繁栄に向かわせるための「女性の交換ルール」として機能していると主張した。

クラ交易では、ソウラヴァ（赤色の貝の首飾り）とムワリ（白い貝の腕輪）と呼ばれる宝物が島々をまわり続ける。受け取る側と与える側は決まった相手との交換となり、その関係は世代を超えて維持されてゆく。数か月の時差の後、贈り物の与え手は交換相手の島に航海し、今度は受け手となる。こうして二年から一〇年かけての時間差によるクラ交易の輪は島々を一周してゆく。

いつ自分が宝物を得ることができるかは未知のままで、交換のパートナーが現れれば自分がもっている宝物を渡さねばならない。このような限定交換のルールが、南インド社会における女性の交換においても内包されていると彼は考える。交換を「婚姻」に置き換えてみると、レヴィ＝ストロースが述べる「女性を交換に出すことによってその集団から別の女性をもらうことができる」という図式がみえてくる。

マルセル・モースの「交換する動物としての人間」に焦点をあてることによってレヴィ＝ストロースはインセスト・タブー（インドでいうところのサピンダ関係）の問題を解決したのである。人間は交換によって社会を形成する。女性を他の集団と交換することによって生存に必要な物資や同盟関係をつくりだす。この結果、妻とシマイという異なった二種類の女性が出現する。外からやってきてとどまる女性と「交換に出されねばならない女性」とを区別することになる。同盟と協力関係を確立し、集団の生き残りをかけ、身内の女性を異なる氏族に対しては交換に出す。同じ氏族に属する女性は交換に出される要員であり、彼女との結婚は控えられる。これらのルールをつくることにより、とどまる女性と交換に出す女性とがその集団で決定づけられ、他氏族との同盟関係は維持されてゆく。

レヴィ＝ストロースが提示したこの結論は、二一世紀になって遺伝学研究者らにより、その妥当性が証明された（Itao and Kaneko 2020）。数理モデルでの進化シミュレーションによると、異なる集団間での協力の必要性と競争排除の必要性が十分に大きいとき、異なる血縁集団との間でのみ婚姻を許すインセスト・タブーが自発的に生成される。インセスト・タブーが生成された時点で、母のキョウダイの娘との結婚（交叉イトコ婚）の選好と、父のキョウダイの娘との結婚（平行イトコ婚）の禁忌が同時に現れたのである。

二一世紀の今日であっても南インド社会は交叉イトコ婚を基底とするカースト内婚を実施している。以下では、第一章に移る前の予備知識として、本書の研究テーマとなっているナガラッタールというカーストについて、その成立過程とともに、英国植民地時代の経済的な発展、および夫婦単位でつくられる核家族のなかで果たされる既婚女性の役割について、以下に紹介しつつ、次章への橋渡しとしたい。

ナガラッタールの歴史——始まり

ナガラッタールたちは自分たちをチェッティヤール（商人）と呼ぶ。チェッティとは商人カーストの意味で、商人カースト全般の尊称にも使われる（Thurston and Rangachari 1909: ii, 91）。エドガー・サーストンによると、ナガラッタールという名はナーットゥ「地域」とコーッタイ「砦」からきており、砦のなかに住んでいた人々という意味になる。だが、ソーマレイ（Somalay 1953）によると、多くのナガラッタールたちは要塞を思わせるような大きな家に住み、自分たちをナーットゥコッタイ・チェッティヤールと呼び出したのが由来だという。この説明に従うと、ナーットゥコッタイとは、地

ジャンムー・カシミール
ヒマーチャル・プラデーシュ
パンジャーブ
ウッタラーカンド
ハリヤーナー
ラージャスターン
ウッタル・プラデーシュ
シッキム
アルナーチャル・プラデーシュ
アソム
ナガランド
メーガーラヤ
ビハール
マニプル
トリプラ
ミゾラム
ジャールカンド
西ベンガル
グジャラート
マディヤ・プラデーシュ
チャッティースガル
オリッサ
マハーラーシュトラ
テランガーナ
ゴア
アーンドラ・プラデーシュ
カルナータカ
アンダマン・ニコバル諸島連邦直轄領
ラクシャディープ連邦直轄領
タミルナードゥ
ケーララ

インド共和国の地図

域の要塞の意味だ。だが別の解釈ではその名はナガラム（町）からきており、ナガラッタールとは、まちに住む人々、という意味となる（Somalay 1953: 14–15）。サーストンは、チェッティのなかでももっともよく知られているカーストとして、ベリ・チェッティ、カスッカール・チェッティ、そしてナーットゥコッタイ・チェッティをあげている（Thurston and Rangachari 1909: ii, 92）。そして富の蓄積度に関しては、ナーットゥコッタイ・チェッティが他のチェッティよりも格段に高く、社会的評価も高いとサーストンは述べる。

彼らの郷里はチェッティナードゥ（チェッティヤールの土地）であり、ヴェッラール川の北、南をヴァイガイ川により、西をピラマライ山脈、東をベンガル湾で仕切られている（Somalay 1953: 12）。七八の村に分かれ、うち五八村はラームナードゥ郡とパスンポン・テーヴァール郡に、そして残りの二〇村はプドゥコッタイ郡にある。

ナガラッタールとしての出発点

伝説によれば、彼らの祖先は宝石商で、紀元前七〜八世紀にはタミルナードゥ州のカーンチープラムに定住していた。だが、紀元後七世紀のあたりに再移住を迫られる事態が起こる。土地の王が、この集団に属する女性を見初め、結婚を申し出て拒否され、それによって女性が投獄されるという悲劇が起こったからだ。憤った王によって彼女は投獄され、それに抗議したチェッティヤールたちの多くが自害したという。これには諸説があり、投獄されたのは二〇数名の未婚のナガラッタールの女性たちというものや、そもそもこのあたりはカヴェリ川が近く、頻繁に起こる洪水の被害を恐れ、移住を決意した、というものもある。だが、一番目の伝説に従うと、大人たちが集団自害した折、幸いなことに外出していた一五〇二名の青少年たちのみがこの惨劇を免れ、他所へと移住した。

一五〇二名の未婚の男子が何らかの理由でカーンチープラムからチェッティナードゥ地域に移住したという点は、ほとんどのナガラッタールが史実として受け止めている。この青少年たちは、土地の藩王から今日のチェッティナードゥ地域に土地を賜り、そこで現地のヴェッラーラ（農業カースト）の三つのサブ・カーストからリクルートされた女性たちと結婚する。彼女らと結婚して新たなカーストをつくったのだ。それが今日のナガラッタールである。

カーストの分岐による新たなカーストの生成

ヴェッラーラ・カーストの女性たちとの結婚の折に、チェッティヤールの青少年たちは、次のような約束を女性の親族たちと取り交わしている。①ヴェッラーラの女性たちの両親は、娘が結婚後も体裁を保てるように持参金を与え、以降も彼女の財産とする。②結婚後、生まれた子供たちとヴェッラーラ・カーストの間には婚姻関係が継続されない。彼らの娘はヴェッラーラ・カーストにはヨメとして与えられず、男子も再度母親のカーストからヨメをもらうことはない。③妻となるヴェッラーラの女性のキョウダイや母方オジによって行われる婚姻儀礼は彼女の世代のみ執り行われ、次世代以降は引き継がれない。④嫁いできたヴェッラーラの女性たちの宗教的自律性を保障するために、彼女たち専用のヒンドゥー教の修道院をつくる。それを維持し、修道院の導師はシヴァ派とされるシャイヴァ・ヴェッラーラ・カーストから迎えることとする（ちなみに、このナガラッタールの女性専用の修道院は今日まで続いており、導師は今でもシャイヴァ・ヴェッラーラ・カーストから選ばれている）。

以上の伝説が史実に沿っているとすると、何らかの理由でカーンチープラムからの脱出を決めた一五〇〇人あまりの青少年らが、その移住先でチェッティヤールではなく農業カーストであるヴェッラーラのサブ・カースト三つからヨメを調達し、新たなカーストをつくったということになる。そして、興味深いことにチェッティヤールたちはその通婚が一代限りであると念を押し、以降は女性の元のカーストとの融合を拒む。おそらくヴェッラーラという農業カーストに対しては、自分たちと隣接するステイタスであると認めながらも、若干低くみていたのであろう。彼らの生業はチェッティヤールの伝統的世襲業である商業とは関連しないだけでなく、自カーストをつくったうえはその集団と交流し続けてゆく意味はない。むしろ彼らに吸収されることを警戒し、交流を拒んだのだ。このストーリーは、レヴィ＝ストロースが述べる限定交換を新たに始める婚姻ルールの設定事例としてまさに適合している。一五〇二組の男女は他のカーストとの通婚を避けるため、このなかで婚姻同盟を結び、限定交換を続けるのだが、そこで現れたのが南インドで一般的に行われている交叉イトコ婚を基底とするカースト内婚であった。

その結果、彼らは自集団のなかに九つの父系氏族をつくりだし、それぞれが菩提寺としてのシヴァ寺を建設する。シヴァ寺をわざわざ建立したという点が注目に値するが、それはおそらく社会的評価を高めるためであったと思われる。地元神のムニヤンディやピダーリ・アンマンなどを各氏族のシンボルとして選んでもよさそうなものだが、自らが「シヴァ派」であり、普遍的な神のひとつであるシヴァ神を祀る寺を自集団でそれぞれ建立し、それを氏寺の指標としたという。それが可能であるほどの資産をもっていたということであろう。この寺への所属権がマーカーとなり、彼らが伝統的に守ってきた交叉イトコ婚を中心とした婚姻のルールを守ることが容易となる。同じシヴァ寺に属する人々はゴートラ（氏族）が同じであるため、親族として扱われ、結婚できない。だが、交叉イトコとなれば、必然的に異なる氏寺に属する。同じ氏寺に属する男女は広義の意味でのパンガーリ（父系親族）だ。男子が生まれなければ、この氏寺に属する人々から養子をとることも許されている。ゴートラが同じ人々との婚姻を「同じパンガーリだから」という理由で拒むインセスト・タブーが形成されてゆく過程がよくわかる伝承である。

　だがヴェッラーラ・カーストからやってきたハナヨメには彼女の母方オジの庇護や生家からの経済的サポートが継続して与えられなくなる。チェッティヤールと結婚したヴェッラーラの女性たちには相応の持参材が生家から与えられ、それがムコ側に渡されることのない女性の財産として次世代の娘たちに引き継がれてゆく。この部分をみると、財とともに、女性を「見返りなしに」与えるヴェッラーラはチェッティヤールよりも儀礼的には低位にあるようにみえる。昇嫁のモデルとも一致する部分だ。だが、こうして結婚を果たしたナガラッタールの集団は、以降はさらなる財を求めて他カースト集団との縁組に走ることはなかった。北インドの婚姻制度とは異なる点である。ステイタスを固め、自カーストのアイデンティティをつくりあげるため、カースト内婚に徹したのだ。

このルールが順守されてゆく始まりを描いたこの伝説は、ナガラッタールの成立過程のユニークさを示すとともに、インドでのカーストがどのように分節化し、新たなカーストがつくられてゆくかを示してもいる。

第三章で示す婚姻儀礼にみるように、ハナヨメの母方オジが担う儀礼的な役割はきわめて重要である。ハナムコとハナヨメの両者をつなぐ役割を担い、ハナヨメの「母の家」（アンマー・ヴィードゥ）からの加護を象徴的に示す。当初、ハナヨメを差し出したヴェッラーラの親族らがこの母方オジに課せられる儀礼を一代限りで終了し、その後は行わないということは、通婚関係が以後両者の間に成り立たないことを示している。だが、ヴェッラーラ出身の女性たちに対してチェッティヤールの夫たちは最大限の譲歩をした。

女性たちのために独立した修道院が設立され、そこで彼女たちは得度したり、宗教的なアドヴァイスを得たりすることができる。経済的な自律性とともに、宗教的自律性も保障された。それが、「ナガラッタール・カースト」になっても継続し、ヴェッラーラ・カーストのグル（導師）が代々そのポジションにすわることとなった。この史実は少なくともタテマエ上は男性のチェッティヤールと女性のヴェッラーラ・カーストは同位であるという認識があったということであり、その同位性を厳格に守らなければならないという宣言でもあったといえる。そのおかげでこのカーストでは女性の財産権も守られることとなった。

この修道院は現在でもチェッティナードゥの村のひとつ、トゥラヴールに存在する。そこではナガラッタールの女性のみに得度する機会を与えるグル（導師）が弟子とともに居住している。ソーマレイによれば、ナガラッタールの男性はパダラクディという村に彼らのための修道院があり、ナガラッタール出身の男性がグル（導師）となっていて、女性のトゥラヴールの修道院とならんで、ナガラッタールだけに得度をさせる修道院となっている。この修道院の成立は八世紀前後であるところから、この時期にチェッティヤールとヴェッラーラの混合集団の一派としてナガラッタールが成立したと想定することは妥当であろう。

塩商人から金貸しへ

デヴィッド・ウェスト・ラドナーによれば、ナガラッタールはチェッティナードゥに定住した後、塩の商人となった。そして有名な巡礼地に赴き、塩を販売した。巡礼地は多くの巡礼客が集まる場であり、巡礼地をつないでゆくことは強力なマーケティングになる。また、有名な巡礼地にはさまざまな商人が行きかっており、ビジネスの人脈を広げることにもなる。ナガラッタールの遠隔貿易の伝統と巡礼地の結びつきは今日でも引き継がれており、高名な巡礼地には自カースト集団専用の宿泊所を置き、ナガラッタールが廉価に長期滞在することを可能にしている。この時代のナガラッタールは節約志向のある地味な商人たちだったのだが、彼らにビジネスの恩典をもたらす各地の巡礼地で主だった寺院に寄付を怠りなく行うことで知られていた。そして、集団で出かけた巡礼地に彼らが共同で献金をしたことを記す碑文を建てたりしている（Rudner 1994）。

彼らが商業カーストとして大躍進を成し遂げるのは英国植民地時代である。イラヴァータム・マハデーヴァン（Mahadevan 1978）とニコラス・B・ダークス（Dirks 1987）によると、ナガラッタールの今日保有する資産はそのほとんどが海外の英国植民地であるセイロン、マラヤ、ビルマでの金貸し業によって形成された。彼らは英国の会社と地元資本の仲介者として、新たな農地を開発しようとする農民を相手にした小口貸し出しを専門に行った。それによってナガラッタールは莫大な利益をあげ、その収益でビルマの農地を買いあさり、大地主となった。そしてその富をチェッティナードゥに還流させていった。

彼らが一九二〇年代にチェッティナードゥに建てた壮麗な共同住宅の数々は、今でもチェッティナードゥを有名な文化遺産の地にしており、わけてもラジャ・サー・アンナーマライ（以後RSアンナーマライと略）が建てた「パレス」は一〇三の部屋をもち、一九二〇年代のインドと西欧の融合を示した独特のチェッティナードゥ建築様式によってユネスコの世界遺産にも登録されている。

ウィリアム・シーグルマン（Siegleman 1962）は、下ビルマ地域の土地開発はナガラッタールによる資金調達によって成し遂げられたと述べる。小口貸し出しにより中小規模の農民が農地開発を行ったおかげで下ビルマ地域に入植者が増え、農業の生産性を大幅に向上させることになったからである。そして、それはビルマにおける英国植民地側の利益と合致していた。このため、ナガラッタールは英国植民地政府からの全面的な支援を受け、小口貸し出しに必要な資金を英国系の銀行から借り受けることができていた。だが現地の農民からの収奪の激しさにより、ビルマの独立後には現地政府によって土地を取り上げられ、ビルマを後にせざるを得なくなる。それは一九三〇年代のことであった（Mahadevan 1978）。

インド国内の資本家へと移行したポスト植民地時代のナガラッタール

ナガラッタールの戦後の経済発展を研究してきた伊藤洋一（Ito 1966）によると、ナガラッタール・カーストの全体の資産の五分の三はビルマでつくられていた。だがそれらのほとんどは世界金融恐慌や日本軍のビルマへの侵攻により失われた。しかし彼らはインド帰国後に新たな復活を遂げる。インドで銀行を設立し、金融業を柱として資本家へと転身を遂げ、再び脚光を浴びることとなったのである。

伊藤によると、一九三〇年代から四〇年代にわたり、彼らは特に紡績業と金融業に力を入れた。南インド四州のなかの実に五分の一の紡績工場は彼らが所有し、金融業では南インドの全預金高の四分の一を運用していた。なかでも特に有力なビジネスグループ（財閥）とされるのは、ラジャ・サー・グループ（現在はMAM、AMM、MAグループに分離）[4]である。伊藤が論文を書いた一九六〇年代時点では、この三者を合わせると、インド国内では第三の財閥となるスケールであったし、現在もこれらのラジャ・サー・グループ全体を合わせると南インド随一の企業グループであることは疑いがない。

経済最小単位としてのプリの役割

伊藤によれば、ナガラッタールの企業としての成功は、西欧社会におけるような個人ではなく、家族と父系親族という中規模の親族共同体が中心となっていることによる。夫婦と子供という核家族（プリ）が経済利益追求の最小単位であり、即決の経済活動が可能となる。合同家族の家長に相談せずに、プリは独自の判断ですばやく経済利益を追求することができる。カースト内ではプリ同士での競争や協力が奨励される一方、父系親族であるキョウダイ同士のプリがいくつか集まって資本が合同したパンガーリ（父系親族のグループ）によるビジネスが行えるという長所もある。

プリとパンガーリの両者によってナガラッタールのビジネスの成功はもたらされたとする伊藤のモデルによれば、父と息子はともに独自のビジネスを合同家族の家長に相談なく始めることができる。あるいは、息子は結婚後に父や父方オジとのビジネスから独立し、独自のビジネスを始めることもできる。

プリを支援する妻とその実家のパワー

だが、この伊藤のモデルでは夫と息子のビジネス活動にのみ注目しており、「どのように」結婚した息子が「独自の判断で経済的なチャンスをとらえて即決できる」ための資金と人脈が得られるかについては明示していない。それは妻が実家からもち寄った財とその背後にある彼女の生家の存在を見逃しているからである。

伊藤がケーススタディとして研究したAMMグループですら、当主らは交叉イトコ婚を続けており、妻がもち込んだ持参金と彼女の実家の人脈からのサポートを強く受け、発展しているのである。

つまり、ビジネスの安定性は交叉イトコ婚を基底とするカースト内の人脈によってもたらされているといえるのだ。必要な資本は父系親族（パンガーリ）によってのみ調達されるのではなく、妻の実家からの資金援助の保証が適宜もたらされる。このことを理解してはじめて彼らの婚姻戦略と長期的な経済戦略の概要がみえてくるのである。

ワラヴ・ヴィードゥが意味するもの

ワラヴ・ヴィードゥ（祖先の家）と呼ばれるチェッティナードゥに建てられた共同家屋は現在でも威容を誇っている。もともと、ワラヴ・ヴィードゥは共同ビジネスを始めようとした父系親族（父、父のキョウダイなど）が資金をもち寄って事務所兼自宅として建てたものだ。その息子らは彼らの父が所有するウル・ヴィードゥと呼ばれる小部屋と共通の台所に備え付けてある炉のひとつを滞在の折に使うことができる。玄関を入ってすぐの広間はオフィスとして使われており、用事のある人々が頻繁に出入りすることができていた。一方、トイレや食堂、中庭、ウル・ヴィードゥなどは私的な空間であり、その家屋の建設費用を拠出した男性の親族とその家族らが共有する設備であった。家の裏には井戸とトイレが何個か設置されており、それぞれが他の家族に気遣いなく施設を使えるようになっていた。現在は共同家屋に住んでいるのはほとんどの場合、年老いた寡婦たちである。だが、この共同家屋はいまだに結婚式や葬式のような弔事の折には使用される。

ソーマレイによれば、集団内では、パンガーリと呼ばれる父系のごく近い親族、すなわち、父、父のキョウダイ、彼らの息子らが共同家屋を「株」として所有していた。ワラヴ・ヴィードゥは共同事務所としても、また結婚したばかりの若い夫婦の一次的な住居としても機能していた。夫たちが一定期間ビルマに駐在する場合はこの家で妻たちは子供を育てたであろうし、それはきわめて経済的な選

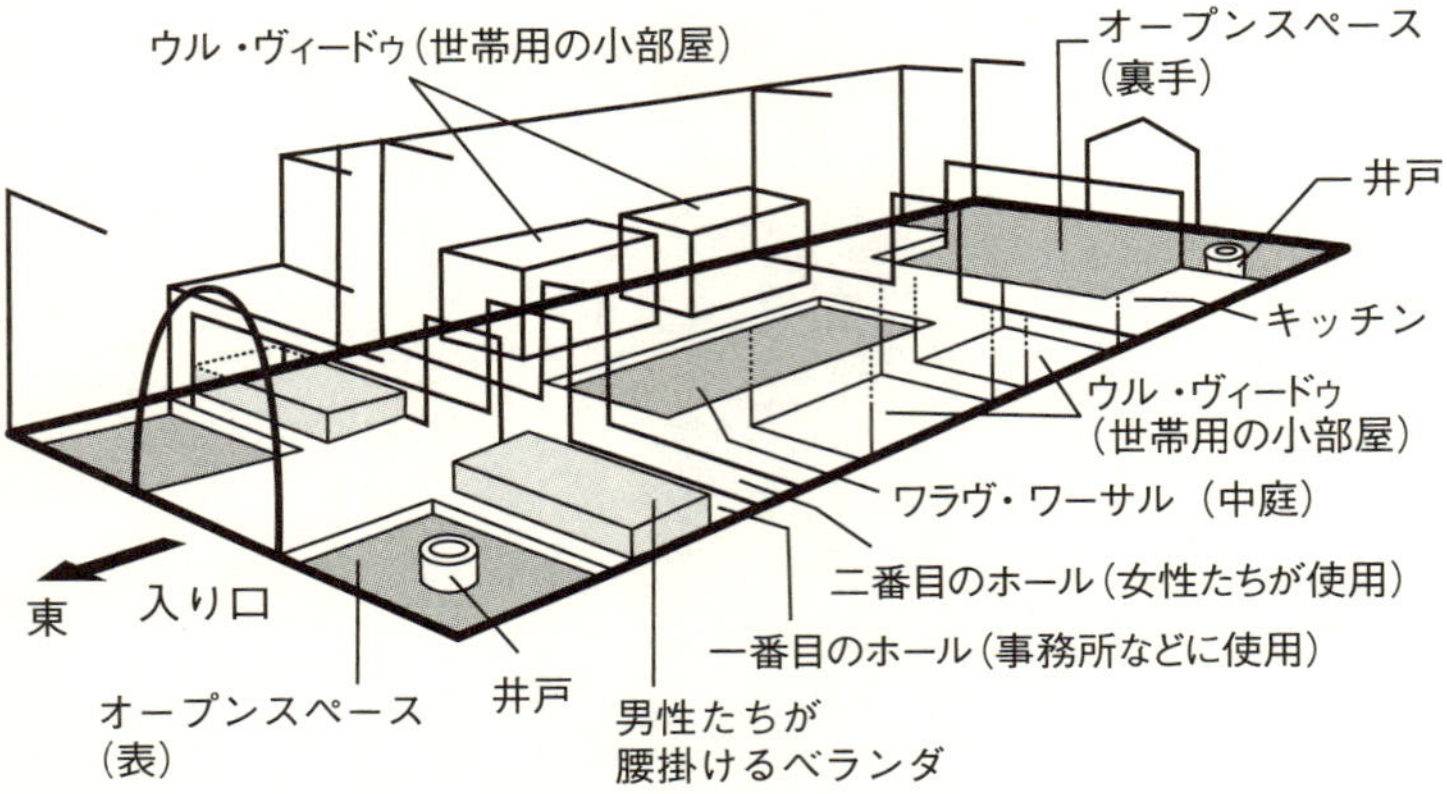

ナガラッタールのワラヴ・ヴィードゥ（共同家屋）の見取図

択であったに違いない。そして、必要に応じてそこは儀礼空間ともなる。海外で稼いだ資金はこの組織にプールされ、その一部によって共同金融ビジネスが運営される。大抵は金貸しだが、その拠点としてワラヴ・ヴィードゥの建物が使われたのである。だが、メンバーのうち誰かが結婚し、独立して別のビジネスを始めようとするとき、自分の出資した資金は共同家屋の建設費用の分を除けばいつでも引き出すことができた。

ワラヴ・ヴィードゥのなかにはプリのための小部屋（ウル・ヴィードゥ）がワラヴ・ワーサルと呼ばれる中庭を囲むように廊下を隔てて並んでいる。親族とのビジネスを解消し、新しいビジネスを始めるのであれば、ワラヴ・ヴィードゥを事務所とした共同ビジネスに投資した自分の資金を引き出すことはできる。だが、すでに建設されたワラヴ・ヴィードゥの建設費用はそのままだ。その共同家屋の使用権として残り、男子成員が引き継ぐからである。使用権は保障されるが、第四世代か第五世代後になれば、このウル・ヴィードゥが手狭となることも考えられる。その場合は、自分の家族のために建物に建て増しを行い、別の部屋をつくったりすることもできる。

一方、男性が自分のビジネスを子供に分割するときは長幼の別なくすべての息子に平等に分け与えるというのが原則である（Nagarajan 1985: 17）。実際のところ、RSアンナーマライについての記述をみると、彼は伝統に従い、三人の息子と自分の保留分として、財産を四等分し、箒一つ残さず平等に財産を分割したとされる（Nagarajan 1985）。

パンガーリとの共有財産ではなく、個人で築き上げた財産であれば、息子だけでなく娘にも自由に与えられる。通常は息子には家屋と家業を渡し、娘には宝飾類や現金などの動産を渡すのが一般的だ。だが、場合によってはビジネスの半分を彼女に持参材として与え、それを彼女と結婚した交叉イトコに経営させることもある。自分のビジネスを、息子とムコに分割し経営させるのだが、これは娘への間接的な遺産贈与でもある。娘夫婦に男子が生まれればすべてがその男子によって引き継がれる。もしも女児であれば、彼女が交叉イトコと結婚することにより、財産はまた女性の生家に戻ってゆく。彼女の夫と彼女のキョウダイがビジネスを共同運営する場合、彼女はその間自分のキョウダイと夫の間での調整役となり、子供の世話と人脈づくりを担当する。

彼女の活動は一族にとってかなりの利益となるのだが、これは会社経営の経理や資本勘定には表れない。このため、伊藤やラドナーらは女性の働きを見過ごしてしまった。だが、女性のもち込む財が夫のビジネスを助けている点は疑いなく彼らの「書面では表されない」会計勘定に入っている。女性の持参材である金銀の宝飾類は抵当に入れることができ、新たにビジネスを始めようとするときに妻の合意があれば、売ることとさえ可能だ。娘に持参材と現金だけでなく、証文をもたせることもある。それはムコが緊急にお金が必要なときに切り札となる。いついかなる時でも、男性はシュウトのところに行き、証文にある金額を要求できる。この証文を見せることで、銀行からの借り入れもスムーズに運ぶ。そのような多額の財産を娘につけてヨメに出す両親にとって、相手が交叉イトコであったり、一族につらなる親戚であったりする場合は、それらの財産が決して娘からは切り離されないという保証となると考えるだろう。たとえ家の発展のために一時的に手持ちの宝飾品を売ることになったとしても、それが家族のためであれば、娘のステイタスは保たれる。

ラドナーは、ワラヴ・ヴィードゥは合同家族として機能し、妻と子供は、この合同家族の最年長の男性の指示に従うことになっていたと主張し、プリの経済的独立性を否定する。だが、若夫婦がこの共同家屋にとどまるのは、ワラヴ・ヴィードゥが事務所兼住宅として機能していた時代でもせいぜい数年であった。

通常は夫婦に第一子が生まれたときが独立のタイミングとされ、彼らが建設した家もしくは都市部に購入したアパートメントなどに夫婦で移ることが一般的であった。ラドナーがいう「父系の最長老の男性」の権限が強大であるならば、そのような早々とした独立などは到底認められないはずである。一方、伊藤はプリの経済的自律性を「夫婦単位での小回りが利く経済活動が奨励されていた点」にみて、それを評価する。だが、その自律性は何によってサポートされているかについては語らない。そこに関与するのが交叉イトコ婚を基底とする妻の実家のサポートであるという点を両者ともに完全に見逃しているのである。

プリの経済的自律性を支える妻の実家

ナガラッタールにとって、妻がもち込む持参材を彼女独自の財産とすることはプリの経済的自律性をサポートすることでもある。経済的自律性が保たれていればこそ、妻の実家は妻が嫁した家に贈り物を届け続ける。その財産を彼女が自由に運用し、娘に継がせたり慈善事業に寄付したりすることすら可能にすることで、プリの経済的自律性は高まる。ヴェッラーラから女性を妻としてもらい受けた折の約束は、妻の財産を彼女自身のものとして認め、その経済的安定を保障する伝統を守り続けることであった。以降ナガラッタールとして知られるようになるこの集団は、南インドの諸カーストのなかでも裕福で、ビジネスセクターでも名をはせている。

そして、もっと特徴的なのは、妻となった女性（アーッチーと呼ばれる）の押しの強さである。「アーッチー」（奥様）という呼称はナガラッタールの既婚女性にしか使われない。そして、男性が名前の後に商業カーストであることへの敬称として、「チェッティヤール」をつけ、「アンナーマライ・チェッティヤール」などと呼ばれることがあるのに対し、女性は「ミーナ・アーッチー」などと、名前の後に「アーッチー」をつけて、敬称とする。召使いは「奥様」という意味で、「アーッチー！」と呼びかけ、親族であっても年下であれば、年上のナガラッタールの女性を呼び止めるときに「アーッチー」と呼びかける。

「アーッチーたちの特徴」として、他のカーストの人々があげるのは、一見吝嗇ともいえるほどの「ケチぶり」と、家庭内でのコントロール力の強さ、押しの強さである。そして、家庭での夫婦関係をみる限り、彼らのパワーは夫と同等のように見受けられる。それほど「アーッチー」は押しが強く、他のカーストの男性たちもたじたじとなることもある。

その強さは彼女の生家からもち込んだ財産にバックアップされているからのようにみえるが、他カーストと大きく異なるのは、たとえシュウトメであっても彼女の財産には手がつけられないことである。これは不文律だが、徹底していて、礼儀にも似たルールとなっている。ハナヨメの持参材（持参金や金銀の宝飾品、家財道具など）はあくまでハナヨメのものだ。もしも夫が離婚するというのであれば、結婚時につくった持参材のリスト（サーマーン）にもとづいてすべての持参材を返さねばならない。これがカースト内のルールとして認められており、それがサーマーンのリストをつくる理由ともなっている。そして、それも離婚の歯止めになっているとナガラッタールの男性たちは認めるのだ。

アーッチーとの遭遇

一九八七年、筆者は村の女神の調査のため、チェッティナードゥの近くにある低カーストのダサリ（大道芸人カースト）とパンダーラム（非ベジタリアン・カーストで村の祭司職）が住む部落に居を定めていた。一週間にわたる祭りが終わり、一段落ついていると、隣接するカディヤバッティという集落に住むナガラッタールの老婦人から昼食の招待があった。

周囲は農村地帯で女性はよそ者にはきわめて用心深く、家に入れないどころか井戸水を与えることすら拒否する家もあった。そのような村の慣習からして、これは驚くべきことで、筆者は一瞬「ここはチェンナイではない。いったいどうしたことだろう」といぶかしく思ったものだ。周囲のダサリたちによると、彼女は信仰深く、周囲の寺への献金を求められればすぐ応じるほどの篤志家だった。筆者が近くの村女神のマーリヤンマン寺の祭りとカースト組織について調査していると聞き、興味をもったのかもしれなかった。

ほとんど予備知識なしに彼女の家に出かけてみると、それは壮麗な大邸宅だった。かなり傷んではいるものの、彼女の夫とその一族の経済力が絶好調に達していた一九二〇年代に建てられた当時のアールデコの雰囲気が漂っていた。イタリア製のステンドグラスや巨大なシャンデリアが威容をはなつ大広間は天井が高く、細工を入念に施した分厚いローズウッドの扉で守られていた。西洋式とインド式が折衷された独特のチェッティナードゥ建築様式で、イタリアとビルマから調達された家具調度品がインド産の品々に混在しながら室内がしつらえてあった。

入ってすぐの部分はかつてのオフィス部分として使われていた形跡があり、華美ではないが実務に適しているしつらえだった。黒い大理石の太い柱が何本も天井を支えていた。一方、女性たちが集うインド的な様式の奥にある中庭には、食事に使われる赤いチリが一面に干してあり、年老いた召使いがバナナの葉によそったご飯を食べていたりしていてきわめて日常的だった。廊下の周りの壁には先祖たちの古い写真が多数掲げられていた。調理に今でも薪を使っているメインの台所の後方には小さな炉が一二個ほど並んでおり、そこでプリと呼ばれる個別世帯がそれぞれ煮炊きができるようになっていた。

筆者を招待してくれた老婦人は七〇代後半だったが、寡婦ではなかった。夫と息子はムンバイ在住でビジネスを営んでいるという。娘はロスアンジェルス在住でアメリカ国籍だという。ひとりで田舎に住んでいるといっても、家族が時折訪ねてくるといい、彼らに見放されたわけではないようだ。静かな田舎に住むことがこの老婦人の自主的な選択であることは明白だった。召使いたちに指示を出す口調はきびきびとしており、決断は早かった。おそらく筆者に対する招待も、「その日本人女性とやらに会ってみたい」という彼女自身の強い興味から起きたのであろう。彼女の住む家は扇風機なしでも十分に涼しく、しかも針を落としても聞こえるくらい静かだった。だが、年間何度かはこの邸宅は大規模な行事に用いられ、にぎやかになる。彼女は使用人を使いながらきびきびと指示を与えて行事を取り仕切るのだろうと想像ができた。

この老婦人は一四歳で交叉イトコと結婚したために学校は中退せざるをえなかったという。だが、筆者と英語で会話することには問題がなく、家計の運営についてもしっかりしていた。執事を呼んで自ら領収書をいちいちチェックする。数年後に遭遇することになった多くの有力なナガラッタールの家の女性たちと同様、彼女は家計のマネジメントにはことさら熱心なように見受けられた。

だが、大きな視点でみると、彼女はケチではなかった。村の雨の女神のマーリヤンマン寺院の運営代表者たちによると、寺の改修のための資金援助を願い出ると、即決で五万ルピーを提供してくれた。当時五万ルピーはほぼ五〇万円相当だったが、その頃チェンナイに住む銀行に勤める中年男性の月給が日本円で三万〜五万円程度だったことを勘案すると、日本人の筆者の当時の感覚では五〇〇万円程度の出費に感じられたものだ。彼女の父は村に病院を建て、村人が低廉な料金で利用できるようにしたという。そして当時この老婦人はその運営財団の理事を務めているということだった。

昼食に招待してくれたアーッチーのライフスタイルを観察しながら、筆者には彼女の合理的な計画性が、生活習慣として隅々までいきわたっているように感じられた。客をもてなすときには恥ずかしくないような立派な食事を出す。だが、日常の食事には無駄を嫌い、自分の食事も含めて倹約を旨とする。

それは以下のような意表をつく行動にも表れていた。自分の昼食が終わるやいなや、料理人を呼びつけて、夕食に食べるチャパティの数を確かめるように指示を出した。四人あまりの使用人一人ひとりに必要枚数を尋ね、それに自分の必要枚数の二枚を足して、料理人にその枚数のチャパティだけを焼くように指示した。寄付については大金を出しながらも日々の生活のなかでは倹約を重んじる。そんな生活倫理が表れていた。

彼女たちの節約志向は多くの南インドの女性たちに共有されている。南インドの婚姻と親族構造を以下の章で考察しながら、どのように彼女らの生活にそれが反映されているのかをみていきたい。その過程で、彼女らの節約志向すらも生活倫理のなかに溶かし込まれ、血となり肉となっていることが納得できるだろう。カースト内婚を重んじながらも彼らのカーストのなかにはさまざまな異質性が包含され、ときに不協和音を生み出してゆく。だが、それでもやがて何らかの安定がもたらされてゆく。そんな交叉イトコ婚とカースト内婚がつくりあげる南インドの社会をアーッチーたちを案内役として、以降の章で考察していきたい。

第一章　「高望みしない」若者たち

ＩＴ企業の出現で変わったインドの職場事情

筆者は二〇〇五年から二〇〇七年にかけて、インドのＩＴ産業で働く若い男女の結婚観についての調査を二つの都市で行った。ひとつは南インドの高原都市、バンガロールでの調査で、郊外にあるＩＴパークと呼ばれるＩＴ関連企業が集積している地域においてだった。そこで二〇代から三〇代前半のＩＴ業界で働く女性への面談調査を行った。また、二〇〇七年にはバンガロールとならんで南インドにおけるＩＴ企業のメッカであるチェンナイでも面談を行った。このときは、女性に加え、男性側からの意見も聴取したいと思い、男女の少人数グループでのディスカッション形式で面談を行った。

バンガロールのインタビューを積極的にアレンジしてくれたのはバラモン・カーストの女性で、南インドの四州のひとつ、アーンドラ・プラデーシュ州出身だった。バラモン・カーストと一括りにして言いがちだが、序章で述べたように地域や宗派によってカーストが異なる。そうすると同じバラモンでも風俗習慣も異なる。彼女はニヨギと呼ばれるアーンドラ・プラデーシュ州のバラモンで、バンガロールがあるカーナタカ州のバラモンのシャーストリやシャルマといったバラモンとも、タミルナードゥ州のアイヤールやアイヤンガーなどのタミル・バラモンのグループとも風俗習慣も母語も異なる(1)。

一方、彼女と親しい三人の男性は、ひとりがバラモン、残り二人は非バラモン・カーストだったのだが、三人とも同じくアーンドラ・プラデーシュ州出身だった。この三人の男性の様子をみているとカーストは異なっても同じ州出身ということで共通する文化や伝統があり、打ち解けやすいらしかった。タミルナードゥ州のチェンナイという「異言語」を話す地域で働くことで、かえって同郷人としての近親感が増すのだろう。

だが、彼らと面談してまず驚いたのは、二〇一七年の面談当時と一九九〇年代の職場環境との様変わりだった。一九九〇年当時、高等教育を受けた女性の職場進出はきわめて難しかった。上級公務員、医師、弁護士、大学教員などを除けば、満足して働ける職場はほとんどなかった。良家の子女が見知らぬ男性たちが居並ぶ職場で働くことは縁談に悪影響を与えるため、親たちが首を縦に振らなかったのだ。それは保守的な風土のチェンナイという都市ではことに際立っていたのだが、二〇一七年にはそんな雰囲気は消え去っていた。インターネットが普及し、IT産業が活性化し、この領域での若い人材の需要が生じた。大学出たての男女が田舎から都会の職に応募できるようになった。州外からでも募集に応じられる。スタートアップとしての適当な給料と、独身寮と会社までの深夜のマイクロバスでの送り迎えなどが提供され、米国などの会社のコールセンターに勤めることもインドにいながら可能になった。結局、彼らの両親は、大都会に働きに出て、結婚資金を貯めるという口実を認めざるをえなくなったのだ。

英語が使え、しかも安価な労働力が得られるインドは米国やカナダなどのバックオフィスとして便利な存在となった。コールセンターには、苦情受付や新製品への勧誘、詳しい製品取り扱いの説明など、業務は数多くある。仕事を覚えてから専門領域の営業にまわったり、病院の経理会計など、より「稼げる」バックオフィス業務を担当したりすることもできる。

そこそこの収入で、家計を助けてくれ、持参金を自分で準備しようとする娘の存在は頼もしくもある。若い娘がエキサイティングな都会の生活に慣れ、田舎に帰って結婚することに難色を示すことへの不安はあるが、親たちにはもはやどうしようもない。だがこれはインドだけでなく日本や他のアジア諸国でも共通にみられる現象だろう。若者たちに都市の生活を支えられる当座の収入がある限り、それを止めることはできない。

ＩＴ企業への就職で結婚観は変わったか

こうして職場の男女混合化、グローバル化が進んでくると、異カースト婚が増えてくるのではないだろうか。そんな思いが筆者の脳裏をかすめた。自律した経済活動を営むことの喜びを知った女性たちは職場で伴侶を見つけようとするはずだ。これが筆者の当時の予測で、それを確かめるための調査でもあった。

実際、二〇〇三年に行った南インドバンガロール市でのＩＴ関連会社のインタビュー調査では、三〇代から四〇代半ばの女性専門職の間で職場での恋愛結婚が肯定されており、職場で伴侶を見つけた事例を聞くことも稀ではなかった。だが、それは核家族化し、親戚との付き合いから離れてでも夫婦でキャリアを積むことを優先できる人々に限られていた。

このようなキャリアウーマンの女性たちは、彼女たちのキャリアを妨げることがない男性と結婚し、共同で子供を育てることを最重点にする人々だ。それらを達成するには共働きが必須でもあるとの認識をもっていた。そんな三〇～四〇代のキャリアウーマンにはバラモン・カーストとクリスチャンが多かった。インドの初期ＩＴブームに乗ったのは、女性の教育水準が高く、競争に勝ち残らねば生き残れないと理解している女性たちが多いカースト集団だ。当時ＩＴセクターにもっとも早く進出していたのはバラモンの男性であり、一九九〇年代末のバンガロールのＩＴ系企業をみても、幹部にはバラモン男性が圧倒的に多かった。バラモンの次にＩＴ業界に進出していったのはクリスチャンコミュニティだった。

クリスチャンはインドではイスラム教徒と同様、カースト化し、内婚化している。そのなかでさらにカーストがいくつかあり、バラモンなどの高カーストからの改宗者と前不可触民カーストからの最近の改宗者のコミュニティがある。両者には通婚関係がない。ＩＴブームに乗ったクリスチャンとは高カースト出身の人々のことである。

バラモンや高学歴クリスチャンの家庭では他のカーストとの通婚にはオープンな家が多い。高等教育を受け、育った環境が似ていて同じようなステイタスの職業についているのであれば、異カーストに所属する人物とでも婚姻は十分ありえると判断する。彼らはまさに「ミドルクラス」に属する人々だ。だが高学歴のバラモン女性にとって、理想とする結婚相手を同じバラモン・カーストで見つけることは難しい。同じステイタスのバラモンの男性が、自分と同じステイタスの女性との結婚を望むかというと、そうではない場合が多い。おそらく自分よりは若干学歴が劣るものの、両親が多額の持参金を用意してくれる専業主婦になるような女性を好むのだろう。

高学歴で高収入のバラモンやクリスチャンの女性たちは「職場恋愛は否定しない」という。だが、実際に未婚で二〇代の女性たちに聞くと、異カーストの男性と職場などで遭遇し、意気投合したとしても、結婚に至るかどうかはわからないという。女性たちがもっとも気にかけるのは、子供の所属カーストの問題だ。

自分の親族に異カーストの男性との結婚を納得させることができても、家族以外の親戚は彼女の子供をカーストの一員と認めることはないだろう。結局、男性が自分の親族とその周囲に結婚を認めさせ、夫側の親族として子供のカースト成員権を得るしかない。加えて恋愛婚の場合、結婚が破綻しても女性には帰るべき家がない。これらのことを乗り越えてまで結婚するという選択をするかどうかはひとえに「女性の意思が存在するかどうか」という点による。親族集団との紐帯を反故にしてまでも女性は恋愛結婚を選ぶだろうか。インターネット世代では、異カースト婚は一般的になるのだろうか。

インドのインターネット世代は「アジアのニューリッチ」と似ているか

二〇〇〇年代のインド社会の変化をとらえ、ＩＴ部門に勤める若い男女のライフスタイルの変化を論じたクリス・フラーとハリプリヤ・ナラシマン（Fuller and Narasimhan 2014）の答えは曖昧だ。

フラーらはインドにおけるＩＴセクターの若い男女の消費行動は、インドの前世代のそれよりも、デビッド・グッドマンやリチャード・ロビソンが論じる「アジアのニューリッチ」（Goodman and Robison eds. 1996）と似通っていると述べる。マレーシアやタイなどのアジアの中進国では、グローバル化によって雇用が増え、ある程度の可処分所得を得る若者層が増大した結果、自分が願うような趣味嗜好にあった生活を送るインターネット世代が増えている。彼らは自分の嗜好に特化した消費行動を示し、インターネット上の流行にも敏感で、グローバルな同世代の若者ともＳＮＳなどを通じて共感し、共鳴しあう。

そしてこのようなグローバル化の波にいち早くすでに九〇年代に乗り始めていたのがバラモンたちだ。かつて伝統的な田舎の高カーストの地主層であった彼らの先祖は英国植民地時代に都市のミドルクラスへと変貌した。そして二〇世紀末には、今度はグローバル化の波に乗り、ＩＴ産業への進出を果たした。ＩＴに強いミドルクラスとして欧米へと移住してゆく人々は、グローバル文化としてのインド文化をつくりあげていったとフラーらは主張する。

しかし、フラーとナラシマンが論じるのはカーストの「ミドルクラス性」である。ミドルクラスであるバラモンや他の高カーストの人々がなぜカースト内婚を守り続けているのかについては沈黙する。バラモンたちが自身のカーストにアイデンティティをもたねば彼らの「グローバル文化」のなかの「インド文化」の存在すらも危うくなる。そして、そのアイデンティティとはカースト内婚によって形成される基礎の上に成り立っているのではないだろうか。

今日のインドにおいても、階層分化の進行は一層強まっている。「高カースト」「中間カースト」「低カースト」という大まかな三つの区分は大まかな階層分化のカテゴリーとしても有効であり、それらが「社会的なステイタス」の差ともなっている点はおおむね否定できない。低カースト集団が中間カースト、もしくは高カースト集団へと社会的評価を変更させるのはきわめて難しい。欧米の階級社会と異なり、個人や家族単位ではなく、あくまで集団単位で社会的評価を受けるからだ。

所属集団が少なくとも数世代にわたり上昇を続け、集団全体が社会的評価を上昇させることで低カーストから中位カーストへ移行することはできる。個人レベルでの社会的ステイタスの上昇もカースト内では可能だ。たとえば前不可触民カースト（現在は登録カーストもしくはダリットなどと呼ばれる）出身であっても弁護士や裁判官、医師、上級公務員や政治家などになることはできる。ただ、カースト出自は変えられないし、本人も他のカーストに移ろうなどとは考えない。

社会的成功を収めた個人が低カーストに属する場合、彼または彼女と同等のレベルの教育と収入を得ている結婚相手をカースト内で探すのは難しい。それゆえ社会的上昇を遂げた個人が低カーストである場合、同じ程度の社会的ステイタスにある異カーストの成員と恋愛結婚をする可能性も高くなる。

だが、そうなれば場合によっては自分の所属カーストから離反してゆくことになる。その際、男性が低カーストで女性が高カーストであれば、女性の親族は彼女のパートナーを受け入れないだろう。場合によっては女性もまた夫の親族との交流を拒む場合もありえる。男性が高カーストで女性も高カーストであれば、子供は夫のカーストの成員として認められる可能性が高い。だがあくまでも女性のカーストが高カーストもしくは中位カーストに属する場合に限られる。この点において、インドのカーストは欧米の階級とは大きく異なっている。

ステイタスを表示するモノ

ステイタスは、学歴や卒業大学についてまわることがある。それらはモノとしては目にみえないが、卒業証書や資格証明書として提示できるものだ。ステイタスを示すもっとわかりやすい目に見えるモノもある。テレビや扇風機、エアコンなどの耐久消費財や金銀・ダイヤモンドなどの貴金属、ぜいたく品などだ。これらを所有し、それを人々にディスプレイすることでステイタスを示すこともできる。住んでいる家などの不動産も見せることができる。ピエール・ブルデュー（Bourdieu 1984=1990）によれば、一歩家のなかに入り、調度類、インテリアなどをみたとき、そこの住人の階級が示される。だが、人々がもつ価値や慣習などの無形の指標も、絶えずアップデートされ、それらを共有する人々の階級や集団の指標となる。つまり、階級とは絶えず他人との差異化が行われ続けアップデートされる競争状態のなかで発生するものなのだ。

消費社会の到来と「ステイタス誇示」の必要性、そして「ダウリ」の出現

だが、目に見えるこのような消費財への執着は英国植民地時代に顕著になったとM・N・シュリニヴァスは述べる（Srinivas 1957）。英国植民地時代において、はじめてインドは本格的な商品経済社会へ突入した。鉄道の敷設によってモノと人の流通が盛んになり、物資も流通しやすくなったのはよいが、市場消費経済が発達し始めたことによる弊害も生じた。もっともわかりやすい事例が、「ダウリ」（ハナヨメ側がハナムコ側に支払う金銭）の一般化だ。通常の英語のダウリ（dowry）とは本来ハナヨメ持参材のことで、結婚の折に彼女の財産として親から渡され、それをもって嫁ぎ、その処分権が彼女に帰する財を指す。だが、今日のインドでいう「ダウリ」はその受け渡しが法で禁じられている。なぜならハナムコ側がハナヨメ側に要求する高額な品々や現金を指す言葉になっているからだ。

ダウリは、わかりやすい「モノ」の集積の誇示であり、中間カーストや低カーストの息子をもつ人々にとって、憧れていた消費財を獲得できる唯一無二のチャンスとなった。

ハナムコがハナヨメ側に要求し、できるだけ多くのモノを得ること自体が男性側のカースト内での「ステイタス」であるとも考えられている。「自分のような立派なムコと結婚するのだから、相応の敬意を払ってほしい。ついてはｘｘｘを私に贈ってほしい」というわけだ。これにより、もらうムコ側

も財を与えるヨメ側もステイタスを誇示できる。上昇志向のあるカーストであればあるほどこの要求は強まる。周囲の同じカースト成員同士がどの程度の持参材（金銀などの宝飾類や家財道具）を要求したかは急速に噂として広まる。同じカーストの間での相互チェックになり、果てはカーストごとに、「うちのカーストのダウリ相場はｘｘｘだ」といった話にまで及ぶことになる。

英国植民地時代に出現した「ダウリ」と伝統的な「ストリダナム」の違い

だが、先に述べたように、現代インドでは、「ダウリ」は違法である。なぜならばそれはムコ方によってハナヨメ側に要求される高額な金品という定義づけで、あまりに高額な要求に応じられないハナヨメ側の親族もいるからだ。その結果、彼女との結婚を破棄したり、額が少ないといって結婚後に虐待し、死に追いやったりするケースが後を絶たない。

上記でわざわざ「ダウリ」とカギカッコをつけたのは、「ハナヨメに贈られる真の意味での持参材」という本来のダウリと同義である別の語があるからだ。それが「シール（siir）」または「ストリダナム（stri dhanam）」と呼ばれるものである。英語における本来のdowry、すなわちハナヨメ持参金、および持参材の意味だ。シールは本来ハナヨメの財産であり、ハナムコやその家族が勝手に横領することはできない。それがたてまえだ。インド以外の国々でも、ハナヨメにそのような財をもたせることは一般的だった。いってみれば親から娘への愛情表現であり、結婚後もそれなりのステイタスを保てるようにという親の配慮だ。

このようなハナヨメの財産としての持参材（ストリダナム）は、インドでは古来から王侯貴族の娘たちには一般的なものだった。だが、これはあくまでも富裕層の占有物で、王女は自分の奴隷や馬、牛などとともに大量の金銀財宝をもたされ嫁いでゆくものだった。彼女がもってゆく固有財産がインド古来の「ストリダナム」だ。ムコ側が要求するものではなかった（Tambiah 1973）。

一方、中位から低位のカーストではそのような財産などはハナから女性に期待していなかった。女性は子を産み育てることでカースト維持に貢献したし、働き手としてその労働力は重視されており、農作業などの労働力を必要とする低カーストは、男性側から金銭を払ってまで結婚してほしいと申し込むほどだった。それをひっくりかえしたのが英国植民地時代に始まったバラモン・カーストを基点とした「ダウリ」狂騒曲だ。高額な「ダウリ」の支払いこそが「ステイタス」であり、そのようなハナムコ市場では売値をつけて売られるのは男性となったのだ。

今日ではこの「ハナムコ料」「ダウリ」に追加して、「マーミヤール・シールダナム」という支払いもみられる。これはムコを育てた母に対する「礼金」のようなもので、厳密には違法だが、「ダウリ」と同じく内密に手渡されることになっている。

英国植民地時代における「ミドルクラス」の出現

そもそもの発端は、英国植民地時代に近代的な教育を受け、月々の安定した給与所得と高い社会評価が得られる都市型のミドルクラスという職性が出現したことである。高等教育を受け、医師、弁護士、高級官吏など近代的な専門職が出現した。そしてそのほとんどの職業は大学に入り、英国式近代高等教育を受けたバラモン・カーストによって占められていた。高ステイタスの職業につき、都市型の安定した給与所得とスマートな暮らしを体現するハナムコは引く手あまたとなる。だが良質のハナムコの供給は需要に応じきれない。その結果、競争を少しでも有利にするために、ムコ側への現金支払いが一般化した。これがいわゆる「ダウリ」であるとシュリニヴァスは述べる（Srinivas 1984）。

二〇世紀後半に至り、チェンナイのクリスチャンたちを調査したパット・キャプラン（Caplan 1985）がみたものは、この現金支払いの過熱化した姿だった。だがその支払いはムコに対してというよりも、彼を育てるために多額の教育投資をした両親に対する支払いである。そして、実はハナムコがもらった支払い金を、今度は彼らの娘を嫁がせるための「ダウリ」として娘の両親が活用するという資本のリサイクルも構築されていた。

だがこの状況は南インドよりも北インドに顕著で、「ダウリの支払いが少ない」として「焼かれるハナヨメ」の激増が近年大問題となっている。[2] だが南インドでも「ダウリ」は一般的だ。ちなみに、筆者も、一九九〇年代後半のリサーチの最中に、懇意にしていたアーッチーの家で働く料理人から、「娘のダウリにするのでソニーのラジオカセットレコーダーを買ってきてほしい」と頼まれたことがある。当時のインドではスリー・イン・ワンと呼ばれていて、日本製で、しかもよく知られているブランドであれば、それを提供するヨメ側のステイタスも、受ける側のムコのステイタスも上がることは間違いなかった。彼は、ムコに懇願されたスリー・イン・ワンのほかに、テレビや扇風機なども考えていた。本来の娘への財産贈与である宝飾類や現金もすでにある程度用意していると彼はいっていた。

今日であれば、中流以上の家庭では、現金、不動産、宝飾類（金銀ダイヤモンドなど）などのカテゴリーに加え、家財道具としての冷凍冷蔵庫、洗濯機、電子レンジ、テレビ、ブレンダーやミキサーなどの調理器具が必要とされるだろう。必要に応じてスクーターや車の提供も行われるかもしれない。それゆえ娘がいる家庭ではいずれも結婚のために貯蓄をして娘の将来の婚姻に備える(3)。

「ダウリ」が高額であればあるほどムコ側のプレスティージが高いことが証明され、皮肉にも北インドの「昇嫁婚」モデルに合致してゆく。「ダウリ」の支払いが必要でないのは恋愛婚の場合だ。場合によっては先進的な知識人の家庭では、その「先進性」を示すために「ダウリ」を拒否する場合もある。だが、二〇一七年の調査で若い女性たちに聞いたところによると、そのような家は非常に少ない。

欧米社会における「階層」にもとづく「恋愛婚」

一方、結婚する個人同士が直接合意形成することで成立するのが欧米社会、あるいは日本における結婚とされる。それを彼らは「恋愛婚」と呼ぶ。だが本当に欧米の恋愛婚は「本人同士」の自由意志で決められているのだろうか。

アメリカの未婚男女における恋愛と婚姻についての聞き取り調査をしたマーサ・バウム（Baum 1971）によれば、恋愛婚がほとんどであると思われがちなアメリカであっても、必ずしも盲目的で非合理な「一目ぼれ」による恋愛婚が一般的であるわけではないという。

個人の好みや選択には、教育レベルや文化的背景などによってつくられた価値観が反映されており、個人にはそれらを共有できるパートナーを探す傾向がある。それは大まかな「階層」（特に学歴の有無）として存在するとバウムは述べる。そのような価値観が似通った人々を探すのに恰好の場が、同程度の教育や家庭環境の男女がそろっている大学のキャンパスや職場だったりする。この結果、配偶者選別にあたっては、バウムがいうところの「恋愛の制度化」の原理が働いている。

恋愛の「制度化」の原理とは

バウムが調査した男女の多くは、恋愛婚によって結ばれることを強く望みながらも、むしろ統合的な仲間・同志関係（companionship）を多くの次元で確立し、相性（compatibility）を確かめあう過程を重視する。これはバウムによればシステム的に恋愛を制度化しようと試みている動きと解される。文化や伝統的背景が共有され、教育や職業による社会的なステイタスの同位性が確保される確率が高い。子を育て、社会化してゆく最小単位として機能する家庭を長期的に営むためには価値観を共有することが望ましく、夫婦や子供が交際することになる親族らが価値観を共有しているのであれば、家庭運営は安定的なものとなる。

家庭の雰囲気（家風）や教育レベルが配偶者選択の大きな要素である点をみると、インドとアメリカの中流家庭は、それほどかけ離れた結婚観をもっているとは言えないかもしれないのだ。

インドの求婚広告が示す「カースト内婚」への傾斜

インドの場合、結婚生活において多くの文化を共有し続けられるのが、同じ生活習慣を数世紀にわたって培ってきたカースト集団である。

同じカーストとの結婚が難しい場合、できるだけ隣接するカーストで家風や教育レベルが似ていて自分とつりあう相手を求めようとするのは理解ができる。自分にとってよりよい相手をカースト内で探そうとする場合なら、知己や紹介業に頼むことは妥当な解決法だ。だが今日では、従来方式の見合いあっせん人に頼む以外の、効率的で効果的な方法を試してみようということになる。そして新聞や同じカーストの団体が運営するウェブサイトに求婚広告を出す。個人情報がわからないように匿名化し、番号を記した新聞社のボックスに自分の釣り書きを送り相手にコンタクトをする。ウェブサイトであれば、そのサイトの会員となり、メールによって希望する相手に直接コンタクトすることもできるし本人の写真も載せられる。

インドにおいて長らく結婚相手を探す手段として活用されたのは、村の仲人口だった。親類や知り合いのつてをたどったり、友人を介したりしてつりあった相手を探しあてる。だが英国植民地時代に新聞が普及してゆくにつれ、その手段は、毎週一回特集される求婚広告に一部受託されることになった。新聞には英語のほか、ヒンディー語やタミル語、ベンガル語といった現地語で運営されているものがある。インドの英字新聞に毎週末掲載される求婚広告（matrimonial）は、英字新聞が刊行された英国植民地時代から始まっており、インド独特の新聞広告として知られている。求婚者は現地語と英語の両方の新聞に求婚広告を出してもよいが、後者を読むのは知識階級に限られているため、ターゲット層が異なる。

求婚広告は、ハナヨメやハナムコを具体的に探す人々にとって興味深いだけでなく、紙面に反映さ

SUNDAY TIMES
matrimonials
for the better half of your life
India's most Trusted Marriage Bureau
Global Alliance MATRIMONY
More than 100 STAFF MEMBERS to provide you unmatched assistance in Match Making
OUR BRANCHES ● GREEN PARK ● RAJA GARDEN ● PITAMPURA ● GURGAON
97162 73813　98100 79089
98100 57563　7531932321
WANTED BRIDES
BRAHMIN
GARHWALI
JATAV
KAYASTHA
KHATRI
KSHATRIYA
KUMAUNI
RAJPUT
MUSLIM
MUSLIM SHIA
MUSLIM SUNNI
DOCTORS
CASTE NO BAR
SIKH
SECOND MARRIAGE
WIDOW & WIDOWER
GUJAR
BENGALI

インドの求婚広告（Times of India, Sunday Times 紙より　2020 年 12 月 27 日）

れる望ましいハナムコ、ハナヨメ像は恰好の文化研究の素材だ。近年はインターネットの隆盛により、matrimony.com のように海外に住むインド人の間でも簡単に利用できるものがある。だが、普及度からすると新聞のほうが高い。

求婚広告の内容は、新聞でもインターネットでも、いずれも募集者の年齢、職業、収入、カースト、学歴、容貌などの点でほぼ同じ情報が載せられている。スペースが多く振り当てられるインターネットの場合は写真なども載せている。だが個人の名前は載らず、記述された新聞社のボックス番号（またはインターネットサイトのコンタクト先）に自分の経歴や希望などの釣り書きを送る。相手が興味を示せば、向こうから接触してくる仕組みだ。

筆者はチェンナイ市で南部四州を中心に購読されている英字新聞の「ザ・ヒンドゥー」紙を参照し、二〇〇六年七月二三日、八月六、一三日、九月三日のデータを集めてみたことがある。女性からの求婚広告二一二五例を分析したところ、要望のなかで特に多かったのは、学歴、収入、職種、ならびに身長、外観の良さ、色の白さ、カーストなどの項目だった。

新聞広告は、たとえば、以下のように短く要点が記されている。「当方アイヤール・ヴァダマの女性、一九七七年六月生まれ、身長一五五センチ、BSC（数学）、MBM保持、容姿がよく色白、大学院卒。専門職で安定した職についている男子を望む。インドでも外国住でも可。サブセクトが違っても可。ボックスナンバーXXX」、あるいは「当方アイヤンガールの二一歳、一五九センチの女性、BE、ENGTCS。BE、MBA、もしくは医師の男性を求む。番号XXX-XXXXX」といった具合だ。

このとき気づいたのが、男性より女性の求婚広告が多いことだった。もっとも多いのがバラモン・カーストで二〇パーセント、次に多かったのは中間カーストのナダールで八パーセント、低位カーストである登録カースト（前不可触民カースト）は全体では約九パーセントだった。ナダール・カーストは地酒などをつくってきた低位カーストだが、キリスト教徒に改宗したグループもあり、最近地位向上が著しいカーストである。また、登録カーストのなかでも高学歴で専門職につく男女も出現している。これらの低位カーストの男女であれば、つりあった相手を求めて広くチャンスを与えられる英字新聞への広告を考えたとしても不思議ではない。だが、インドの人口比で五パーセント程度とされるバラモン・カーストで、特に女性が、求婚広告に関しては他カーストとの人口比率に対してその四倍もの応募をしていることは驚きでもあった。とりわけバラモンの高学歴女性からの広告が多いことが、高学歴で高カーストの女性たちの結婚の難しさを象徴していた。

求婚している女性は大体二五歳から三〇歳代前半であり、多くが中流家庭に育った高学歴保持者である。この女性たちが自分の好みにあった安定した生活を営める配偶者を探すとなると、学歴や職種が自分と似通っているだけでなく、カーストも同じであることが望ましいということになる。そのため、カースト（または宗教）は必ず言及される。カーストが同じであれば望ましい、あるいは自分のカースト限定という条件で募集している女性が二一二五例中三七八例あり、カーストにこだわらないという女性はきわめて少数だった。

これらの広告をみた外国人は、自己アピールに容貌や身長、年収などの情報を入れる一方、欧米や日本では重視される「相性」、すなわち性格や趣味などへの言及がないと驚く。だが、性格や趣味などへの言及は交渉時に明らかにすればよいことだ。限られた紙面でアピールするにはカーストや収入、学歴、容貌などで十分だと彼らは考えているのだ。求婚広告に応じてコンタクトして相手からのオファーがあり、なんとか結婚にこぎつけるまで、多くのカップルがほぼ一年を要するという。それを考えると、相手からのコンタクト後に広告で言及されなかったさまざまな要素が、結婚の可否の判断に加わってくることが予測される。

何のために結婚するのか

このような求婚広告で出会った男女が、実際に結婚に至るケースまでを追跡調査したのがアビジット・バネルジーとエステル・デュフロらの研究である。彼らはデビッド・ゲールとロイド・シャプレー（Gale and Shapley 1962）が安定的な結婚の選択という問題を理解するために開発したゲール・シャプレー法（別名、繰り延べ承認法）によるデータ分析を使い、西ベンガル地域の英字新聞[4]の求婚広告を分析した。

「何のために結婚するのか」（Banerjee et al. 2009）と題した論文のなかで、バネルジーらは、インドにおいて「カースト内婚」が好まれる理由を考察している。この分析の結果、上位カーストであれ、下位カーストであれ、結婚を希望する男女はカースト内でもっとも安定的なマッチングを望み、そのためには自分が提示したいくつかの条件を犠牲にすることもいとわない、という結果を報告している。バネルジーらの場合、単に求婚広告の分析にとどまらず、実際に広告に応じ、その後広告した相手との結婚に至ったか否かを中心に分析を重ねているため、現実の配偶者選択のなかで起こっている状況をより的確に判断できる資料となっている。

これによると、インタビューした広告掲載者のサンプルの四四パーセントが、広告を掲載してから一年以内に結婚または婚約しており、ほとんどは一回しか広告を掲載していなかった。そして結婚した人のうち、六五パーセントは当該広告を通じて出会い、結婚していた。一五パーセントは結婚広告で良い相手に巡り合えず、親族や知己を通じて相手を見つけ、結婚した。結局、恋愛結婚で結ばれた、という人々も二〇パーセント存在した。

広告のなかで、学歴、収入、職種、容貌、身長、肌の色などが言及されているにもかかわらず、現実には、結婚にあたり、カースト内での結婚が最優先され、それ以外の条件は変更可能であるという結果が得られた。

たとえばある女性の両親は、同じカーストの男性であれば、娘より学歴が低くとも、年収が娘より劣っていても結婚させることを躊躇しなかった。彼女への別の求婚者が高学歴で修士号をもっていても、彼が他カーストであれば、選ぶことはなかった。学歴が低くとも、自カーストの人物を、女性も彼女の家族も優先していた。たとえ他カーストの男性が、自カーストの男性の倍の収入があろうとも、自カーストの男性が「ほどほどの」収入でさえあれば、彼のほうが優先された。男性たちはというと、他カーストの「とても美しい」女性よりも、月並みな容貌、あるいはかなり色黒（インドでは、色黒はマイナスとされる）であっても自カーストの女性には、二倍ほどハンディ（優越権）を与えていた。相手の身長の低さや色の黒さも、男女ともに自カーストであれば、見逃された。女性は、自分のカースト内の相手と結婚するためなら、相手が色黒で、学歴が希望より低く、身長が低くとも、それを許容する。ある女性は、平均より五〇パーセント多く稼ぐと予測される別のカーストの男性よりも、一定の水準内の所得で、同じカースト出身の男性との結婚を選んだ。自カースト内で結婚するためには、男性は相手の容姿や学歴を、女性は相手の収入の三〇〇パーセント以上を犠牲にすることをいとわなかった。

つまり、この調査から引き出されたのは、経済的な利点は、カーストとは決して引き換えにできないということだ。カーストが同じことが、ほぼ絶対条件なのだった。こうしてカースト内で結婚相手を見つけられた多くの人々の場合、この選択方法によれば、相手の家の家風や価値観などにおいても、結果的には均衡的なカップルになっていたという。

インドのようなめざましい経済成長を遂げる社会においても、カースト内婚は安定的な家庭運営の土台でありえることを示しているのだ。

あえて異カースト婚を選んだ人々

求婚広告に応じて手紙を出してくる人々の場合、そもそも手紙の三分の二は、広告掲載者と同じカーストの人からのものである。一年後に結婚したハナムコ候補の七二パーセント、ハナヨメ候補の六八パーセントが、自カースト内で結婚しているのだが、そうでない事例も存在する。思うような相手に求婚広告でも巡り合わず、恋愛結婚を選んだ人が二〇パーセント存在していた。

たしかに恋愛婚は「ダウリ」を支払う必要がないため、多くの女性たちにとって一見魅力的ではある。しかし、多くはこの選択肢を選ばず、カースト内婚をもっとも望ましいものとする。カースト内婚に比べると恋愛婚は家庭を維持すること自体が困難をきわめるからだという。

筆者が二〇〇七年にインタビューした三〇代後半の女性はムンバイに住み、カーストの異なった男性と恋愛結婚していた。だが、実家から離れたゆえに子育ての援助が受けられず、高収入のＩＴ企業を退職し、夫の収入だけで子供を学齢期まで育てることを決心したという。おそらくカースト内婚であれば、双方の両親からの何らかの支援が得られたであろうと推測できた。両親の支援なしで良い教育を子供に与えるためには、一時的にある程度の収入の低下をすら受け入れなければならないという結果となったのだ。

インドにおける見合い婚の確率は、全体的に高い。ＢＢＣによれば、二〇一八年の時点で、調査された家庭の九三パーセント以上が見合い婚であった（BBC.Com 2021）。このデータは年齢層や都市と田舎のデータを区別していない。このため、農村部や都市での中高年の大多数が依然として、地縁血縁を利用した見合い婚で配偶者を見つけたのであろうと推察されるが、若い世代であっても見合い婚（すなわちカースト内婚）を望む人々が依然として多いのも事実である。

「交叉イトコ婚」と「カースト内婚」志向が強い若者たち

統計的に、一九九〇年代の議論（Good 1991）でも、南インドでは交叉イトコ婚が二五パーセントから三〇パーセント程度の確率で起こるとされていた。だが、それは二一世紀の今でも変わらない。ＮＦＨＳ（National Family Health Survey-5）の二〇二一年のレポートによると、南インドのタミルナードゥ州では二八パーセントの婚姻が交叉イトコ婚であり、カーナタカ州で二七パーセント、アーンドラ・プラデシュ州で二六パーセント、プドゥチェリ（ポンディチェリ地区）で一九パーセント、テランガナ地区で一八パーセントとなっている。

交叉イトコ婚は、幼い頃から相手を知っているという点と、親戚であればダウリの額が比較的リーズナブルにまとまるという利点があり、女性の地位が保護されるという意見が大多数の研究者から報告されている。

NFHSのデータによると、インド全体における又イトコや遠縁との結婚は、実は増加傾向にあり、一九九二〜九三年には九・九パーセントだったものが二〇一九〜二一年には一〇・八パーセントに増加している。二一世紀のグローバル化が必ずしもカースト外婚を広めるとは限らないという証左となるデータでもある。海外からわざわざ配偶者を求めてインドに帰国する男性が第一に求めるのは、カースト内婚である。また、イトコ婚も相変わらず減じておらず、インド全体でも一五歳から四九歳の年齢層全体で八パーセントの女性が、イトコと結婚している。(5)

異カースト婚の難しさ

一九五四年にインド政府は特別婚姻法（Special Marriage Act）を制定した。婚姻手続きの簡素化とともに異カースト婚（intercaste marriage）を合法と宣言するためである。最高裁は成人が生涯のパートナーを主体的に選ぶ権利を再確認し、異カースト間、異宗教間での結婚をする権利を認める判決を続けざまに出しているが、あえて法律にしなければならないほど、村落部では異カースト婚による紛争沙汰が発生し、ときに殺傷事件となる場合もある。特に、低カーストの男性が、中位または高カーストの女性と恋愛関係となり、駆け落ちして都市に逃れたりした場合、シリアスな問題が起こりやすい。女性の男性親族が女性を奪われたことに腹をたて、彼らをみつけだして相手の男性を殺害するといった事件も何度となくメディアで取り上げられている。

インドは国家として異カースト婚や異宗教間の結婚を推進し、特典として公的職種への特別枠や、子弟の高等教育への特別枠などを用意している。だが、異カースト婚はこのような殺傷沙汰にまで発展するような事件ともなりかねず、依然として異カースト婚を選択するカップルは限られている。

二〇一一年の国勢調査では、異カースト婚は五・八パーセント程度であり、この数字には、ここ二〇年あまりほとんど変化がない。変わらず異カースト婚は、「恋愛婚」で「非正規の結婚」であり子供に弊害が及ぶ。親戚関係にも問題が生じ、子孫が父母のカースト集団に所属権を認められない場合もある。殺傷沙汰に発展するのは例外としても、異カースト婚が子供の世代に負担をかける場合もあることは事実である。以下に紹介するのは、筆者が聞き取ったそのような事例である。すべてナガラッタール・カーストのものだが、他カーストの場合でも状況は同様である。

異カースト婚がもたらすもの

事例①ミーナ（女性、二八歳）

ミーナは一九歳で未亡人となった後、カースト外の男性と結婚した。亡くなった彼女の最初の夫は、同じカーストだった。ミーナが一四歳のときに母親が亡くなり、父親が再婚した。継母は不親切で、できるだけ早く彼女を結婚させようとし、その結果一七歳のとき、彼女の甥と結婚させられた。だが数年後病気で夫は亡くなり、寡婦となって生活基盤を失ったミーナに対し、夫が勤めていた銀行は彼女に職を提供してくれた。銀行に就職が決まると、彼女はすぐに娘を連れて家を出、その後セーヴァイ・カーストのラーマサミィと出会い、再婚した。

異カーストであることから、ミーナの両親は彼女とのコミュニケーションを絶ち、同時に彼女のカーストの人々も彼女を避けるようになった。友人のナガラッタール女性の結婚式に出席しても、誰も彼女に話しかけてこない。前夫との間に生まれた長女はナガラッタール・カーストなのだから、ナガラッタールの男性との縁談がもちあがれば、結婚させたいともミーナは思う。なぜなら彼女の現夫のカーストは中位カーストで、彼女の娘が結婚したいと望むような男性が現れるかどうかは疑問だからだ。だが、将来ナガラッタールの男性からの縁談が娘にもちあがる可能性は低い。父も母方オジも異カーストと結婚したミーナに対して世話をする気持ちはないからだ。

事例②ミーナクシー（女性、三五歳）

ミーナクシーは、ナガラッタール・カーストの三五歳の女性だ。ナガラッタールではなく、異なるチェッティヤール・カーストであるコームッティ・チェッティヤールと恋愛結婚し、マドラスに住んでいる。コームッティ・チェッティヤールの夫は、前妻と離婚してミーナクシーと結婚した。結婚後、彼女は数年間家族から絶縁されていた。だが、彼女の夫が金持ちだったため、親戚は次第に夫婦を儀式に招待するようになった。彼ら夫婦には子供がいないが、養子をもらう可能性について親戚の女性に尋ねると、彼らは夫婦としてはどのカーストにも属していないことになるから、養子を迎えることはできないだろうと筆者に語った。

事例③チダムバラム（男性、五六歳）

チダムバラムは、男性のナガラッタールで、筆者がはじめて出会った当時は五〇代後半だった。ガウンダー・カーストの女性弁護士と恋愛結婚し、息子が一人いる。彼は当時政権与党であった国民会議派に属する政治家でもあり、何度も中央政府の大臣を務め、党内でも重鎮として知られていた。だが、同僚の弁護士であるナーリニと恋愛結婚しようとして、身内から強い反対を受けた。チダムバラムは反対を押し切って結婚式を挙行しようとしたが、彼の家族は誰も結婚式に出席せず、親しいバラモンの友人が証人となり、役所で結婚登録を済ませ、結婚した。チダムバラムの妹、ウマーによると、彼がナーリニとの結婚の意思を告げたとき、父はショックのために心臓発作を起こした。働き者で誠実な点をＲＳアンナーマライの長男のムッタイヤーに評価され、彼の推薦で跡継ぎがない裕福な家の養子として迎え入れられた後、RSアンナーマライの末娘を妻とした。チダムバラムの父は息子が家名に泥を塗ったとして、大きなショックを受けたのだった。二人の結婚はスキャンダルとなり、新聞にも報道され、彼の母もショックを受け、一年もの間外出を控えていた。ナーリニに男児が生まれた後、両親は折れ、チダムバラムと両親は和解し、再びコミュニケーションをとるようになった。

表面的には関係は落ち着いたかのようにみえるが、結局彼らの息子はカースト内婚を選ばず、バラモンの女性と結婚した。彼の父方オバであるウマーは「彼の両親が恋愛結婚を選んだのだから、彼も好きにできたのだ」という。

だが、これが娘だったら難しいだろうともウマーはいう。もしも、自分の娘が恋愛に陥って異カーストの若者と結婚したらどうだろうか。そう思うだけでも暗澹たる気持ちになる。彼女は娘のヴァッリーにはそんな選択をさせたくないと思い、彼女が一四歳になったとき、恋愛をしないようにと釘をさした。「異カーストの男性と結婚するようになったら皆が苦しむ」。ヴァッリーは理解し、納得してくれたとウマーは語った。

ナガラッタールはナガラッタールと異カーストの間の結婚から生まれた子供とは通常結婚しない。異カーストとの結婚または婚外婚によって生まれた子供の場合、同じような境遇の男女のなかからパートナーを選んで結婚する。あるカーストと別のカーストの間での結婚例が多くなれば、その子孫によって別のカーストが形成される可能性もある。

そもそも歴史的にみて、序章で示したように、ナガラッタール・カースト自体がハーフ・チェッティとして成立した経緯がある。ナガラッタールは、チェッティヤールの男子と同数のヴェッラーラの女子が集団で結婚し、混交カーストとして誕生したハーフ・チェッティだ。だが、今日では男女ともにナガラッタールでなければ正式なカースト成員とは認められていない。それ以外の半ナガラッタールの出自の人々は自分のアイデンティティのよりどころによって、「チェッティヤール」と名乗ったり、それ以外の父系または母系のカースト名を名乗ったりする。

一方、男性ナガラッタールたちがかつて東南アジアに駐在していた折、現地妻との間にできた子供らは東南アジア社会に定着し、そのまま現地でチェッティとして存続していった。他方、ナガラッタールの非嫡出子としてインド国内で生まれ、他の異カースト婚によって生まれた子孫たちとの通婚圏をつくる集団もある。

事例④ラーダー（女性、六八歳）と娘ラクシュミ（四〇歳）

かつて、ナガラッタールの妾の多くは、イサイ・ヴェッラーラ出身だった。イサイ・ヴェッラーラの女子は、寺院の踊り子（デーヴァーダシー）となり、男子は寺院に所属する音楽隊を構成する。このような通婚から生まれた子弟のなかには父の資産を引き継ぎ、高学歴で裕福な人々もいる。また、舞踊や音楽の才能に恵まれ映画界に身をおいて女優や舞踊家になっている人々もいる。

しかし、彼らのなかには純粋なナガラッタールを羨み、自分たちが非嫡出子であることを憎む人々もいる。同じような背景をもつ人々の間で結婚することが一般的ではあるが、嫡出でないことによる心理的な苦痛にさいなまれる場合もある。たとえ娘を富裕なナガラッタールに嫁がせることができたとしても、娘がナガラッタールでないために夫の親族からさえいじめられるのであれば、それが良い選択とはいえない。ナガラッタールの男子と他カーストの女性との婚外交渉の歴史を物語るような事例が「ヴェッラーッチ」という語彙である。

ナガラッタール出身の作家であるソーマレイによれば、ヴェッラーッチとはナガラッタールのカースト方言で、以下の三つの意味がある。（1）女性の家事使用人、特にヴェッラーラ・カーストの女性、（2）二番目の妻、妾、（3）義理の母。

おそらく一五〇〇名あまりのチェッティヤールの男子がチェッティナードゥ地域に落ち着き、三つのヴェッラーラのカーストからハナヨメをリクルートした折に、彼女らの母を一時的にこのように呼んだのであろう。だが、現在では「二番目の妻、妾」を意味する。ソーマレイは、一九四〇年代以前には、女中奉公人の多くがヴェッラーラ・カースト出身で、おそらく主人の妾にもなっていたであろうと推測している（Somalay 1953: 21）。

セカンドハウス・チェッティヤールとは、英語を話すナガラッタールから聞いた表現で、婚外子または非ナガラッタールとの婚姻によって生まれた世代のことを指す。彼らがナガラッタールと結婚するのはきわめて稀である。筆者の知る限り、このようなケースは今のところ一件しかない。これは、ナガラッタールの富豪の後妻となったナーヤール・カースト出身の女性の子供らの場合である。

ナーヤール・カーストでナガラッタールの実業家と再婚したラーダーは夫亡き後、自分の娘と息子の結婚相手として、ターゲットを外国に住む純粋なナガラッタールに定めた。この結果、彼女の娘ラクシュミはマレーシアに住むナガラッタールと結婚し、現地に住むこととなった。また、息子はイギリスで育った一〇代のナガラッタールの女性と結婚した。タミルナードゥ州在住のナガラッタールであれば、そのような縁談を受け入れるとは考えにくいと語った中年のナガラッタール女性たちもいた。だが、「海外在住であれば、インド国内の親族との付き合いもあまりなく、ゴシップに煩わされることもない」。それゆえに、縁組を了承するかもしれないという。その戦略が功を奏したわけである。だがそのような縁組は大抵の場合、きわめて難しい。

事例④サヴィトリ（女性、六五歳）と娘ラーダー（三二歳）

サヴィトリは一六歳でナガラッタールの妾となった。彼女の父親はスマルタ・バラモンで、学者であり、詩人でもあった。だが、父親が病で亡くなり、すでに結婚していたサヴィトリの姉は彼女をチェッティヤールの金持ちの家に連れて行き、サヴィトリはチェッティヤールの妾となった。相手のナガラッタールは当時四四歳で、彼の妻（アーッチー）は彼より数歳年上だった。サヴィトリによると、当時、ナガラッタールの間では、妻は夫より年上であることはよくあることだったので、若いサヴィトリをナガラッタールは気に入った。だが、彼は九年後、サヴィトリとの間に五人の子供を残して亡くなった。アーッチーには子供がいなかったため、本来であればサヴィトリの母から生まれた子供は認知され、遺産相続を許されてしかるべきだ。だがアーッチーはそれをせず、夫の氏寺から養子を迎え、正式な息子として夫の葬儀を執り行わせ、この養子がすべての財産を相続した。サヴィトリは住んでいる家以外にはほとんど財産をもっていなかった。アーッチーは彼女を憐れみ、二エーカーの土地を与えた。おそらく陰口をたたかれるのを恐れたためであろうとサヴィトリは考えている。

サヴィトリの長男は勉強に興味がなかったため、オート三輪の運転手になった。次男は電気技師になるために地元の工科学校で学んでいる。長女はマレーシアに住むハーフ・チェッティヤールと結婚した。サヴィトリは娘に一〇万ルピーの持参金と二五ソブリンの金、数キログラムの銀の器を与えた。彼女の末娘はカーストの低い男性と駆け落ちした。この娘を恥じているのか、サヴィトリは彼女については筆者には言及しなかった。だが彼女が今心配しているのは、三二歳になる次女のラーダーのことだった。彼女は商学の修士号をもち、女子大で教えていた。ラーダーは自分の出生に非常に敏感で、劣等感に苦しんでいた。そして、教養のある真正のナガラッタールとの結婚を望んでいた。それが無理なら、結婚などしたくないという。反対に、彼女はバラモン・カーストを憎み、自分の不幸は母の親族に責任があると感じていた。母の姉が母をチェッティヤールに妾として送り込んだ。その責任があると彼女は考えていた。サヴィトリは当時まだ一六歳で、とても世間知らずだったから、ラーダーは母を責めるつもりはない。むしろ母と一緒に不幸を分かち合う方向を選び、母の友人たちから持ちかけられたすべての縁談は断った。縁談はすべてバラモン・カーストかバラモンと他カーストの混血カーストの出身者からのものだったからだ。

　サヴィトリによれば、ハーフ・ナガラッタールの男子は、ほとんどが教育レベルが低い。娘は金持ちには興味がないが、彼女につりあった教養のある男性と結婚したがっている。しかし、ナガラッタールの妾となるバラモンの女性はほとんどいないため、ラーダーと同じような経歴、つまりナガラッタールの父とバラモンの母、あるいはその逆の経歴をもつ教養のある男性を見つけるのは難しい。

　おまけに彼女が娘のために積み立てている持参金と金の重量は、ナガラッタールの間では中流以下の水準だ。到底彼女が望むようなステイタスの男性にはつりあわない[6]。サヴィトリは自分の境遇を嘆いた。なぜ自分はこんな苦しみを味わうためにバラモンに生まれねばならなかったのだろう。バラモンは宗教的に徳を積み重ねたといわれるカーストだ。そんなカーストに生まれたのに、自分は前世でどのような過ちを犯してこんな苦労にさいなまれる生活をするはめになったのだろう。立派な家に住み使用人さえいるというのに、サヴィトリは一日たりとも幸せだと感じたことがなかった。二四年前に夫を亡くし寡婦として暮らしているが、子供たちの結婚問題のために苦悩が続いている。異カースト間の結婚は多くの罪を生み、何世代にもわたって子孫を苦しめる。だからそんな結婚や婚外婚は避けるべきだ。

彼女はナガラッタール全般に対しても批判的だ。彼女によれば、ナガラッタールは単に金目当てで冷淡なだけだ。彼らは花を見つけると、何かの役に立つだろう、といって摘み取る。彼はそれをプージャー（儀礼）に使ったり、家の花瓶に飾ったりして、飽きるとすぐに捨ててしまう。花自体を大切に愛しむことはない。アーッチーはとても計算高く、吝嗇である。自分の財産を守り妾たちに分け前を与えることはない。

過去一〇年以上、サヴィトリと彼女の娘は、精神的な安らぎを求めてサティヤ・サイババのアシュラム（修道院）を繰り返し訪れている。ラーダーが教えている大学から長期休暇が取れると、二人はサイババに会いに行く。最近、彼女はサティヤ・サイババが創立した女子大学のポストを得た。サヴィトリはこれで安心した。給料は前の大学より少ないが、娘にとってはサイババの修道院があるアナンダプラムで一生を過ごすほうがいいと感じている。ラーダーが結婚を望まないなら、結婚する必要はない。サイババの近くで暮らせば、苦悩から解放されるだろう。彼女は、サイババに会うチャンスが多いアナンダプラムに移り住み、そこで娘と暮らすことに決めた。

私は幸いなことに、長女には良い結婚をさせることができた。彼女はマレーシアで幸せに暮らし、子供もいる。次女のラーダーは結婚したくなければ、その必要はない。彼女が望めば、神に仕えるために生きることができる。結婚生活で多くの問題を抱えるよりはそのほうが苦痛が少ないだろう。結局のところ、異カースト間の結婚は良い結果を生み出さない。私たちはそのために長いこと苦しまなければならなかった。私は娘のラーダーにも自分自身にも悪いことをしたと思っている。だから娘が誰かと不本意な結婚することで、また不幸な子供をつくりだす必要はない。

サヴィトリは実業家のナガラッタールと結婚したナーヤール・カースト出身の女性と親しい。彼女を訪ねたとき、家にある結婚用の「サーマーン」（家財道具）のコレクションを見せられ、驚いた。どうしてこれほどのコレクションが可能なのだろう。この女性はナガラッタールではないし、いくら資産家とはいえ、ナガラッタールが彼女の子供たちとの縁組を求めに来るわけがないのに、なぜこんなにも集めているのだろう。しかし彼女は娘にマレーシアにいるナガラッタールとの縁談をまとめ、息子はイギリス在住の若いナガラッタールの娘と結婚させた。サヴィトリはこれを聞いてかなり動揺した。

彼女はケーララのナーヤール・カーストの出身ですよね？　ナガラッタールじゃない。彼女も正式に結婚する前には妾だったはずです。でも最終的に彼女は結婚し、夫の事業を継いで金持ちの企業家になったから、誰もそのことをあえて話題にしない。彼女が自分の子供をナガラッタールに嫁がせることなどできるわけがないと思っていましたが、それに成功しました。残念なことに、私には娘のためにそれをしてやれるだけの財力はありません。

事例⑤マニ（男性、四〇代半ば）と娘ラクシュミー（二三歳）

マニはタンジョールの病院に勤める医師である。父親はナガラッタール、母親はイサイ・ヴェッラーラ・カーストの出身だ。マニは同じ境遇の女性で、イサイ・ヴェッラーラ・カーストの女性と結婚した。彼女の父親はナガラッタールで金持ちの質屋で、母親はイサイ・ヴェッラーラだという。結婚式の前、マニの父親はマニの母親とマニ、そしてマニの妹を先祖の家（ワラヴ・ヴィードゥ）に連れて行き、そこで暮らすことを宣言した。父親は、彼の妻の死期が近いことを知っており、マニが一人息子であることから、息子の結婚を先祖代々の家で行いたかったのだ。アーッチーとマニの母は、アーッチーが亡くなるまでの半年間、同じ屋根の下で暮らした。彼女の死後、マニの父親はマニの母親と結婚した。しかし、父親が亡くなると、マニは先祖代々の家の伝統的な権利をめぐって父方の親戚と争わなければならなかった。先に述べたように、ナガラッタールの伝統によれば、ワラヴ・ヴィードゥ（父系先祖代々の共同の家）を受け継ぐのは、父方で正当と認められたパンガーリの男子のみである。この結果、父方のオジ一家がワラヴ・ヴィードゥの残りの半分に住んでいながら、マニの一家がワラヴ・ヴィードゥを使う権利があると認めなかった。彼らの間にコミュニケーションはなく、まったく異なる縁組グループに属している。

マニには二人の娘がいる。娘の配偶者は、両者とも、父親はナガラッタール、母親はイサイ・ヴェッラーラである。上の娘の夫はコンピューター・エンジニアとして成功し、教養もある。そして、マニは職業柄、知識層に属し、給料以外に父親から受け継いだ事業と財産もある。もともと彼の金貸し業は妻が持参金として持ってきたお金で始めたものだ。事業からの収入の大半は税務署に申告せず、娘たちの結婚資金としてため込んだ。このうち彼は長女の結婚式に約八〇万ルピー（一二〇万円）を費やした。この金額は、当時のナガラッタールのなかでもアッパー・ミドルレベルの額である。父方のオジとの間に問題があったため、ワラヴ・ヴィードゥでは娘の結婚ができない。そのために結婚式場を借りなければならなかった。娘にもたせる金の宝飾品や銀製品にも大金を費やした。だが、後悔はない。

彼のつくった娘のためのサーマーンのリストは高価な宝飾品や銀の器にもかかわらず、とてもシンプルで、わかりやすい。金銀製品や高価なサリーなどはリストアップされているが、伝統的なナガラッタールの家よりもスマートな感じがするものだ。彼の二人の娘の名前はバラモン系であり、彼は都会派の教養あるバラモンたちと交流する傾向がある。彼の孫たちは、もしかしたらバラモンと結婚するかもしれないと筆者は思ったものだ。

伝統的にデーヴァーダシーは寺院に勤めるバラモン祭司の妾となることが多く、バラモン文化の影響を受けてきた。マニも妻もバラモンのように純粋なベジタリアンである。また、出勤前に、毎朝ヴィナーヤガ（ガネーシャ）寺院に行き礼拝をかかさない。ときに僧院を訪ね、定期的にスワミ（僧院の宗教的指導者）に会ってアドヴァイスを受けている。

しかし、彼は同時に自分を純粋なナガラッタールとして見せようと苦心してもいる。そして、ナガラッタールの良い面を外部者である筆者には強調する。ナガラッタールの一番の魅力は、そのホスピタリティだ、そう彼はいう。彼らの多くは海外で長い時間を過ごした経験があるため、外国からの客をどうもてなすかを心得ている。ビジネスや人脈づくりで見返りがあるかもしれないと考えて部外者を手厚くもてなす、そう彼は力説した。英国植民地時代には、彼らは危険を冒すことをいとわず、長距離貿易や金融に従事していた。だが、今では、少年たちは高学歴になり、ホワイトカラーになり、リスクを避けるようになった。良き伝統はもうない、そういってマニは父の世代を懐かしむような風を見せた。

ナガラッタールと自称するマニだが、時折、ナガラッタールについて恨み言も口にする。彼らはビルマやマレーシアでしこたまお金を稼ぎまくった。だが、彼らはホスト国の繁栄など考えず、自分たちのことだけを考えていた。彼らは自分たちを受け入れてくれたビルマなどのホスト国に経済的にもっと貢献すべきだったが、そうしなかった。彼らはチェッティナードゥに海外で稼いだものすべてをもって帰ることだけを考えていた。だから、ビルマ政府が怒って彼らを追い出したのは理解できる。ナガラッタールは、ビルマで資産を没収されたとき、補償金を得ることはできなかったものの、彼らはすでにビルマから現物や金銭で莫大な財産をもち帰っていた。だから、ビルマ政府に文句は言えるはずがない。彼らは現地の人々から搾取し、現地の妻たちを見捨て、わずかな金しか残さなかった。彼らはビルマから富を奪い、現地の人々の面倒を見ようとは考えなかったのだ。詳細にナガラッタールの歴史を語るマニをみていると、おそらくナガラッタールに関する書籍類をかなり読んでいるのだろう。
ビルマにおけるナガラッタールの行動に対するマニの批判は、ラーマン・マハデヴァン（Mahadevan 1978）の説明と一致しており、博識な研究者らしくその批判も的を射ている。しかし、マニの批判には彼自身の経験によるところも大きい。おそらく彼の父はマニに愛情を傾け、財産を渡したはずだ。しかし、真正でないナガラッタールとして、彼は父の親族から差別を受けた。ナガラッタールの父との関係は非常に良かったことを思わせる一方、父の親族たちの仕打ちに憤りを感じていたはずだ。だが、筆者に対しては自分の出自を口にすることはなかった。正真正銘のナガラッタールらしく振る舞おうとするとき、彼はイサイ・ヴェッラーラの親戚のことは口にしない。舞踊家でイサイ・ヴェッラーラ出身のラージによると、マニの母親は彼女の親戚だというが、彼らについてはマニは筆者には一切言及することはなかった。

事例⑥ラージ（女性、六五歳）

ラージは法的にはナガラッタールの妻だったことはなく、世間的には妾として生きた。だが、夫の死までの三三年間をともに暮らし、経済的にも彼を支えた。彼と暮らし始めたとき、彼女は一七歳だった。公演のためにデーヴァコッタイを訪れたとき、ナガラッタールの資産家のＴＲが、彼女を見初めた。妾に迎えたいと彼女の母親に申し出た。ＴＲはすでに結婚しているが妻は子宮摘出手術を受けており、結婚生活にはふさわしくないからだという。すでに正妻との間に二人の娘がいたが、男子はおらず、この先妻が子供を産める可能性もなかったが、どうしても男児がほしいという。結局、ラージの母親は同意した。ＴＲは家族を捨て、カーライクディに家を建て、ラージと三三年間暮らし、息子を一人もうけた。

だが、普通の妾とは違い、ラージは経済的に自立していた。五歳で伝統舞踊の修業を始め、バラタナティヤムの第一人者として五〇代で全インド国民栄誉賞を受賞した。夫のＴＲからの仕送りがないときも、彼女は踊りで生活を支え、ＴＲが経済的に困っているときにはその生活を支えた。

第二次世界大戦中、ＴＲは国民会議派に属し、英国植民地からの独立を支持する闘士となって活躍した。このため、英国植民地政府によってしばらく投獄されたことすらある。ラージはしばしば彼に会いに刑務所に赴き、自分の収入で慰問品を調達し、彼に届けた。インドが独立を達成した後、ＴＲが事業を始めようとしたときも、彼女は自分の貯金を彼の事業資金に加えることを申し出た。このようなこともあって、ＴＲの妻はラージに反感をもつことはなく、彼女の子供たちもラージの家を訪れ、彼女を「おばさん」と呼んで慕っていた。

しかし、ＴＲが彼のサーンディ（還暦）を祝おうとしたとき、二人の関係は突然険悪になった。当初、彼は二〇年近く住んでいたラージとの家で、両方の妻とともに祝宴を開きたいと考えていた。しかし、彼の妻は、先祖代々のワラヴ・ヴィードゥで、法律上の妻である彼女だけと座り、人々の祝賀を受けることを強く望んだ。結局還暦の祝いはラージの家で行われたが、妻も友人や親戚も参加しなかった。その後、ＴＲの妻は子供たちをラージの家に寄越さなくなった。

イサイ・ヴェッラーラの母系的伝統

ケーララのナーヤール・カーストと同様、彼らは母系で財産を相続し、子供は母親の家系に属し、夫は家族として同居はしないこともある。なぜならば、往々にして夫はほかに家族をもつバラモンの祭司だからだ。結婚式の代わりに夫との同衾が始まった日の儀礼を婚礼とみなす。バラモンの目からみるとイサイ・ヴェッラーラの女性は妾である。だが、イサイ・ヴェッラーラからみると、彼らの同衾が始まった日は婚礼の日である。そこで母方居住の婚姻関係が成立しているとみなし、子供はイサイ・ヴェッラーラに属することとなる。イサイ・ヴェッラーラの考えでは、同棲は「結婚」であり、ラージも彼女のカーストの人々もTRとラージは結婚しているとみなしていた。

TRは寺で祈っている最中に心臓麻痺で倒れ、七五歳で亡くなった。そのとき、TRとナガラッタールの妻との間は冷え切っていた。だが、彼の遺体はラージに知らせることなく、親族のナガラッタールたちによってTRのワラヴ・ヴィードゥに運ばれた。アーッチーと親族はすぐに遺体を火葬し、喪主はパンガーリ（父系親族）の甥に依頼された。そしてラージの息子である非嫡出子の相続人としての権利を否定し、ラージや彼女の子供たちを葬儀に招待すらしなかった。

ラージが自宅で夫の喪に服していると、火葬から三日目にTRの妻の弟が財産分与の話をしにやって来た。彼女は喪に服していたので、それについて話すことを拒否したが、彼はTRの財産の四分の一を彼女に渡すつもりだと告げ、去っていった。彼女はそれでよいと合意したのだが、結局ＴＲの遺産が彼女の手元に届くことはなかった。

当時、彼女の息子は工科大学の講師をしていた。父親の死後、彼は母親から財産の取り分を要求し、ＴＲから贈られた宝飾類などのラージの財産のほとんどをもち出して換金し、その金でマドラスに家を建てた。彼は二度結婚した。一度目はボンベイでクリスチャンの女性と恋愛結婚した。母親に知らせずに結婚し、ラージの家にハナヨメを連れてきて、出産間近だった彼女を置き去りにした。子供が生まれると、息子の妻はラージに娘を預け、夫と離婚し、立ち去った。その後、ラージの息子はイサイ・ヴェッラーラの娘と再婚した。彼は最初の結婚で生まれた娘をラージに預け、そのまま放置したのだが、この娘はラージの指導を受け、舞踊家として独り立ちした。そしてナダスワラム（伝統楽器）奏者であるラージの弟と結婚した。「ダウリ」はなかったが、彼女の結婚生活はうまくいっている。ラージは現在、曾孫を自分の家で育てながら、伝統舞踊家兼講師として活動し、収入を得ている。曾孫の女子も舞踊家になる予定だという。

ラージは曾孫が誰と結婚してもかまわないと思っている。前述のバラモン女性のサヴィトリとは異なり、ラージはＴＲとの生活をまったく後悔していない。事実上、彼女は彼の妻であり、困ったときには彼を助けた。最初に息子が結婚した義理の娘は子供を産んで姿を消したが、ラージはその子を育てることを重荷とは思わなかった。彼女のコミュニティでは、女子は踊り手として自活することが可能であり、伝統でもあるからだ。

ラージの父親はバラモンで、寺院で祭司の助手として働いていた。彼はすでに結婚していたが、ラージの母と同居することを望んだ。ラージによるとデーヴァーダシーの夫のバラモンは、通常二つの家庭をもつ。両者を問題なく維持できなければならないので気配りができる。毎日顔を合わせていた少女と祭司が恋に落ち、一緒に暮らし始めることもあるが、そのように二つの家庭をもち、両立させることなど、ほとんどの男性にとっては難しいことだとラージはいう。

ラージによると、イサイ・ヴェッラーラの娘たちは二つのカテゴリーに分けられる。イサイ・ヴェッラーラの男性と結婚した女性は、いかなる踊りの会にも参加しない。彼女たちの地位は他カーストト（特にバラモン）を父にもつ女性たちよりもカースト内では高かったが、舞踏をすることはなく、世の中に知られることもない普通の主婦として人生を終える。一方、デーヴァーダシーになるイサイ・ヴェッラーラの女性は、異カーストの男性とデーヴァーダシーとの通婚から生まれた女性たちである。バラモンやチェッティヤールなどと「通婚」した女性から生まれた娘だけが、芸能の道に入ることを許された。だがすでにデーヴァーダシーの習慣は公的には廃止され、職業として寺に仕える踊り手のデーヴァーダシーは姿を消している。それゆえ今日では女性であれば誰でもプロの踊り手になることができる。

イサイ・ヴェッラーラは、風俗習慣の面では、バラモンの寺院祭司の影響を大きく受け、ベジタリアンである。異カースト間の結婚で生まれた子供たちは、真正のイサイ・ヴェッラーラの子供たちと通婚することができる。このためバラモンからの文化伝統やしきたり、知識などはイサイ・ヴェッラーラ全体が共有することとなり、バラモン的な風俗習慣が身についていた。バラモン・カーストとの長年にわたる独特の通婚方式によりバラモン文化の影響を受け、「洗練されている」とされるナーヤールと同様、イサイ・ヴェッラーラの女性たちは振る舞いが優雅だとされていた。

ラージによると、バラモンはチェッティヤールと比べて、格段に愛情深い。しかしバラモンとしてのステイタスを子供に与えるには、妻はバラモン・カーストでなければならない。デーヴァーダシーを妾とすることはできる。妾となったデーヴァーダシーは夫の家にも出入りができ、正妻の子供たちは彼女をおばさんと呼ぶ。だが、夫がチェッティヤールであれば、妻と妾の間には緊張関係が生まれ、妾は妻の家に出入りできない。ラージによれば、ナガラッタールを父親とする子供は裕福だが、文化的に洗練されていない。文化的には、バラモンが父親の子供たちは父がナガラッタールである子供よりずっと洗練されている。

バラモンはイサイ・ヴェッラーラの妻に対しても敬意を払い、子供たちは「おばさん」と呼んで慕う。だが、ナガラッタールの家族は、イサイ・ヴェッラーラの妻がやってくると、「妾が来た」といって彼女を誹謗し見下す。

「恋愛結婚」がカースト内婚に取って代わることができない理由

セーヴァイ、カッラー、マラヴァールなどの中間カーストは、ムックラトゥール（三つの男性的カースト）とも呼ばれ、「荒っぽい振る舞い」で有名である。彼らのカーストの男性が高カーストの女性と駆け落ち結婚したならば、彼らはとても喜ぶという。高カーストの女性との結婚は、高カーストの文化を女性を通じて得ることになるが、彼らがそれによって失うものは何もないからだ。彼らによると、バラモンの女性は畑仕事をせず、家にこもるために色白だ。彼らはバラモンの女性をほめそやし、彼女と結婚して子孫が自カーストにとどまることはプラスであると考える。

ところが、逆にバラモンの男子がムックラトゥールに属する女子と駆け落ち結婚でもしようものなら、ムックラトゥールの人々は怒りにまかせ暴力に訴え、そのバラモン男子を勢いあまって殺してしまうことさえある。彼の居場所を突き止め、集団で捕まえに行き、駆け落ちした自分たちの子女を取り戻し、相手の男子をさんざん痛めつけてから凱旋する。北インドの新聞をみると、ときに低カーストの男性が自カーストの女性と駆け落ちしたことに怒ったカーストのギャングによって撲殺されたといった記事も目にする。撲殺などの悲惨な事例は南インドでは少ないが、それでも時折新聞に載ることがあり、大抵は荒っぽい中間カーストが低カーストを虐待したのちに引き起こされた惨事である。だが、中間カーストでも上位に位置するシャイヴァ・ヴェッラーラやムダリヤールの場合は、これとは大きく異なる。結婚相手が容易にみつからない場合、バラモンやそれに準ずる高カーストの人々を娘の結婚相手として受け入れ、ムコを敬いさえする。もし彼らが「恋愛結婚」であったとしても、高カーストの男性であれば、顰蹙を買うことはない。

それゆえ新聞やオンラインの結婚広告の「ハナムコ求む」や「ハナヨメ求む」のコーナーには、カーストの差別をしないと書いてあるものもある。だが、サヴィトリとラージの二人を知る人は筆者にこう言う。「異カースト間の結婚に由来する人々は不安定な傾向がある。彼らは心理的に悩み、その子供たちもしばしば不安定な結婚をする。だからこそ異カースト間の結婚は避けたほうがよい。将来、多くの問題を引き起こす可能性があるのだから」。

現在では北インドに比べて保守的とされる南インドでさえ、「恋愛結婚」や異カースト間のお見合い結婚が、場合によっては受け入れられている。恋愛婚における「持参金なし婚」は女子にとってかなり有利であり、医師のような専門職の間であれば、学生時代に恋愛結婚することは珍しくない。あるチェンナイの医科大学に通う学生をもつ親によると、学生たちの八〇パーセントは恋愛結婚で、学生時代にキャンパスで相手を見つける。そして卒業するとすぐに結婚するのだという。インドでもトップクラスの工科大学の場合、全国から野心ある男女が集まりしのぎをけずるが、彼らは在学中に結婚相手を見つけ、卒業と同時に結婚し、同じ都市で働くことを望む。この場合、カーストが異なることは常態化しており、「インド国内だけでなく海外もまたにかけて働く」若い男女にとって、それは大した問題とはとらえられていない。

ティルチに住むある中年の眼科医師は、そのような異カースト婚をした人物だ。ヴェッラーラ・カーストだが、本人によれば、自分がどのヴェッラーラのカーストなのかは正確にはわからないという。だが、ソリヤ・ヴェッラーラ・カーストの女医と恋愛結婚した。彼の二人の兄弟も医者で、恋愛結婚し、異カーストの女医たちと結ばれている。

そのうちの一人はバラモン女性と結婚した。兄弟はいずれも非ベジタリアンであり、バラモンの妻はベジタリアンだ。結局夫の要求を入れ、妻は彼だけのために肉料理をつくり始めたという。

この眼科医の両親も「恋愛結婚」をした。父親はヴェッラーラ、母親はムダリヤールである。持参金の取引は行われなかった。この眼科医の妻にしても、恋愛結婚で彼の家に住み始めた。当座に必要な最低限の調理器具以外は何も持ってこなかった。自分の財産と呼べるものは何一つもっていなかったのだ。だが、今は夫が給料を入金している共同口座から家計を管理している。

このような恋愛結婚は、ヴェッラーラの間ではよくあることだとくだんの眼科医はいう。この眼科医のように一族のほとんどが医者であれば、男女ともに両親や親族に頼らずに生活できる糧があり、このような恋愛婚も成り立ちやすい。また、ヴェッラーラは、数十の地域的な広がりをみせた地縁カーストを包含しており、カースト内婚については比較的緩やかな規制をもっている。バラモンとの通婚関係もある程度頻繁に行われており、異カースト婚によって生じた男女が結婚する相手がヴェッラーラのカーストであることも多い。

また、先進的なカーストとして一切の政治的な保留制度を受けられないバラモンにとって、後進的なカーストのカテゴリーに分類されているヴェッラーラ・カーストとの結婚は、子供に有利な保留制度を使った教育のチャンスを与えられるという利点もある。また、子供が欲するのであれば、上級公務員などの保留枠に応募することも可能となる。このヴェッラーラの眼科医によれば、異カーストの人物との結婚後もヴェッラーラの女性の両親は娘との関係を維持する。娘の家族との付き合いを続け、次の世代で交叉イトコ婚をすることも可能だ。ほとんどの場合、子供たちは父親のカースト成員権を受け継ぐが、もし母親のカーストが強力であれば、夫も子供たちもヨメ側の文化をより多く取り入れることになり、母系的になる。だがそれすらヴェッラーラ・カーストは意に介しないという。結婚の失敗は、たとえカースト内婚であっても起こりえるとくだんの眼科医は冷静に語る。恋愛結婚だけでなく、見合い結婚でも同じように不和は起こりえる。

だが、このようなヴェッラーラの眼科医とはまったく異なった見解をナガラッタールたちの多くはとる。「ナガラッタールと結婚してこそ、尊敬を得ることができる。過去にナガラッタール以外の人と結婚したことのある家系の人とは、決して婚姻を結ばない」。この発言は、一九歳のナガラッタールのアーッチーのものである。

ナガラッタールの妻が離婚を要求することはほとんどない。だが、不和によって夫との別居を要求することはある。この場合でも、妻は両親のもとに戻るか、結婚時に与えられた財産をもって子供を連れて別居することになる。だが彼女は離婚してはおらず、社会的なステイタスはそのままだ。ナガラッタールの男性と結婚している限り、共同体のネットワークは維持され、彼女のアーッチーとしてのステイタスは守られる。親族のネットワークが彼女を守り、結婚後も生家とは切り離されない状態が続けられる。

北インドであれ、南インドであれ、若い男女であっても一般にカースト内婚を優先したいという気持ちには、このようなカースト内で形成されたサポートの有無がかかわっているのではないだろうか。たとえ夫と別居状態が続いていようとも、夫が生存している限り、アーッチーたちは既婚女性という地位を手放さず、行事にも参加できる。それは自己保身のためだけでなく、すでに関係を築いている実家と夫方の親族の間のネットワークにひびを入れないことでもあるのだ。

第二章　親族名称とカースト内婚の倫理

外婚と内婚

カーストの境界は、内婚によって守られるが、その内婚集団は外婚規制が働く小集団を包含している。同じ氏族のなかでは結婚してはいけないというルールがある。序章で示したように、レヴィ＝ストロースがいう「女性の交換」によって、同盟関係を築く集団をいくつか確保し集団を存続させるためだ。無論、適格な人物がいなければ、同盟関係にある氏族集団以外から結婚相手をリクルートできる。だがその相手はカースト内から見つけなければならない。

カースト内での外婚規制が働くのは、平行イトコを含む平行親族に対してだ。平行親族とは、父系によって財産やステイタスが継承されてゆく場合、簡単にいうと父の系統を示している。すなわち父の父のキョウダイ、父のキョウダイとその子供たちなどだ。彼らは先祖伝来の共有財産を維持し、先祖の供養をするという共通の目的をもつ。日本であれば、墓地の共有をしたり、法事や結婚式に呼んだりするといった付き合いをする人々にあたる。日本では、顔を見知っていたり「親戚」として言及されたりする人々が親類として理解される程度だ。だから、恋愛結婚した人が、実は一〇〇年から二〇〇年ほど前に自分の氏族から枝分かれした集団に属す一族だったということがわかったとしても結婚にあたって問題にはならない。たとえ苗字が同じであっても、遠縁ですらないこともある。

だが、インドの場合、同じ氏族に属することは何百年たっても忘れてはならないことだ。忘れないために、氏神をマーカーにして、同じ氏族集団をまとめる。父の父や父のキョウダイたち、その父系につらなる人々がある神を祀る社に所属している檀家のようなものだといえばわかりやすいだろうか。だが日本では檀家をやめることは自由だが、インドではそうではない。一方、エゴ（自分）の母もまた、生まれ落ちた集団である彼女の父の氏族が崇拝する氏神檀家に所属している。父母は異なる氏神の檀家だからこそ、結婚が可能だ。これだと千年たっても間違いなく異なる氏族集団のメンバーと結婚することができる。

一方、バラモンたちは定住した土地で祀られている氏神を非バラモン・カーストと同じく崇拝してはいるものの、婚姻規制はそれより長い歴史をもつゴートラ（氏族）をマーカーにする。ゴートラ名が違っていれば、たとえ同じ氏神を崇拝していても問題はない。ゴートラは伝説的な始祖の名（たとえばバラドゥワジャ、ゴータマ、カーシヤッパなど）を掲げる父系集団である。日々の祭式では、所属するゴートラの聖仙の名を唱え、同一ゴートラ内での結婚を「近親婚」として禁じる。血縁関係がもはやたどれないほど遠くとも、同じゴートラの成員とは結婚してはならない。

ナガラッタールの場合、バラモンのゴートラ名にあたる役割をするのが氏寺とするシヴァ寺の村の名前だ。(1) カーンチープラムを離れ、チェッティナードゥ地域に定住し、ヴェッラーラの女性たちと結婚した時点で、彼らは婚姻規制のマーカーを九つのシヴァ寺院に定めた。それぞれの寺院は父系親族集団としてのシンボルで、寺への所属権は、父方から継承する。そして、結婚の折は、ハナヨメとハナムコがそれぞれの父方のシヴァ寺から花輪を贈られ、父系集団の成員権が確認される。たとえ血縁と呼べないほど離れた関係であっても同じシヴァ寺に属する人々の間では結婚できない。彼らは広義の意味でのパンガーリ（父系親族）と呼ばれる。夫婦に子供がなく養子を迎えようとする場合や、父のキョウダイや父の父のキョウダイの子供たちから養子をもらうことがかなわない場合、同じシヴァ寺に所属する広義の意味の「パンガーリ」である家から男子を選んでもよいことになっている。

日本でも、地域によっては氏族の神が産土神として村全体で祀られることもある。だがその産土神を氏神として崇めている人々が結婚してはならないという婚姻規制はない。日本人には理解しにくいインドの慣習だが、これと似た婚姻規制を「本貫《ほんがん》」を同じくする人々への婚姻規制としているのが韓国（と北朝鮮）だ。韓国では同じ姓をもつ人同士が出会ったとき、「どちらの金さんですか？」または「本貫はどこですか？」という会話がよく交わされるという。「本貫」とは、その家系の始祖の出身地のことで、約四二〇〇にものぼり、たとえ同じ姓（朴、金、といった苗字）を名乗っていても本貫が異なれば結婚に支障はない。だが、金氏は「金海金氏」「慶州金氏」「金寧金氏」など本貫の数が約二八〇程度あり、地域に根差した姓が同じ場合は同じ親族であるとして、結婚すればインセストとみなされる。一九九七年の法改正によって本貫が同じ人々の結婚は法的には問題ではなくなった。だが人々の間に長らく存在していた慣習としての本貫によるインセスト・タブーの観念は残存している。バラモンの間でのゴートラによる婚姻規制はこの「本貫」による規制に似ているといえるだろう。

ナガラッタールの場合も、夫と妻が異なるシヴァ寺（ゴートラ）に属している限り、氏神が同じであっても特に問題はない。だが、時折禁忌のルールが破られることも起きる。たとえば、あるナガラッタールの男性は、同じシヴァ寺に属する平行イトコと恋に落ち、駆け落ちしてケーララ州に逃れ、そこで結婚した。古くからムスリム集団が存在するケーララ州では平行イトコとの結婚が許されている。また、南インドの伝統である交叉イトコ婚もヒンドゥーの伝統に沿って認めている。州が異なれば、言語が変わるだけでなく、婚姻規制の慣習も異なることがあるのがインドだ。

だが、タミルナードゥ州に住むナガラッタールたちにとっては、平行イトコ同士が結婚するなどとんでもないことだ。前述の平行イトコのカップルは一大スキャンダルをまき起こした。遺伝学者がインセスト・タブーについて何の意味もないと結論づけたように、平行イトコと交叉イトコとの間に差異はなく、一方の結婚を禁じ、一方を奨励することには生物学的に何の正当性もない。要するにこれは、集団間のルールの違いであり、文化的な差異としかいいようがない。南インド社会では、交叉イトコ婚は範例として機能しており、平行イトコと交叉イトコの区別は明確だという証左ともなる事例だ。

三つの分析レベル

もちろん、南インド社会の人々の全員が、必ずしも交叉イトコ婚を選択するとは限らない。だがそれを範例とする風俗習慣があり、婚姻と親族組織がそれを前提に成り立っている。範例として存在することと実態の乖離が起きることについて、ここではバーナードとグッド（Barnard and Good 1984）に従い、以下のように三つの分析レベルを想定して解説してみたい。

（1）統計的・行動的レベル：問題となっている社会・集団の構成員の行動の総体として推定するレベル。親族関係の場合、このレベルは、居住、結婚、その他の観察されたパターンに関する統計学的データによって例証されうる。

（2）法規範的レベル：集団のメンバーの規範的、法的、道徳的、宗教的な規範の総体。集団の成員によって明示された「理想」や「正当性」の表明からなり、統計データと符合しない場合もある。

（3）範疇（カテゴリー）レベル：親族名称など、当該社会の分類の様式と命名法からなる。親族名称の関係用語はこのレベルのデータである。カテゴリー的なデータは一般に、暗黙的であることが特徴である。それゆえ統計的・行動的レベルや法規範的なレベルのデータとは相似関係をなすことも、異なることもある。

交叉イトコ婚を示す親族名称

交叉イトコ同士の結婚は、統計的レベルでも見過ごすことができないほど頻繁に行われている。さらに、範疇レベルとしては、以下のように親族名称として表出されている。[2]

表のように、私（エゴ）と同年代は（±0）として表現している。ここで、平行イトコの男性は家族のキョウダイと同じ語、すなわち、兄（アンナン）と弟（タンビ）と呼びかけられる。女性は姉（アーッチー）と妹（タンガッチー）だ。これに対し、交叉イトコの場合、兄（アッターン）、弟（コルンディヤール）、姉（アイッティヤーンディ）、妹（コルンディヤール）となる。ただし、交叉イトコの年少者たちに呼びかけるときは、直接名前で呼び、コルンディヤールという語は彼らを第三者に対して言及するとき以外は使わない。

エゴ（自分）の世代における平行イトコと交叉イトコへの呼称の違いは、実のキョウダイと同じく先祖の財産や祭祀を共有する同年代の人々と、結婚できる男性（アッターン）との区別として表される。特にエゴ（自分）にとって重要なのは、年長者であり、男女ともに交叉イトコには「アッターン」「アイッティヤーンディ」と呼びかけるときに特別な親しみを感じるという。若い女性は交叉イトコの男性に「アッターン」と呼びかけるとき、ほのかな恋心さえ感じるという。また、交叉親族（姻族）

	平行		交叉	
	△（男）	○（女）	△（男）	○（女）
(＋)2	アイヤー	アッパッタール	アイヤー	アーヤー
(＋)1	ペリヤッパー	ペリヤッタイ	ペリヤンマン	ペリヤッターン
	チッタッパ	アーッタール	アンマーン	アーッタール
(＋)0	アンナン	アーッチー	アッターン	アイッティヤーンディ
(－)0	タンビ	タンガッチー	コルンディヤール	コルンディヤール
			（サンマンディ）	（サンマンディ）
(－)1	マハン	マハル	マルマハン	マルマハル
(－)2	ペーラン	ペーッティ	ペーラン	ペーッティ

ナガラッタールの親族名称と基本構造

で、同年代の人々に対して使われる「コルンディヤール」という名称が年下の交叉イトコにも使われていることで、この世代が姻族として意識されていることが明らかとなっている。

＋1（父：アッパー、母：アンマー）の世代では、父（アッパー）より年上の平行親族のオジはペリヤッパ（大きな父）、父より年下のオジはチッタッパ（小さな父）と呼ばれる。これに対し、母方オジはアンマーン（標準タミル語ではマーマー）と呼ばれる。(3)

平行親族のオジは、父に似た社会的な役割を担い、先祖の財産やビジネスなどを父と共有する間柄である。甘えられる存在というよりは、父の代理人のような存在だ。先祖の財産を共有する役割を担い、一家に死者が出た場合は葬式において彼をはじめとする父系親族（パンガーリ）は主要な役割を担い、死のケガレを共有する。

これに対し、母方オジはまったく性格を異にする。彼は父の一族の財産には権利が一切ない。むしろ母の一族としてオイやメイを甘やかし、贈り物を与え続ける存在だ。ナガラッタールによると、彼らが海外旅行などの長旅から帰ったら、真っ先に母の家に行き、ともかく軽く飲食をしてから自宅に帰らねばならない。母の家で外からのケガレを取り去ってもらってから改めて自分の家に帰るというのだ。つまり妻の母の家とは夫婦にとってケガレからの緩衝地帯でもある。また、母方オジは、第四章でみるように婚礼などの祝祭的な行事では「吉兆」をシンボライズする役割を担う。

同世代のイトコたちが交流する機会は今でも頻繁にみられ、チェンナイなどの大都市ではレストランに皆で集って昼食などをとっている光景を目にする。だが、そのような集まりでも「結婚可能なイトコ」に対しては男女ともに少なからず心理的な思い入れがあり、意識しあっているぎこちなさを感じることがある。

ある五〇代の女性は、夫にアッターンと呼びかけるとき、今でも幼い頃を思い出し、懐かしさに浸るという。初恋の相手というと、大抵が交叉イトコだ。親族名称では、夫に対する親しさを表す表現として、実際にはそうでなくとも、交叉イトコの年上の男子を指す「アッターン」を使うこともできる。これに対し、平行イトコの年上の男性には実の兄と同じように「アンナン」と呼びかける。そうすることにより、恋心などは湧かない、あるいは彼に対しては湧かないように親族名称の規範によって仕向けられるのだ。

結婚後の女性は、シュウトがたとえ母方オジでなくとも、アンマーン（標準タミル語ではマーマー）とシュウトに呼びかけることができる。そうやって、シュウトに対する近親感を示すこともできる。一方、ヨメとシュウトの間には何の姻戚関係もない北インドでは、シュウトに話しかけたりするとき、まったく対極的な対応を要求される。たとえ同じ家に住んでいても妻となった女性はサリーの端で顔を隠し、膝を折り、できるだけ少ない言葉でよそよそしくシュウトに用件を伝えねばならない。筆者は実際にこの情景をある北インドの家庭で目撃した。北インドのデリーだったが、南インドとはまったく異なる状況に驚愕したものである。

南インドでは、もしも交叉イトコで適当な男性がいなければ、母方オジはメイをハナヨメとして受け入れることもできる。すなわち、自分の姉妹の娘の結婚に大きな責任を負うのがアンマーン（マーマー）なのだ。

交叉親族の代表としてのアンマーン（マーマー）

アンマーンは娘の結婚式のさまざまな儀礼に、白いシャツとドーティー（腰布）を身に着け、金の糸がはいった赤い絹の布を腰に巻いて登場する。赤と白の色使いのコントラストはインドでは吉兆の印であり、結婚する男女にとり、アンマーンはまさにそのような存在だ。

一方、父方オジの結婚式における役割は、かなり限られてくる。他の男性と同様、白のシャツとドーティ（腰布）というフォーマルな衣装で、赤い色は身につけない。儀礼的な役割としては、トレイにのせられ聴衆の間をまわされてくるターリー（ハナヨメがかける金のネックレス）に手を触れ祝福を与えたり、ハナヨメ方のパンガーリと対になって贈り物が入った籠をウル・ヴィードゥ（先祖の家のなかに並ぶ夫婦のための小部屋）に運び込む儀礼に参加したりするくらいだ。だが、パンガーリ（平行親族）は、葬式において重要な儀礼的役割を担う。母の人々（ダヤーディ）は結婚には関与するが、葬式には関与しない。

交叉親族呼称が映し出す感情

女性の年上の交叉イトコは「アイッティヤーンディ」だ。少女がイトコにそう呼びかけるとき、「甘えられる」同性のイトコへの親密感が醸し出される。これに対し、平行親族の「姉」は実の姉と同じく「アーッチー」（標準タミル語ではアッカー）だ。アーッチーという呼称は一般のナガラッタールの既婚女性への呼称でもあり、かなり威厳がある。フォーマルな既婚女性への敬称としても使われるため、アーッチーと呼びかけられるのを結婚したばかりの若いナガラッタールの女性はむしろ嫌う傾向がある。だが、「アーッチー」という呼称はパワーがある。

「アーッチー」がもつパワー

ミーナクシー・アーッチー、ラクシュミー・アーッチーなど、多くの「アーッチー」たちは、よく知られた存在であろうがそうでなかろうが、かなり強い主張をする。そしてそれをはっきりと口にする。経済観念もしっかりしていて所作も堂々としており、男性たちとも互角に言い合うこともある。使用人や店屋の人々は、ややへりくだった丁寧な姿勢で受け答えをし、時たま会話のなかに、「アーッチー」を入れて彼女たちに呼びかける。彼らの会話を聞いていると、「アーッチー」は英語でいう「マダム」「ミ・レイディ」のような使い方だ。たしかに一般の年長の女性には「アンマー」、あるいは「マー」（略称）で使用人や店員たちが呼びかけることはあるのだが、この一般呼称には「アーッチー」ほどのパワーはない。年が若い既婚女性に「アッカー！」（お姉さん）と呼びかけることもあるが、これはどのカーストの女性にも呼びかけ語として使われるものだ。

使用人や従業員たちが「アーッチー」と呼びかけるときのへりくだり方は、年長の男性に「アイヤー」と呼びかけるときのへりくだりとも似ている。だが、アイヤーと呼びかけられる男性はナガラッタールに限らない。筆者もナガラッタールの長老男性に呼びかけるときは、「アイヤー！」を連発したものだ。「アイヤー」に比べ、「アーッチー」ははるかに強い文化的コンテクストを含み、アピール力も威厳もある。

平行親族と交叉親族で異なる名称をもつ祖父母と子供世代

平行親族と交叉親族の区別は、親の世代から祖父母の世代にもある程度引き継がれる。男性はアイヤーで同じだ。つまり、祖父に関しては役割にそれほど大きな差はない。だが、女性はそれぞれ呼称が異なる。母方祖母はアーヤーだが、これは子供の世話係などに対して使われる名称でもある。それに対し、父方祖母はアッパッタールだ。父を示すアッパーが入っているところをみると、父のようなややいかめしい存在として認識されているらしい。祖父母の代までも女性の名称が異なるところに、親族名称のなかに刻み込まれた女性の役割の差異をみることができるのだ。

また、エゴ（自分）のすぐ下の世代、つまり子供の世代では、平行親族の場合はマハン（息子）、マハル（娘）を使う。交叉親族の子供の代では、マルマハン（義理の息子）、マルマハル（義理の娘）、となる。実際には交叉親族ではない場合でも自分の子供の結婚相手に関しては、マルマハン、マルマハルを使い、それぞれムコ、ヨメの意味となる。だがこのような差異は孫の世代になると、消えてゆく。平行親族と交叉親族の孫は同等の呼称、ペーラン、ペーッティと呼ばれる。父の世代では、アーッタール（標準タミル語でアッタイ）は父の姉妹、母の兄弟の妻、夫の母、妻の母らに対して使われ、アーッチーとは区別される。嫁入りし、子をなした女性は夫の親族や自分の子供からアーッタールと親族名称で呼ばれる。ヨメ入りした時点で夫方の親族となったということが示されるのである。

アーヤーと呼ばれる祖母が果たす役割

アーヤーという言葉は、タミル語で乳母や子守りを意味し、実際に母方の祖母は孫を世話するために頻繁に孫娘の婚家を訪れる。この点が結婚した娘や孫娘の婚家にできるだけ出入りしてはならないという規範がある北インドとは大きく異なっている。

ある若いナガラッタール の男性は、親戚ではない年配のナガラッタール女性に対して、いつも「アーヤー」と呼びかけていた。理由を聞くと、彼は幼少期からこの老婦人が家に出入りし、ほとんど祖母のような存在だからそう呼びかけるのだという。

ではなぜアッパッタールと呼ばないのか。そう尋ねると、彼はしばらく考え込んでから、「なぜかアッパッタールと呼ぶ気にはなれない、アーヤーとしか呼べない」とだけいった。説明できない感情なのだという。彼が示した「特別な親しみの感情」をもたらす「アーヤー」の呼称は盲目的に可愛がってくれる親しい祖母に対して向けられる。他方、アッパッタールは平行親族を代表する、威厳に満ちた存在の祖母なのである。このようにみてくると、南インドの親族名称は婚姻の是非とその直接的な関係者となる世代を中心に形成されているだけでなく、親族関係のなかでその場に応じて変化する立場を理解し行動することが規範として示されているのがわかる。それは婚姻関係を中心としながら、そこから派生する子と孫に対する祖父母の態度をも規定してゆく。

年上妻を気にしないナガラッタール

妻が夫より年下でなければならないというルールはインドではごく一般的に受け入れられている。バラモン・カーストでは、夫婦が同い年というのですら受け入れられない。夫が二〜三歳年上であるのすら理想的ではない。夫が五〜六歳上というのが望ましいのだという。理由を聞くと、夫婦の年齢が近ければ、夫が妻をリードすることが難しいからだ。だが夫が一〇歳以上年上であれば、妻が寡婦になる時期が早まるため、それも望ましくない。

だが、ナガラッタールはこのようなバラモンのルールには拘泥しない。望ましい縁組、特に交叉イトコとの理想的な結婚話などがあれば、妻が若干年長であってもかまわない。実際のところ、ある七〇代後半の女性は二〇代に五歳あまり自分より若い交叉イトコと結婚した。だが、それからずっと自分が年上にみえることを気にし続けていたという。七〇代になり、夫婦の容貌につりあいがとれるようになってはじめて彼女はほっとした。「妻はそれを非常にうれしがっている」と彼女の夫は筆者に語った。

夫婦の年齢が同年齢とか一〜二歳しか違わない場合でも、妻が年上であってもナガラッタールは気にしない。だがそうであるならば、母方オジとメイの結婚のチャンスはむしろ薄れる。ナガラッタールの女性のなかには、男性は女性より寿命が短いので、夫に早死にされるよりは年長の妻が先に亡くなって寿がれるほうがよい、という女性もいた。要するに、妻は夫に先立たれると悲惨な人生が待っているので、年上のアーッチーが先に亡くなり、夫が若い妻と再婚し、新たな人生を歩んでもそれはかまわないのだ。

交叉イトコと結婚する利点

交叉イトコとの結婚の利点はいくつかある。女性の場合、結婚相手を幼少時から知っており、家族の気質や家の財政状況などもよくわかっている。それゆえムコの気立てが問題なければ理想的な嫁ぎ先となる。第二に、ハナムコ・ハナヨメ両家の観点からみても、人脈とビジネスのネットワークが従来以上に拡大し、安定的な経済活動に邁進できる。富を特定の家の間でプールし続け安定的に増やしてゆくことが可能となる。娘に大きな財産をもたせて嫁がせても、「与えっぱなし」になったりムコが勝手に消費して無一文になったりすることもおきにくい。むしろ、嫁ぐ娘にもたせた財産が何世代かたって、利子をつけて返ってくるかもしれない。

ヌール・ヤルマンもまた、このような南インド文化圏における交叉イトコ婚の利点について、スリランカの農民カーストを事例にして説明している。結婚するときに農地の一部をシールダナム（持参材）として分け与えても、相手が交叉イトコであれば、ハナヨメの兄弟と彼女の夫は隣り合った耕地を耕すことになり、イトコ同士が協力して耕し続け、農作業も効率的に取り運ぶことができる。次の世代でその農地が、嫁いでくる娘の持参材として、最初に娘を嫁がせた家に再び返ってくることにもなる。結婚相手が交叉イトコであれば、土地がよそ者に売り飛ばされる危惧もない（Yalman 1967）。

商業カーストの場合、交叉イトコ婚であれば、娘のムコと娘のキョウダイは、ビジネスを共同で行う可能性が出てくる。父系親族（パンガーリ）が共有するビジネスには、娘の夫を共同経営者として入れることはできない。だが、娘の父が新たに開拓したビジネスや、ムコがスタートさせたビジネスであれば、パンガーリは口出しできない。彼らが好きなように運営できる。

長期的展望に立った商業活動を支える交叉イトコ婚

近世以降のナガラッタールの商業活動を研究したデビッド・ラドナーは、「ナガラッタールはいかなる婚姻規則にも制約されず、その時々でビジネスに適切な結婚相手を選ぶワンショット結婚をする」と主張する（Rudner 1994: 188）。だが、ラドナーはナガラッタールの婚姻について、まったくの誤解をしている。実際の彼らの婚姻行動の裏には交叉イトコ婚のモデルが如実に反映されていることは、親族名称だけでなく、婚姻の歴史を仔細に調べるならば明白になることだ。

ナガラッタールは、縁組によるビジネス上の利点を得ることには敏感である。それがかねて知っている家との縁組であれば、安定性において望ましいことだ。相手方の親族との信頼できるパートナーシップは一層強められる。この点で、序章で述べたように、核家族単位での経済活動を優先した結果、経済発展を遂げたと述べる伊藤の論点は正しいといえるのだが、彼は交叉イトコ婚がナガラッタールの婚姻関係に潜んでいることにはまったく気づいていなかった。

一方、南インドとは対照的に、北インドの場合は核家族ではなく、父系の合同家族の首長に権限をもたせる。その方式を利用し、経済活動において成功しているといえるのがマルワリ・カーストだ。ラドナーの主張は、むしろこのマルワリの事例にぴったりとあてはまる。マルワリはヒンドゥーではなくジャイナ教徒でベジタリアン・カーストとされている。そして、北インドの親族構造を反映し、サピンダを入念に避けている。一方、ナガラッタールは南インド的な親族構造を反映し、南インド的な交叉イトコ婚を続けている。それぞれがビジネスでの成功を遂げているのだが、カーストの結束と効率的なビジネス運営という点では、ナガラッタールの核家族別の経済活動を優先するやり方のほうがカースト全体に富を循環させやすい。マルワリの方式では婚家において女性の地位も認められず、「他者」として扱われ続けることになる。

北インド的な婚姻パターンでは、女性は自分の住んでいた村から離れ、見知らぬ村に嫁ぐことになり、知り合いもない新たな村で孤立しやすくなる。だが、南インド的な婚姻方式であれば、すでに何世代かにわたり婚姻関係を続けてきた姻族集団がいる村もしくは生家に近い場所に嫁ぐことになる。この結果、生家の支援も得られやすく、女性は心理的に安定し、母の実家とのコミュニケーションも円滑にとり続けられる。北インド型でも南インド型でも女性の婚家へは彼女の生家から定期的に贈り物が届けられるのだが、南インド型であれば、実家からの経済的な支援は夫方の親族に分配されるのではなく、女性が夫とともにスタートさせた核家族へと直接投入されることになる。

このような交叉イトコ婚の系譜の実例として、以下にＶＳラインと筆者が名付けた一族をたどってみたい。英国植民地下でラジャ（王）とサー（騎士の称号）の二つの称号を受けたラジャ・サー・アンナーマライ・チェッティヤール（以降ＲＳアンナーマライ）の一族の事例である。

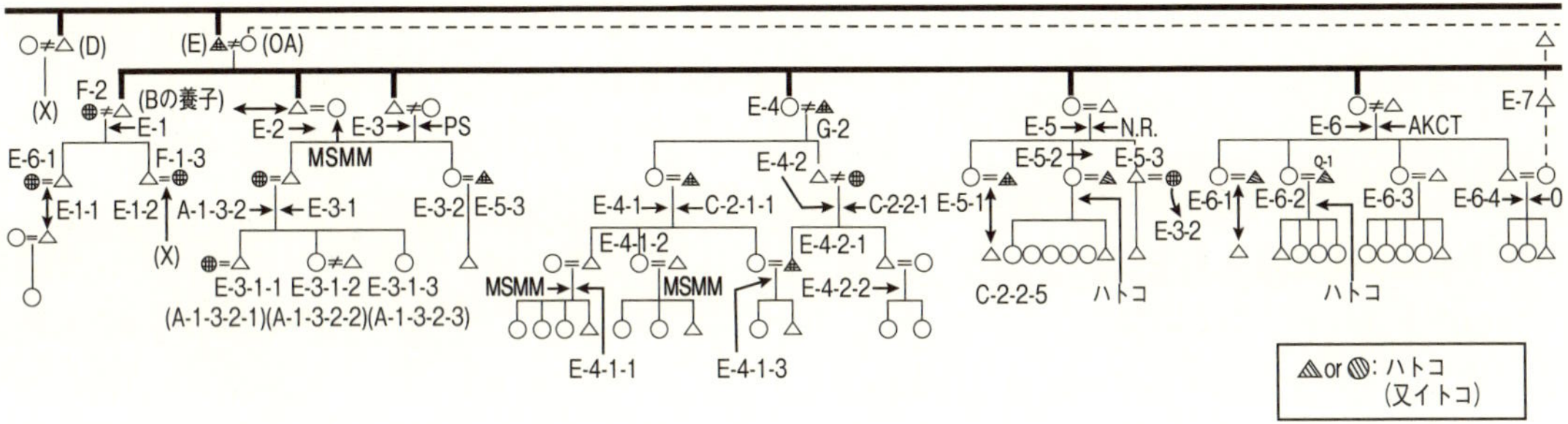
(D)
(E)
(OA)
(X)
F-2
(Bの養子)
E-1
E-2
E-3
PS
MSMM
E-6-1
F-1-3
E-1-1
E-1-2
A-1-3-2
E-3-1
E-3-2
E-5-3
(X)
E-3-1-1 E-3-1-2 E-3-1-3
(A-1-3-2-1)(A-1-3-2-2)(A-1-3-2-3)
E-4
G-2
E-4-2
E-4-1
C-2-1-1
C-2-2-1
E-4-1-2
E-4-2-1
MSMM
MSMM
E-4-2-2
E-4-1-1
E-4-1-3
E-5
N.R.
E-5-2
E-5-3
E-5-1
E-3-2
C-2-2-5
ハトコ
E-6
AKCT
Q-1
E-6-1
E-6-2
E-6-3
E-6-4
0
ハトコ
E-7
or : ハトコ
(又イトコ)

VSラインの家系図

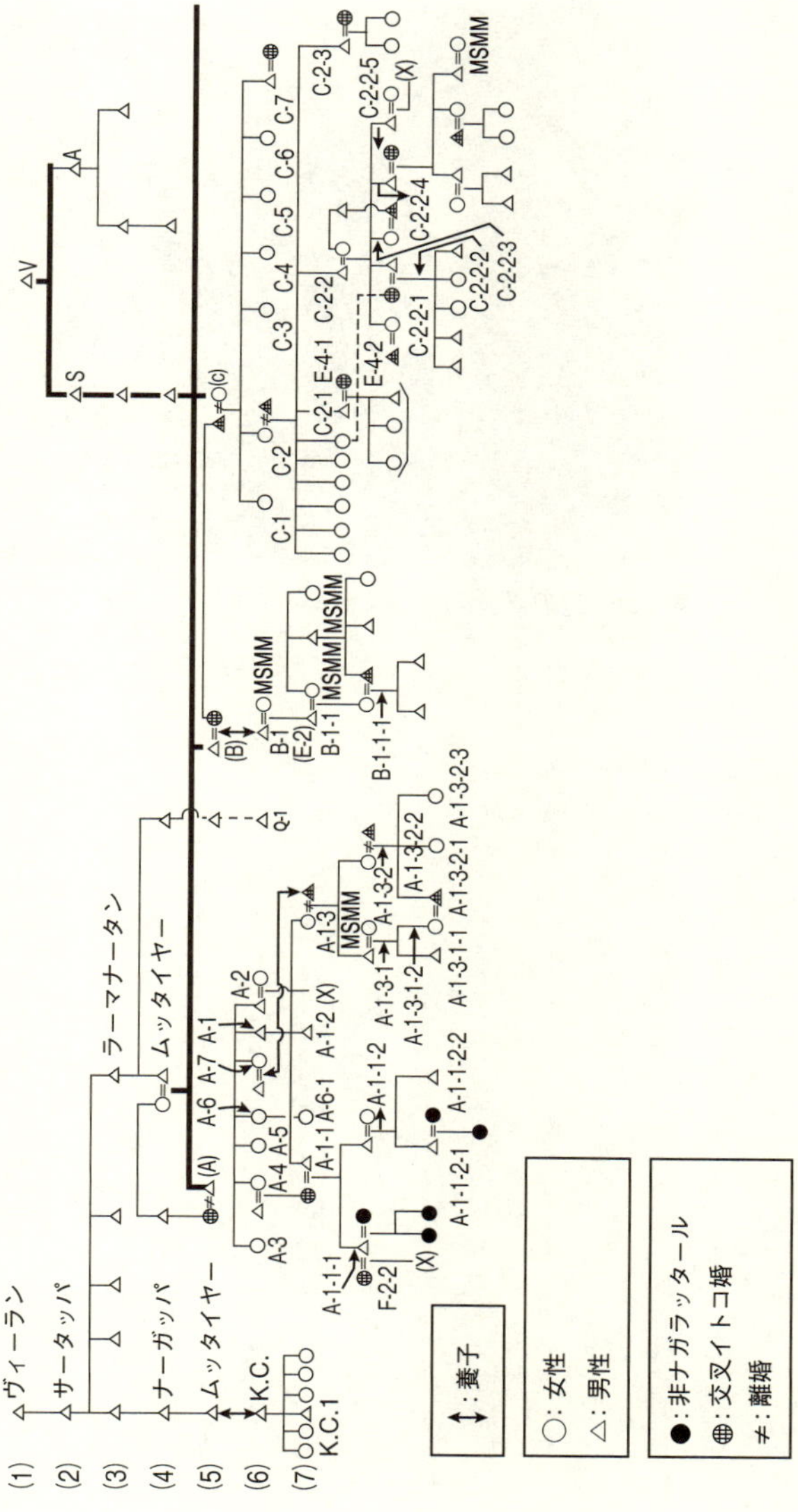
(1) ヴィーラン
(2) サータッパ
(3)
(4) ナーガッパ
(5) ムッタイヤー
(6) K.C.
(7) K.C.1
ラーマナータン
ムッタイヤー
↕：養子
○：女性
△：男性
●：非ナガラッタール
⊕：交叉イトコ婚
≠：離婚

VSラインの最盛期をつくりあげたRSアンナーマライ・チェッティヤールの長男、ムッタイヤーの妻で交叉イトコのメイヤンマイ・アーッチー（中央）とその親族のアーッチーたち（インフォーマント提供、1960年代撮影）。

ビジネス・ネットワークとしての親族
――VSラインの研究

本書で仮にVSラインと名付ける父系氏族は、一八世紀にチェッティナードゥの二つの村に定住した二人の兄弟（サータッパとアルナチャラム）によって始まった。二つの村は隣接しており、兄弟は一緒に商売を始めた。言い伝えによると、兄のサータッパが近くのカーナードゥカーッターン村に嫁いだシマイに会いに行った折、急な腹痛に見舞われ、数日間シマイに看病されながらその村に逗留した。彼はシマイが嫁いだ村に自分も住むことの快適さに気づき、その村で結婚相手を見つけ、定住することを決めた。一方、弟のほうは、兄弟が定住していたパッラットゥールに住み続けた。

サータッパはシマイが住む村でヨメをもらい、そこにベースを築き、弟が住む村との交流も続いた。

この家系は、ナガラッタール・カーストのなかでも最上層に位置するRSアンナーマライの直接の先祖となった。それゆえＲＳアンナーマライが七年の歳月をかけ、一九一二年に完成させた「チェッティナードゥ・パレス」はサータッパが住んでいた村に建っている。

サータッパとアルナチャラムが生きた一八世紀末から一九世紀にかけての時代とは、英国植民地下でインドにはじめて近代的なビジネスが開花し始めた時期でもあった。インド初の銀行であるヒンドスタン銀行は、一七七〇年にアレクサンダー・アンド・カンパニーによってカルカッタに設立され、インドステイト銀行（ＳＢＩ）となった。ＲＳアンナーマライによるインド銀行もまた一九〇七年にチェンナイでスタートし、彼は銀行業、貿易、不動産などの事業で成功を収めてゆく。

当時ビジネスで財をなした人々のなかには、Ｇ・Ｄ・ビルラ、Ｊ・Ｎ・タタなど、その後インドの財閥として名をはせるグループの創始者も含まれていた。そして彼らはいずれも英国植民地運営を支える英国人エリートたちとの親密なつながりにより、ビジネス取引を有利に進めることができた。ＲＳアンナーマライは、当初のビジネス展開はインドよりもビルマにおける小口金融業によっていたが、それもビルマの英国植民地政府とのつながりによってもたらされたものだった。彼は英国植民地経営に大いに貢献したとして、一九二三年に英国政府により爵位（サーの称号）を受け、一九二九年には英国政府から「チェッティナードゥの王（Raja of Chettinad）」の称号も受けている(4)。

彼は交叉イトコのシーター・アーッチーと結婚し、三人の男児をもうけた。のちにこの三人はそれぞれ交叉イトコと結婚している。アルナチャラムとサータッパに端を発するこのＶＳラインは、ＲＳアンナーマライ以降、これまで四人の国会議員および二人の名誉総領事を輩出している。

ＶＳラインの図にあるように、交叉イトコ婚はこの家系のなかで頻繁に行われている。たとえば五

カーナードゥカーッターン村にあるRSアンナーマライが建てた「パレス」の一室にて撮影。パレスを引き継いだRSアンナーマライの長男、ムッタイヤーとその妻メイヤンマイ・アーッチーの写真とともに、右横に写っているのが40代で亡くなった彼らの長男である。著者が抱きかかえている女児は、長男の寡婦であるミーナ・アーッチーが養子にしたアンナーマライの子供で、父方曽祖母の名をとってメイヤンマイと呼ばれている（1991年撮影、著書所蔵）。

代目の四人の子供は交叉イトコと結婚したが、その配偶者はともに二組の姉妹だったように、子供の世代でダブルで交叉イトコ婚を同じ家の子供と行うこともみられる。

（A）の事例をみると、彼には二人の息子と五人の娘がいたが、イトコ同士の結婚はなかった。だが、次の世代では二組のイトコ同士の結婚があった。そのうちの一組（A—7）ではパンガーリからの養子をとっている。第七世代では、二組のイトコ同士の結婚が行われ、二MSMMファミリーと同盟が結ばれた。これらの兄弟は、（A）のキョウダイ・シマイの子または孫となっている。八代目と九代目には、異カーストの女性との結婚が二回行われた結果、二人の男性とその子孫が親族ネットワークから消えた。

（B）には子供がいなかったので、（E）の子供の一人を養子にした。その養子はMSMMファミリーの女性と結婚し、一人の息子をもうけた。（A）の家系と同様に、MSMM家系はこの家系と三度婚姻関係を結び、このグループとの密接な関係を維持している。

（C）は母方交叉イトコと結婚し、七人の子供をもうけた。この血統はVS血統の主流とは同盟を結ばなかったものの、（C）の娘（C—2）はVSラインにつながるイトコと結婚し、九人の子供をもうけた。九人の子供のなかには三人の息子がいて、彼らは共同でビジネス（AMMグループ）を始めた。ビジネスは成功し、事業は次の世代に引き継がれた。E家とMSMM家もパートナーとなった。OL家の交叉イトコと結婚した（E）は、七人の子供をもうけた。そのうち二人はイトコと結婚し、さらに一人は母方交叉イトコと結婚した。一人の息子は（D）の兄の養子となったため、先祖代々の家の株（共同財産）は二人の兄弟に分けられ、ラジャ・グループのビジネス連合体を形成した。（E）の七人の子供のうち、二人は交叉イトコ同士で結婚した。（E—2）、（E—6）、（E—7）は、以前から親族関係にあった一族と結婚した。（E—1）は（F）とOL一族につながる交叉イトコと結婚し、（E—1—1）と（E—1—2）の二人の息子はそれぞれ交叉イトコと結婚した。前者は（F—1）と（A—6—1）の分家と結婚し、後者は（E—6）と別の有力家系AKCTの分家である（E—6—1）と結婚した。

（E—3）は米国出身の外国人女性と結婚したが、彼らの二人の子供はそれぞれ（A）と（E）グループの交叉イトコと結婚した。すなわち、女性が外国人であってもこのネットワークに受け入れられ、その子供は成員権を与えられうる可能性を示していると思われたのだが、いずれの結婚も離婚に至っている。

（E―3）の孫は（A）グループの女性と結婚した。かつてこの二人はラジャ・グループを形成していたが、父の死と同時に財産を二分割し、現在は別々のビジネスを営んでいる。ビジネス・インセンティブを重視するナガラッタールは、子供が独立したいという時にはそれを阻止せずに財産を平等に分け与え、独立させるのである。

この系図のなかの女性の場合をみると、（E―5）と（E―6）の子孫はRSアンナーマライの父系親族（パンガーリ）であるMとOLのいずれかに嫁いでいる。しかし、（E―7）は、以前は婚姻同盟関係を結んでいなかった家系から迎えた養子と結婚し、新たにこの氏族に入った女性である。彼女は生まれた長男をOLラインの女性と結婚させ、VSラインの縁者との同盟を維持することに成功した。（E―7）も、孫同士を結婚させ、別の同盟ラインを形成した。

VSラインの子孫は、RSアンナーマライ亡き後も依然として南インド最大のビジネスグループとして活動している。(5) このラインから派生したAMMグループはこのVSラインの一角を占め、伊藤（Ito 1970）の論文では、TIグループとしてプリの経済的独立性がビジネスインセンティブをつくりだしていると論じられている。

ビジネスと平行して行われる教育・慈善部門で活動する「アーッチー」たち

ナガラッタールはビルマでは小口貸し出しを中心とする金融業が主要なビジネスとなっていたが、ビルマから撤退し、インド国内にビジネスを回帰させるにあたり、製造業にも進出した。紡績やセメント、肥料製造などの製造業は彼らの参入で躍進した分野である。また、それと平行していずれのビジネスグループにおいても教育・社会福祉事業への参入が目立っている。

幼稚園から小中学校、大学、専門学校、短大まで多岐にわたり多数の学校を設立し、運営にあたるほか、病院や寺院、女子寮などの運営も手掛け、さらに寺院などを通じた慈善活動にも貢献している。これらの教育と慈善活動の分野は主に一族の女性たちの領域となっている。

インドにおいては、慈善活動は社会的ステイタスを高めるものとして認識されているが、ナガラッタールの場合はこれらの分野への進出が顕著であり、教育機関はいずれも成功を収めている。女性が持参した財産には彼女の占有権が認められており、子供に相続させることが一般的だが、本人が望めば寺や学校などの慈善団体に寄付することも可能であり、ナガラッタールのコミュニティ内では夫の親族を含め、それを非難する動きはない。いずれに寄付しようとも「本人の財産なのだから、どのようにしようと彼女の自由だ」とナガラッタールの男性たちですら筆者に明言したほどだ。

この事象はナガラッタールが元来チェッティヤールとヴェッラーラの通婚によって成立したカース

トであり、その折に女性がもちこんだ財産の処分権が女系によって存続し続けてきたこととは無縁でないだろうとも思えてくる。つまり、表面的には父系親族集団としてカーストが成立しながらも、財産権などに関しては父系と母系の両方によって相続されるという伝統が続いているともいえるのだ。

パンガーリが分節化し、多角化してゆくビジネス・ネットワーク

ＶＳラインのなかで、現在、もっとも大きなビジネスグループはＭＡＭグループであり、このグループは総帥であったラーマサミィが二〇一五年に亡くなった後、跡継ぎの養子のビジネスとそれ以外の教育慈善部門を分離し、パンガーリであるＡＣムッタイヤーが運営委員会をつくって引き継いだ。このように、ＶＳラインの家系図を制作して以降、いくつかのビジネスグループは分裂し続けている。ビジネスが大きくなりすぎ、運営するパンガーリたちにとって意見の食い違いが多くなると、ビジネスは分裂してゆく。そして分裂したビジネス集団それぞれが新たなビジネスを付け加えてゆくことになる。パンガーリをベースとした共同事業は、三世代から五世代周期で分裂し、その構造を再編成できる柔軟性をもっていると伊藤（Ito 1970）が述べている点は、今日においても事実なのである。

ＭＡＭＭファミリーやＯＬファミリーなどは、分節化を繰り返しつつ、新たな事業の担い手を育ててきた。そして、これらのビジネスの担い手のプリは、時折交叉イトコ婚により、間接的に交叉親族を介在させながら、パンガーリ内部において婚姻パートナーを提供しあってゆく。そうして親族集団

自体は強化され続けている。

子供の数の減少対策としての遠縁のパンガーリからの養子の迎え入れ

かつては四人から七人程度の子供がおり、パンガーリのなかに男子がいない夫婦がいても養子として男児を提供することは比較的容易だった。だが、昨今は各家庭の子供の数が減っており、子供がいない家庭も増えている。(6) この場合、同じシヴァ寺に所属する人々は広義のパンガーリ（父系親族）として認められているという観点から、この集団のなかから男子の養子をとることがカースト内では慣例として認められている。これらの養子の多くは中流層で男子が複数いる家庭から選出されることが多い。

VS家系を七〜八世代にわたり調査した限りでは、少なくとも九件の養子縁組がこのようにして行われており、情報提供者が見逃した事例も勘案すると、実際にはそれ以上の割合で養子が迎え入れられている可能性が高い。図には示していないが、すでに養子が選定され、跡継ぎとして決まった事例や、現実に養子縁組の交渉が進行しつつあるケースも入れると少なくとも一二〜三件は存在するはずである。

それまで縁がほとんどない一族からの養子を入れることは、中流家庭に生まれた男子が富裕層につながることとなり、富をカースト内で循環させることにもなる。だが、幼児期からの養子ではなく成人した青年が選ばれるケースの場合、養子としてはいった家と本人との意見の食い違いが起き、さらなる分裂現象を引き起こすこともある。本書の後半に登場するMAMグループの総帥であるMAMラーマサミィと、彼の亡き兄の寡婦であるミーナ・アーッチーの事例がまさにそのような事例にあたる。

カーナードゥカーッターン村のチェッティナードゥ・パレスの一角で自身のサーンディ（還暦）の祝いの日を待ちながらくつろぐMAMラーマサミィ（著者撮影、1991年）。

パンガーリが裏書きする「信用」が支えるビジネス

父系親族（パンガーリ）が与える盟約には信用力があった。そう語り、現在はそのような盟約を結べるほどの相互信頼が失われつつあるといって筆者に嘆いたのはAMMグループのメンバーの男性だった。ナガラッタールは伝統的に、フンディと呼ばれる信用証書をつくり、すぐに現金が必要なときに銀行で割り引いて現金化することができた。フンディには二人の署名が必要であるが、通常はこの目的のために彼のキョウダイや父方オジが署名することになっていた（Gandhi 1983: 407）。ナガラッタールはめったに外の金融機関を頼らず、独自の資金をもつことで有名だった。そして、その資金は親しいパンガーリの間で共同資金としてプールされていたなかから調達できていた。

しかし、パンガーリ同士の連携は最近ではみられなくなった、と筆者にこの男性は嘆いた。彼の知己のある中年のナガラッタールは、彼のオジが先祖の共同財産を自分に有利になるように分割しようとしたため、このオジとの関係が険悪になったという。そのため、オイの一人は共通の祖先を祀るパダイップ（祖先崇拝）の行事にこのオジを呼ぶことを控えた。

また、別のナガラッタールの男性も筆者にパンガーリの絆の弱さを嘆いた。「昔は、キョウダイの会社が経営難に陥れば、優秀なマネージャーを派遣してやったものです。今では、パンガーリが助けにくることはありません」。

親類の関係が疎遠になることはよくあることだ。利益を追求する企業の経営者であれば、自分の企業の利益を優先し、親類の企業の面倒などみられないということはありうる。だが、このような軋轢が生じても、ビジネスから離れたカースト内の社交や婚姻関係を通じて彼らのつながりを維持してゆくのがアーッチーの役目だ。彼女らは緩衝帯として働くが、背後でバックアップをしているのがダヤーディだ。ダヤーディを訳すとすれば、「母の人々」であり、姻族となる。同じ「親戚」ではあるが、父系でつながっているパンガーリとはつながり方が異なる。彼らは先祖から受け取った財産やパンガーリが共同で行っているビジネスには利権をもたない。それどころか娘とその家族のためにただひたすら与え続け、甘やかす人々だ。だからこそ、パンガーリの間での軋轢が生じたときに緩衝帯となれるのだ。

ダヤーディとの連帯を表す祭祀は行われないが、娘の成長に応じて行われる通過儀礼には母方オジが「祝福する人」として必ず登場する。これに対し、パンガーリたちは、共通の父系祖先を拝むという儀礼を行い、その紐帯を確認し続ける。パンガーリは葬式には欠かすことができない人々であり、先祖供養の小規模な祭祀を行うのは彼らだ。バラモン祭司はこの場合は必要とされない。

逆に言うと、パンガーリの絆は時折儀礼を行うことで確かめあわなければならない関係であるともいえるかもしれない。その典型的な儀礼がパダイップだ。

パンガーリの祖先崇拝儀式としてのパダイップ

パダイップは、父系血縁の先祖を記念するために行われる。崇拝には二つの種類がある。ひとつはクラ・デイヴァム（氏神）を祀るもので、この神は通常、五、六世代前の祖先が定住した場所（村）に祀られている。年に一度、あるいは数年に一度、家族と近いパンガーリが集まって盛大なパダイップが行われる。大家族の場合は、一〇年に一度、各家族が交互に祭司を務めることもある。もうひとつのパダイップは、規模がかなり小さい。この儀式で礼拝されるのはクラ・デイヴァムではなく、家族によって特別に記憶され、先祖代々の家の壁に写真が飾られている先祖たちである。

参加できるのは、父系親族（パンガーリ）のなかの近親者、たとえば家長となっている男性の父親とその配偶者、父親のキョウダイとその配偶者、その子供とその配偶者、子供など、その家族にとって付き合いがある父系親族のメンバーだけである。父母、息子とその配偶者と子供だけの小規模なものもある。

パダイップは亡くなった先祖に近況を報告し、祝福を仰ぐという点で、結婚式やサーンディ（還暦の祝い）のような縁起の良い儀式の前には必須である。サリーやヴェシュティ（男性がまとう腰布）といった衣類が先祖に贈られ、特別な箱に入れられて保管されている。礼拝が終わると、参加した男性メンバーはそれらを箱から取り出して洗い、乾かしてから箱に入れる。衣類があまりに古くなれば、それらを入れ替え、古い衣類は家族が普段着として大事に着用する。精進料理の調理や鶏の生け贄を捧げることも、このような機会には男性の仕事となる。生け贄を捧げるために特別に確保された場所は、ワラヴ・ワーサルである。お菓子、スナック、精進料理が一般的な供え物である。先祖がベジタリアンでない場合は、調理が終わった新鮮な鶏肉や羊肉が供えられる。

儀式に使うものはすべて新しく清浄でなければならない。水を汲むバケツも新しいものが使われ、参加者は入浴して新しい服を着る、あるいは少なくとも洗濯屋が洗った服を着ることが求められる。結婚して妻となり、家族の一員となった女性も、未婚の娘とともに参加する。参加するときはケガレをつくりだす出血を避けなければならないため、生理中であってはならない。先祖のために箱に入れておいた衣類は、男性が洗濯し、男性が洗濯竿にかける。礼拝の順序は、まず男性から始まり、ウル・ヴィードゥの前にひれ伏して、そこに水を張った先祖の衣服を入れた箱を置き、食べ物を供える。最初に長男がやってきて、次にキョウダイが続き、年功序列で子供らが続く。妻たちは子供の後に続いて礼拝し、これも妻たちの年齢で順番が決まる。娘が結婚すると夫方のパンガーリに組み入れられたと考えられ、実家で行われるパダイップには参加しない。

結婚した娘の参加の禁止や参拝の順序では子供らよりも妻が後に拝礼することに明らかなように、父系親族集団に生まれ落ちた娘や息子よりも妻は夫方の先祖からは遠いとされている。父系的に継承された祖先の参拝への参加は、あくまでもその父系集団に生まれ落ちた成員が優先されるものなのだ。

パダイップは結婚式の前には特に欠かせない。ハナムコ側もハナヨメ側もそれぞれのワラヴ・ヴィードゥにおいてそれぞれの先祖のために、別々に儀式を行う。また、家族の誰かが亡くなって一年たった後にも欠かせない。

ダヤーディ——母方オジが執り行う娘への予祝儀礼

南インドのほとんどのカーストは、ダヤーディをパンガーリよりも愛情深く、堅苦しくない親戚ととらえている。なかでももっとも重要なのは、母方オジである。彼には女児の通過儀礼と婚姻前の予祝儀礼の場面で重要な役割があてがわれている。

南インドでは、女性の財産は二つの財源からもたらされる。母親から移譲される財産と、父親から与えられるもので、富裕層では金銭や株券、不動産、車なども加わる。一人娘の場合、またはキョウダイがいない場合は父親が築いた財産をすべて彼女が受け取ることになる。その場合、もっとも可能性が高いのは、娘を交叉イトコと結婚させ、その財産が彼女が所属する氏族の外に流れないように歯止めをかけることだ。そして、娘を結婚させてから同じシヴァ寺を菩提寺とする広義のパンガーリのなかから養子を迎え、残りの財産を渡して家督を継がせる。娘の結婚後も贈り物が順調に彼女のもとに流れるようにとの配慮である。養子として迎えられた男性は、結婚した女性の子供に対して母方オジの役割を果たすことになり、贈り物だけでなく予祝儀礼への参加も支障なく行われる。

このような儀礼的な役割は母方オジが彼のシマイが生んだ娘の結婚に対して果たす責任を示している、とグッドは述べる（Good 1991: 5）。カースト集団にとって、成員の再生産は不可欠であり、それに関与する女性の再生産能力は、カースト集団の繁栄に向かうようにコントロールされねばならない。適切な結婚相手が確保されねばならず、もっとも望ましいのは彼女の交叉イトコであり、適切な交叉イトコがいなければ、カーストによっては母方オジ自身がハナムコとなることもありえる。だが、場合によってはカースト内の縁戚関係がない男性と結婚するかもしれない。しかし、それでも母方オジは彼女が結婚するまでの保護に対する責任を負っているのだ。その事例が儀礼として表現されているのが、ティルワーディライという女児に対して行われる予祝儀礼だ。

母方オジと祝う模擬結婚式としてのティルワーディライ

クリス・フラーら（Fuller and Logan 1985）によると、ティルワーディライは、かつて、バラモンの間でも祝われていた儀礼である。若い女性が夫を得るために祈る行事であるとされ、タミルナードゥ

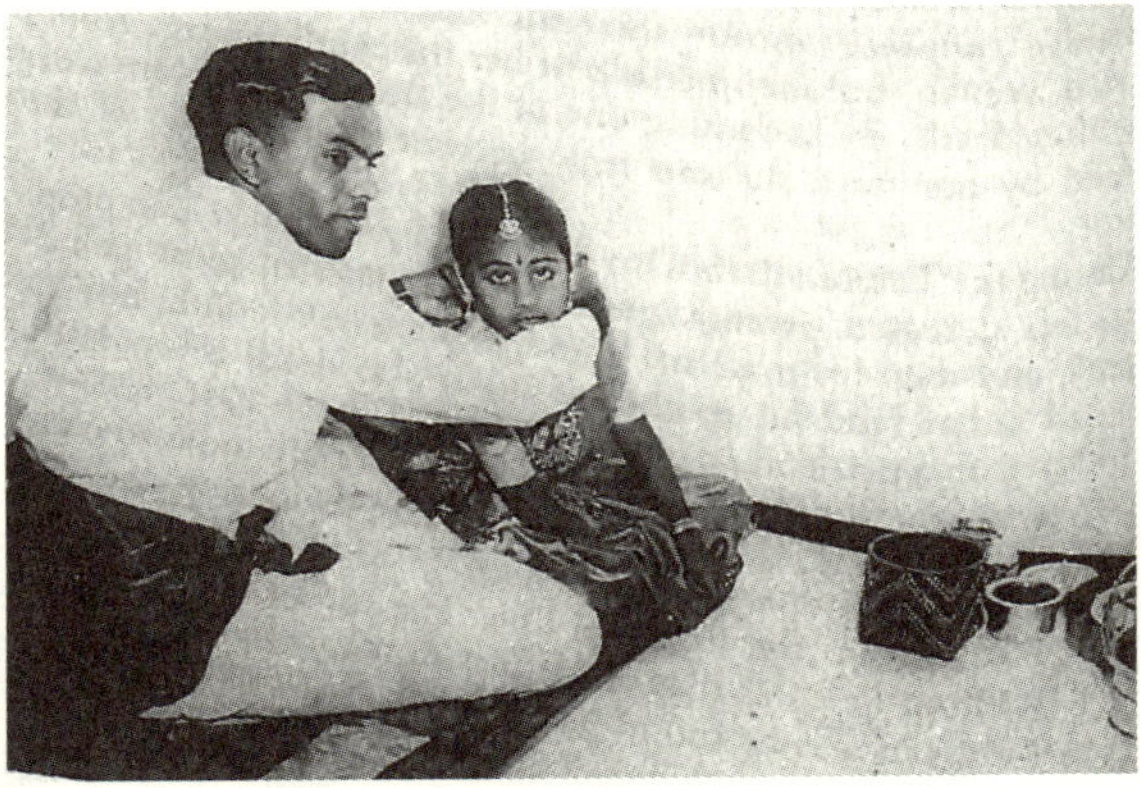

高齢の母方オジの代わりに10歳以上年が離れている母方交叉イトコのMAMラーマサミィがウマーにミニ・カルッティルをかけている。白いシャツと赤地に金糸のはいった絹の布を腰に巻いている（インフォーマント提供）。

州のマドゥライで行われていたのをフラーは目撃しているが、これはバラモン・カーストにおいてはシヴァ神を崇拝する儀礼のひとつでもある。この祝祭は初潮前の女子が五〜六歳になったときに行われる。娘の生殖能力が開花するやいなや、彼女はその家族にとって危険をはらんだ存在となる。彼女が望ましくない相手との性的交渉によって子を生み一族の名誉を傷つける危険性もあるからだ。それゆえ、娘の親族は、一刻も早く縁組を決め、生まれてくる子供にカーストの成員権を与えられる夫を確定しておかなければならない。願わしい夫を得るための予祝儀礼がティルワーディライなのだ。

ナガラッタールにとってもティルワーディライは結婚の予祝儀礼だが、シヴァ神への崇拝の意味は薄く、むしろ女児たちの村人へのお披露目の意味のほうが強い。日本の七五三の場合、七歳、五歳、三歳のどの年に祝ってもよく、年齢の異なるキョウダイ・シマイが同時に祝うことがあったように、ナガラッタールの場合も五〜六歳から八歳あたりまでの少女を集め、村全体で祝う行事だった。そしてそれは来るべき縁組に備え、女児の顔見世の役割を担っており、村や近隣のナガラッタールたちにとって子供や孫にとっての将来の結婚相手を考える機会を与えていた。男児には五歳になった折にプドゥマイという儀式があり、それが「男児がいることのお披露目」だった。ナガラッタールによると、男児のプドゥマイの習慣は、一九四〇年代には途絶えてしまったが、女児のお祝いであるティルワーディライは、一九六〇年代まで続いたという。

宝石を身に着け、豪華な絹のサリーをまとった女児は、儀式の護符として小さなカルッティルを首にかけられる。カルッティルは金をふんだんに使った手の形をした首飾りで、結婚の折に、裕福な家庭で用いられる装身具だ。これは一般に身に着けられるターリーという金の首飾りとともにナガラッタールの女性たちが首にかけるものだが、婚礼が済むと速やかに金庫にしまわれ、一家に婚礼があるまでは使用されることはない。

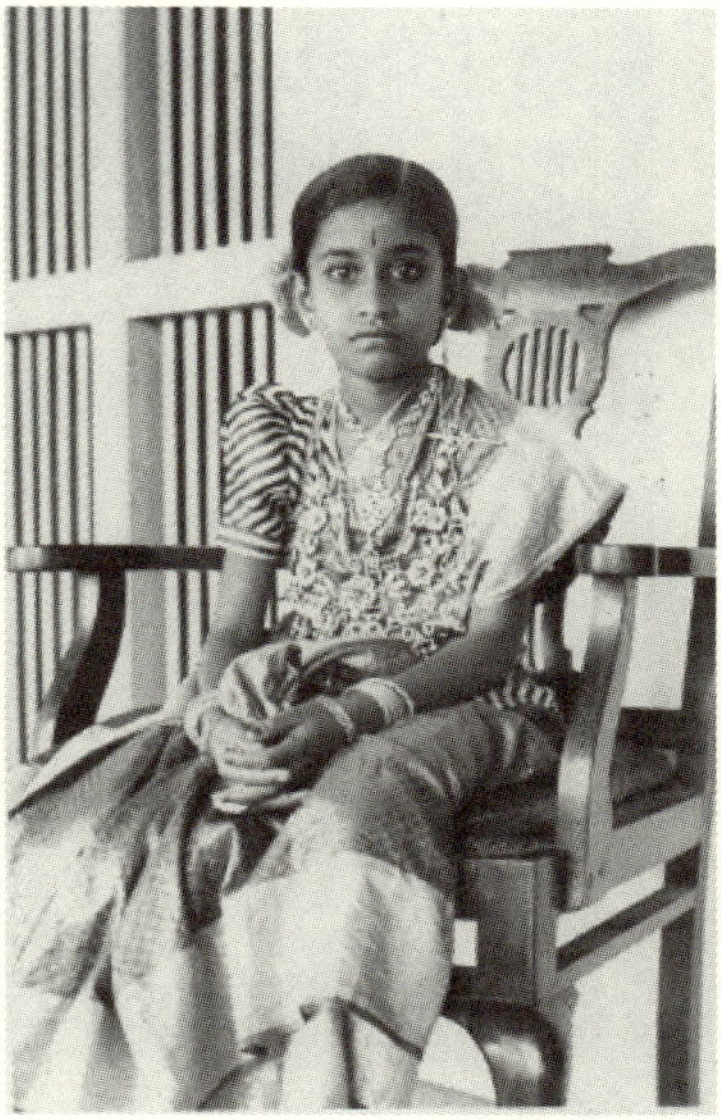
ティルワーディライのために着飾った少女（インフォーマント提供、1948年撮影）。

このプレ婚姻の儀式では、母方オジが女の子の首に女児用につくられた小さなカルッティルを結ぶ。この役は女児との結婚の可能性がある交叉イトコではなく、母方オジであるということが、まさに予祝儀礼であることを示している。結婚の可能性がある交叉イトコであれば、将来彼と娘が結婚しないことになったときに支障となるからだ。

寡婦である父方祖母と一緒のウマー（インフォーマント提供、1950年代撮影）。

グッドが調査した南インドの農民カースト集団の間では、母方オジではなく交叉イトコの「娘」がハナムコ役として登場する。この「疑似結婚式」を、グッドは文字通り「女性のハナムコ（Female Bride-groom）」と述べ、本物の交叉イトコの男児を儀式に使わずに交叉イトコの女児を使う点が、予祝儀礼であることを示していると述べている（Good 1991）。

ナガラッタールのティルワーディライは写真に写る一九五〇年代のウマーとその周辺の少女たちの世代で終焉した。だが、母方オジの儀礼的な祝福を与える役割は結婚式において依然として残っている。メイが初潮を迎えると、贈り物を与える習慣も残っている。また、母方オジはティルワーディライの折と同様、本物の結婚式の折も、メイやオイの手首に「カーップ（kaappu）」と呼ばれる黒い紐を結び、儀式的な保護を与える。

ティルワーディライの儀礼の概要

ティルワーディライの折、少女は豪華なサリーと宝石で飾られ、近所のナガラッタールの家にお披露目をするため、家々を訪ねてこの日のための歌を歌いながら、野菜をバスケットに集めてゆく。母方のオジ、母、兄弟姉妹、そして同じ年ごろで一緒にティルワーディライを祝う女児たちがともに歌を歌いながら家々から野菜を集めてまわり、それを調理したものが祝宴の折の招待客に振る舞われる。招待客の数は一〇〇人から三〇〇人程度で、集めた野菜では到底賄いきれないゆえに、野菜を集めることが目的ではなく、女児のお披露目であることが明らかである。

ティルワーディライの儀式のために着飾ったウマー（インフォーマント提供、1950年代撮影）。

祝宴には主に村内とその近隣のナガラッタールたちが呼ばれた。客には結婚式同様、朝食、昼食、お茶を出さなければならなかったため、かなりの出費を覚悟せねばならないが、少女一人のためではなく近所の数名の女児をまとめて祝う儀礼であったため、費用負担

ティルワーディライの儀礼の夜、近くのシヴァ寺に礼拝に向かうウマーと一緒にティルワーディライを祝った少女たち。ウマーの手を引くのは母方イトコであるMAMラーマサミィ。周囲を固めているのは召使いたちとウマーの父、キョウダイ、パンガーリの男子たち（インフォーマント提供、1950年代撮影）。

ティルワーディライを祝うために集合した近所の少女たちとウマー（インフォーマント提供、1950年代撮影）。

は彼らが折半していたものとも考えられる。

儀式の夜には、少女は母方オジの助けを借りて、甘いドーサイと呼ばれるパンケーキをつくり、吉兆のシンボルとしてそれに一〇八個の穴を開ける。儀式当日の朝、少女は母方オジから、ワラヴ・ヴィードゥのなかにある女児の父が権利をもっているウル・ヴィードゥのなかで、小さなカルッティルを首にかけてもらう。結婚の印としてもっとも重要なターリーと呼ばれるネックレスは使われず、カルッティルを模したミニサイズのものだけが少女の首にかけられる。同様の儀式は、一九二〇年代までナーヤールの間でも行われていたとキャスリーン・ゴフ（Gough 1959）は述べている。だが、ナーヤールの場合は、カルッティルではなく純金のミニ・ターリーを使っていた。ナーヤールのターリー儀式もまた思春期前に行われる。フラー（Fuller 1976: 101）は、この疑似結婚には予祝の意味があり、それによって将来の結婚がかなうことを祈願しているものだとする。

ナガラッタールのワラヴ・ヴィードゥが父系で組織されていたのと異なり、ナーヤールの場合は共同家屋は母系で組織されていた。女児のターリーは、マナヴァランと呼ばれる交叉親族の年長者が女児の首にかける。彼はナガラッタールにおける母方オジと同じ役割を果たしているのだ。おそらく年長者が選ばれるのは、彼がこの女児の将来の夫とはなりえないからであろうし、このターリーの儀式は、近隣のいくつかのタラヴァードの成人前の少女を集めて集団で行われ、関係する交叉親族のすべてのメンバーと、村のナーヤールの代表らも出席した大掛かりなものだった。ターリーの儀式を伴うミニ結婚式は四日間続き、参列者には祝宴が催されたという（Fuller 1976: 101–103）。

フラーによるナーヤールのターリー儀式についての記述は、ナガラッタールとパラレルをなしている。まず、ナーヤールが母系で財産を継承していくのに対し、ナガラッタールは父系で財産を相続してゆく。だが両者ともに交叉イトコ婚を根幹としている。どちらの儀式も思春期前の女児の儀式である。儀式で身に着けるミニ・ターリー（ナーヤールの場合）とミニ・カルッティル（ナガラッタールの場合）は、一時的に着用されるものであり、一族の女児が共有するものだ。永遠の結婚の象徴として着用される本物ではない（Fuller 1976: 103）。ナーヤールもナガラッタールも、ターリー（またはカルッティル）を結んだ男性が亡くなった場合でも、喪に服する必要はない。フラーが主張するように、ターリー儀礼はナーヤールの少女にとっての「結婚」ではなく、少女に社会的地位を与える最初の段階（フラーの言葉を借りれば、最初の結婚段階）であり、少女から女性という段階に進むための初潮儀礼の前に行う通過儀礼である。

ナーヤールでは、思春期を過ぎ、結婚のパートナーが決まると、結婚式にあたるサンバンダム（同衾の儀礼）があった。第二段階（フラーの言葉を借りれば、第二次結婚）は、このサンバンダムによって結婚が完了することであり、「結婚」を構成するのは、第一段階と第二段階の両方を含むプロセス全体である。結婚という文脈においてはターリーの予祝儀礼を行うことによって、将来生まれてくるであろう子の「正統性」をあらかじめ確保するのだという主張（Fuller 1976: 114）は説得力がある。それゆえ予祝儀礼において少女にターリーを結ぶ男性の地位が、女児にとって非常に重要になるのである（Fuller 1976: 115）。タミルナードゥ州の非バラモン系カーストにおける疑似結婚式について論じたグッドも、思春期の儀式と結婚式は、実際には婚姻儀礼の二つの段階であると述べている（Good 1991: 198）。

サダング・ワルヒラドゥ――初潮儀礼

ナガラッタールの初潮儀式では、少女に沐浴をさせるのは母ではなく、父方または母方の祖母である。ここでは単に「結婚の予祝儀礼」と呼ぶことにする。このような儀礼は多くのカーストにみられるが、カーストによって若干風習が異なる。

たとえば、ダサリ・カーストで筆者が一九八五年に目撃した事例では、少女に儀礼的な役割を果たしたのは父方祖母だった。娘の純潔を守るプーラム女神を呼び起こすため、祖母はマゴサの葉で肩や背中、腰などに触れながら、アダイと呼ばれるパンケーキをその位置に置く。そしてそれらを少女が地面に振り落とし、女神への捧げものとする。米、バナナ、ココナッツ、茄子などのお供え物は、アダイと一緒に洗濯屋カーストの妻に贈られる。彼らの場合、初潮を迎えた女子を祝福するのは彼女の母方オジであった。

洗濯屋カーストの妻は少女の衣服を洗い、自分のサリーを一時貸し与える。ナガラッタールの場合、サリーを貸した洗濯屋カーストの女性には贈り物が供される。母方のオジが絹の儀礼用のサリーを贈り、母方と父方の祖父母はいずれも宝飾類を贈る。だが初潮儀式は女性だけの集まりで、男性は出席しない。バラモン祭司は、この場合も不在であるが、洗濯屋カーストの妻の儀礼的な役割は、重要である。グッドによれば、女性の再生産能力にかかわる儀礼（契りの儀式、思春期の儀式、婚礼など）はすべて女性の再生産能力を管理することに関係しているのだが、それらの儀礼に洗濯屋カーストの夫婦は必ずといってよいほどかかわり、吉兆の表象となる。

ナガラッタールの初潮儀礼では、プーラム女神を呼び、女神の守りの力によって女性の処女性を婚礼の日まで「封印」することに重点が置かれている。彼らの場合もダサリと同じく、マゴサの葉で女性の身体に触りながら守護女神へのアダイの捧げものをし、保護を祈る。そして、結婚式の前に明け方に行われるプーラム・カリッキラドゥ（puuram kalikkiradu）では、この儀礼的な保護が父方祖母によって取り除かれる。その後、母方オジが祝福を与え、守りの黒い糸であるカーップをハナヨメの手首に巻く。

グッドは、この儀礼は性的に成熟している未婚の女性の「処女性」を彼女の生家が守るという「重荷」を一部母方オジにゆだね、重荷を軽減する意図があると述べる。儀式のなかでは母方オジがその責任の一端を担うことが象徴される（Good 1991: 197）。母方オジは少女を守ってくれる保護者であり、親族関係用語の「母方オジ（アンマーン、あるいは標準タミル語ではマーマー）」は義父（シュウト）をも意味する。もし将来、娘が交叉イトコでない男性と結婚した場合でも、彼女はシュウトを「アンマーン」と呼んで差し支えない。このことによって、シュウトは彼女の保護者として、あたかも母方オジであるかのように振る舞うことが期待される。母方オジは彼女が結婚する相手を提供する役割を彼女の実家とともに「儀礼的に」担っているのである。

「母の家」とプリ

核家族世帯は、妻の生家と経済的に結びついている。一方、核家族として父の家を離れたからには夫の生家からは経済的に独立していることが期待される。ポーリーヌ・コーレンダ（Kolenda 1984）によれば、ナーダール・カーストの場合も居住形態はかなり柔軟で、多くが核家族で生活している。新婚のカップルは、ハナムコの両親と短期間同居するが、その後は核家族世帯で暮らす（Kolenda 1984: 104）。ナガラッタールが父系の拡大家族での居住と核家族での居住形態を組み合わせていることは南インドの一般的なパターンと同調しているのである。

これに対し、北インド型の父系カースト集団は、ジョナサン・パリィ（Parry 1979）がカングラのラージプート・カーストの事例で報告しているように、夫婦は父系的に組織された共同家族のなかで、長期にわたり共同生活を営む。それぞれの夫婦が独自の経済単位をつくることは容認されず、妻は無縁の家系から来たよそ者として、夫の家族よりも低い地位を占める。よそ者の妻は夫の家との間に分裂と緊張を生み出す存在とみなされ、最終的には共同家族世帯の構造を核家族をつくりだすことで崩壊させる傾向をつくりだす存在とみなされる。

筆者がこれまでに出会った北インド系の商業カーストの間では、このような父系によって組織された合同家族が一般的であった。合同家族のなかに経済と家事労働力の両方がプールされ、家長とその妻によって采配され、そのなかの核家族の意思は合同家族の意思決定にはほとんど反映されない。「今でも私と子供の衣類や食糧一切は実家からの仕送りによっているし、夫からも夫の家族からも一銭ももらったことはない」というマルワリ・カーストの女性までいた。

しかし南インドでは核家族が基底的であり、経済状況や家族の人数に合わせて居住形態を選ぶ。以前は、ナガラッタールが息子たちを海外に派遣する際、ハナムコか彼の父親が新婚夫婦のために共同家屋のなかにウル・ヴィードゥを設け、そこでハナムコの妻と子が生活した。また、新婚期間は、ハナヨメが家事管理の訓練をシュウトメから受ける期間と考えられ、その間、ハナムコの両親のもとで暮らし、資金を貯めた後に彼らは個別の家をもつことになっていたという。当時の結婚は若いうちに行われたため、ハナヨメは家事や家庭の運営の仕方をよく知らなかったこともあり、最初の子供が生まれるまでは、夫婦は夫の家族と同居し、その間家計費用は夫の生家が負担した。プリが独立するということは、夫の生家の経済的支援なしに独立して核家族を営んでいけるということを示すことでもあるのだ。

儀礼の単位としても機能するプリ

プリが自立して自分たちの家をもつのは、大抵最初の子供が生まれた頃だ。しかし、彼らが結婚生活をスタートさせた場所は、ウル・ヴィードゥとして祭礼に用いられ、そのまま残る。この小部屋は三畳あまりの狭さで、夫婦の共同の財産や食料品などもしまっておける。夫婦の営みがこの部屋で行われたといわれ、共同家屋のなかにはワラヴ・ワーサル（中庭）や台所、トイレなどが共同施設として備わっている。正面玄関を入ってすぐの大きな広間はビジネス関係の共同事務所として機能していた。結婚式では、ハナヨメとハナムコの両家の父親がウル・ヴィードゥの中で結婚契約書に署名をする。そののち、ハナヨメはこの部屋にとどまり、ターリーを結ぶ吉兆な時間を待つ。母の家から贈られた贈り物はこの空間にもち込まれ、鍵は妻が保持する。もはやワラヴ・ヴィードゥに住まなくなった今日であっても儀礼的な空間として、ウル・ヴィードゥは婚姻の折には「母の家から贈られた贈り物を運び込む空間」として使われる。

次章では、このように儀礼で表現されている「プリの経済的自律性」を支えるために女性が生家からもち込む「婚資」とその意味について、既婚女性たちの観点から考察を加えてみたい。

第三章 「婚資」としてのハナヨメ持参材

ナガラッタール・カーストにおける持参材の意味

娘が結婚する折に持参金や貨幣価値のある宝飾類をもたせる文化では、娘に対する親からの生前贈与といった意味があるとされる（Tambiah 1973）。これらの文化では、息子が家や土地など、先祖から引き継いだ不動産を相続するのに対し、娘には動産（金銀の宝飾類など）をもたせる。だが、今日においては、富裕層の間では娘に現金や金銀の宝飾類だけでなく、不動産を与える場合もある。与えるものは、あくまでも娘の父母や祖父母からのもので、父系親族（パンガーリ）らによって共有されている先祖の財産や共同ビジネスの資産からではない。

ナガラッタールの場合、娘が結婚の折にもってゆく持参材一切を記録し、目録として二部作成するという伝統がある。一部はハナヨメがもち、もう一部は彼女の父が自宅にもち帰る。ハナヨメの財産を明確化しそれを保持することにこだわるのだ。万一離婚となれば、もち込んだ財を、すべて娘がもち帰ることもできるとナガラッタールたちはいう。いってみれば、これがハナヨメの夫に対する切り札のようなものだ。

結婚の当日に証文に署名する場所は、結婚式の主な儀礼が行われるハナヨメ方のワラヴ・ヴィードゥ（先祖の家）のなかにあるウル・ヴィードゥのなかと決まっている。夫婦の基点となるウル・ヴィードゥは、その神聖さを象徴的に示す場所とされ、結婚の日は「カリヤーナ・ヴィードゥ」（結婚の部屋）と呼ばれる。この証文には、ハナヨメ側のコミットメントだけでなく、ハナムコ側のお返しとしてのコミットメントも記されていて、両家の間の贈り物交換という体裁がとられ、以下のような項目が記されている。

（a）持参金の額（娘の財産としてのシールダナムとシュウトメに贈与するマーミヤール・シールダナム）[1]
（b）宝石と金でできた宝飾類の量（重さ、セット数）
（c）ハナヨメの生家側がハナムコ側にすべき義務としての年ごとの贈り物
（d）ハナムコ側がそのお返しに贈るもの
（f）ハナムコ側がハナヨメ側に婚姻に際し、贈与する金銭（儀礼的なものできわめて少額）
（g）最初のポンガル（新年の祭り）とディーパーヴァリ（秋の収穫祭）でハナヨメの生家が贈る

通信用カード

■このはがきを，小社への通信または小社刊行書の御注文に御利用下さい。このはがきを御利用になれば，より早く，より確実に御入手できると存じます。
■お名前は早速，読者名簿に登録，折にふれて新刊のお知らせ・配本の御案内などをさしあげたいと存じます。

お読み下さった本の書名

通 信 欄

新規購入申込書

お買いつけの小売書店名を必ず御記入下さい。

(書名)	(定価) ￥	(部数) 部
(書名)	(定価) ￥	(部数) 部

(ふりがな)
ご 氏 名　　ご職業　（　　歳）

〒　　Tel.
ご 住 所

e-mail アドレス

ご指定書店名	取次	この欄は書店又は当社で記入します。
書店の住　所		

郵便はがき

恐縮ですが、
切手をお貼り
下さい。

101-0051

（受取人）

東京都千代田区神田神保町三―九
幸保ビル

新曜社営業部 行

通信欄

贈り物

（h）ハナヨメが妊娠五か月目のときと、ディーパーヴァリと第一子の誕生の折のハナヨメの生家からの贈り物の詳細

（i）ハナヨメの持参材・品物リスト一式（サーマーンと呼ばれる）

（g）のように、最初のポンガルやディーパーヴァリにおける贈り物まで前もって約束するという、まるで先物買いのような記述もみられるが、圧巻なのはなんといってもサーマーンと呼ばれる、ハナヨメが持参する持参材一切をリストアップした目録だ。それには、記述者であるハナヨメの生家の家風が表れ、ナガラッタールの物質文化の一端を如実に知ることができる。きちんとしたカテゴリーづけがなされているかどうかということすら、後年ハナムコ側の親戚が家風を判断する材料ともなる。

このような結婚契約書にサインする行為を見届ける証人たちはハナヨメ、ハナムコ両者のパンガーリである。彼らは結婚式に参列し、若干の象徴的な金銭の支払い（モイパナム）とともに記帳する。これにより、婚姻は正式に成立したとカースト集団が認めることになる。この書類は、ムフルタム（吉兆の時間、すなわち、婚姻の印であるターリーが、ハナムコからハナヨメにかけられる瞬間）が終わると、すぐに関係者にまわされ、親族全員が一枚の紙に署名し、二五パイサ（四分の一ルピー、〇・五円ほど）をトレイの上に置く。モイとは支払いという意味であり、パナムはお金の意味である。

二五パイサというきわめて少額の支払いは、あくまで儀礼的なものである。だが、二五パイサは、かつては結婚式、思春期の儀式、葬儀などの行事にかかる費用を賄う一部となり、相当の金銭であっ

サーマーンと呼ばれる嫁入り用の家財道具の一部（著者撮影、1991年）。

たともいう。そしてこの慣習は南インドの他カーストの間でもかなり一般的に行われている（Dumont 1983: 231; Good 1991: 105–107, 120）。金銭の支払いがなければ正式な証文とは認められないという点などは、日本でいえば、さしずめ「印紙代」といったところだろうか。この証文に書かれているシールダナムとは第一章に述べたように、「ダウリ」とは異なる性質のものであり、ハナヨメ個人に所有権がある伝統的な持参金および持参材である。ここで「ダウリ」について再度

ダウリ禍についてのイラスト。ハナヨメはダウリと天秤にかけられていて、ダウリの方が女性より重くなければならないということを暗示している。

復習するために「ダウリ禍」について考察しておきたい。

ダウリ禍とは

前章に述べたように、「ダウリ」とはハナムコ側に支払う多額の現金支払いで、現代のインド憲法では違法とされている支払いである。多くの英語メディアでインドの「ダウリ」の悪弊について論じるときは、この支払いと本来ハナヨメが生前贈与として両親から受け取る贈り物がしばしば混同されて語られており、いったいハナムコ側に渡る金銭全般をいっているのか、ヨメが一生もち続ける財産についても言及しているのかが曖昧なことが多い。それゆえ、ナガラッタールの間では、多額の「ダウリ」が支払われているとメディアによって誤解されて記述されている場合が多い。

特にナガラッタールのハナヨメが持参金として新婚家庭にもち込む金額は一般カーストより高く設定されており、

「ダウリ」の高額な支払いを要求するカーストの悪弊としてナガラッタールのシールダナムが論じられることがある。だが、シールダナムは「ダウリ」として婚家に支払われる種類の金銭ではない。英語でいう本来の持参財の意味だ。インドで大きな社会問題とされる「ダウリ禍」を呼ぶ「ダウリ」ではないのだ。ではダウリ禍とは何か。

それは息子に投資した資金を回収しようとして、ムコ方の両親がきわめて多額の金銭をヨメ側に要求し、それが満額支払われない場合、結婚後にヨメをいじめ抜いて最悪の場合には殺害するような婚家からの暴力被害のことだ。婚約後、ダウリの金額をどんどん釣り上げ、結婚式当日までもつれ込み、要求額を支払わない場合、当日にハナヨメとの婚礼をキャンセルするといった非道を行うハナムコすら存在する。勇気ある女性がそのような仕打ちを受けたとして警察に通報し、ハナムコ側が刑罰を受け、女性はヒーローとなり、教科書に彼女のストーリーが載って称賛される場合すらある。だが、多くのハナヨメはこのような勇気ある行動に出ず、両親は殺された娘の亡骸を黙って受け取り落胆の日々を送ることになる。これが北インドの新聞などでよく報道される「ダウリ禍」だ。先に述べたように、カースト内婚と交叉イトコ婚が多い南インドでは、北インドに比べてダウリ禍は圧倒的に少ない。

「ダウリ禍」はなぜナガラッタールには起こりにくいか

貧しさゆえに結婚できない悲劇は世界共通の問題だ。だがインドの場合、それは男性よりも女性に起こる場合が多い。親が亡くなっていたり、いても貧しかったりする場合は、婚姻に必要な「出資」ができない。それゆえ、兄や弟がいる場合は、彼らに適当なハナヨメを見つけ、まず結婚させる。そしてハナヨメから受け取ったダウリや、もち込んだ宝飾品を使って娘の結婚をまとめようとする。

だが、それは嫁入りしてくるハナヨメから結婚資金を奪うことにもなり、彼女がスタートさせる結婚生活に悪影響を及ぼす。このような事態が延々と悪循環を呼び、ダウリ禍はやむことがない（Caplan 1984）。以下に示す事例にあるように、このような事態はナガラッタールでも起こりえるのだが、その可能性は低い。なぜならば、そもそも結婚に際しての十分な金銭的な余裕がなければ縁談すらもちこまれない。それだけでなく、ハナヨメの家が嫁いだ娘をサポートできる経済的な余裕があるかどうかが周囲によってチェックされるからだ。スタートアップ資金がなければすでに落伍したとみなされ、縁談さえもちこまれないというのは悲惨なことかもしれないが、無理をして経済的なサポートがないのに結婚させ、すぐさま結婚資金が枯渇し、さらなる金銭的な搾取を相手の男性から受けるよりはましだ。それゆえナガラッタールの場合、ダウリ禍に巻き込まれないように結婚できる男女をシビアに査定する、といえるかもしれない。貧しい女性たちであっても家庭をもちたいという願望は強いかもしれない。それなら、そもそもなけなしのお金をはたいてでも結婚させたほうがよいのではないか。そう思うかもしれない。だが、そうすれば将来にはより数多くの困難が待ち受けている。「結婚」というのは万能薬ではないのだから、なまじ結婚によってすべてが解決されるという夢をもつよりは、女性は手に職をつけ、経済的な自立を図るほうがよいのではという見方もできる。

以下に示すのはそれでも結婚に夢を託し経済的な問題を結婚によって解決しようと試みている女性たちの事例である。三人とも自カースト内での結婚がほぼ絶望的であることを知りながらも表面的には依然としてカースト内で相手を見つけようとしており、それ以外の選択肢は考えていない模様である。

事例①サラ（三八歳、未婚、小学校の教師）

サラは小学校の教師として働いている。彼女の母はサラを含め、七人の娘をもうけた後、ようやく息子を授かった。だがその後まもなく亡くなった。彼女の弟は高校を終え、二〇歳になってからはチェンナイでガードマンとして働いている。彼が適齢期になったとき、長女のサラは彼のためにヨメ探しをすることにした。だが弟は虚弱体質で、夜のガードマンの仕事をこなすのすら難しい。彼にヨメがやってくることは、きわめて難しいだろう。それでもサラは、彼が早く誰かと結婚し、ハナヨメから結婚資金を得てほしいと願っている。サラはそんな願望をしきりと筆者に話して聞かせてくれた。以下はおそらく実現するには大きなハードルがあると思われる彼女の「夢」の話である。

結婚の際にハナヨメ側からは少なくとも一〇万ルピーをマーミヤール・シールダナムとして受け取

りたい。このお金で、絹のサリーを姉妹それぞれに買い、ハナヨメにはシールのお返しとして金一ソブリン（七・九八グラム）を贈り返す。残ったお金で結婚式の夜に皆にご馳走を振る舞いたい。さらに、ハナヨメが持参するお金で、未婚の次女にもいくらか援助したいと考えている。

妹は看護師として働き、ほとんどの収入を一家のために使っている。だからサラは報いてやりたいと思っている。サラの母方オジは金持ちだ。だが、五人の娘がいるため、サラの家族を助けることはできない。それでも彼はメイたちが成人すると、それぞれに五一ルピーを贈り、儀礼上は最低限の義務を果たした。ポンガル（新年の祭り）のたびに、今でも一一ルピーずつを贈り物として渡してくれる。サラは貧しい女性が結婚相手を見つけるのは難しいと理解している。それでもいつかは自分も結婚したいと願っている。

事例②ウマヤル（三五歳、未婚、仕立て屋）

ウマヤルの両親は数年前に亡くなり、彼女は今、父親のワラヴ・ヴィードゥの一区画で一人暮らしをしている。彼女の住む部屋には電気が通っていないが、親戚の住む区画には電気が通っている。彼女は電気代さえ払えない。生活に困り、母親が結婚時にもってきたサーマーン（ハナヨメの持参材）のなかの高価な銀の器はすべて売ってしまった。他のサーマーンもほとんど売ったが、万が一に備えて真鍮の器はいくつかとり置いてある。姉たちは幸い結婚している。彼女らはウマヤルに五万ルピー（一〇万円）を調達することを勧めてくる。その金額が新婚家庭のスタートのために調達できれば、誰かと結婚することも可能だというのだ。だがウマヤルにはそんな大金を用意できるあてがない。近くのナガラッタール・サンガム（コミュニティの福祉を目的とするカースト団体）の結婚支援金に応募し、多くの候補者のなかから選ばれれば、三万ルピーから四万ルピー（六万円から八万円）が結婚資金として与えられる。それでも追加で簡素な結婚式の費用を賄う一万ルピー（二万円）程度は自分で調達することが必要だ。だがそもそも彼女には相手がいない。資金援助を頼もうにもそれではお手上げだ。ウマヤルは仕立て屋で、月の収入は三〇〇ルピー（六〇〇円）ほどだから、夢のような話だ。

姉たちの住むコインバトールで結婚相手を探すよう結婚仲介人に頼んでいるが、すでに両親が亡くなり、財産もない彼女には誰も結婚相手を探してくれない。貧しい若者のなかには、縁組を決めた後、彼ら自身もしくは親族が、あらかじめ印刷した結婚式の招待状をもって金持ちのナガラッタールを訪ね、金銭的な助けを求めることもある。だが結婚相手を探そうにも人脈がないウマヤルには土台無理な話なのだ。

事例③ジャナキ（二七歳、未婚、高校の非常勤教師）

ジャナキは両親の三番目の娘である。兄弟はなく、全員シマイたちだ。高等学校で非常勤講師をしており、月給は八〇〇ルピーだ。大学出の彼女につりあった男性となると、最低でも大学出でなければならない。オート三輪の運転手やトラックの運転手などは論外だ。だが大学出のムコだと、持参金には五万五千ルピーから六万ルピー（一一万円から一二万円）が必要だ。ムコが大学院卒の場合は七万五千ルピー（一五万円）が必要とされる。これらの金はムコの家に渡るわけではなく新婚家庭で使われるにせよ、この程度のお金を用意することがムコの「ステイタス」を示すことになる、そうハナムコ側が要求してくる。ムコのステイタスが上がるにつれて持参金の要求額も上がってくる。大学院卒以上で暮らし向きが良いムコとなると、ターリーだけでなく、金のカルッティルも必要だ。用意する金の宝飾類のグラム数も上昇していく。金にダイヤモンドをちりばめた腕輪などの宝飾類も必要とされる。そういって彼女はため息をつき、「自分のステイタスにふさわしいムコとは巡り合えないだろう」といった。

ナガラッタールの間での「持参材」は、結婚後にハナムコが使い果たすものでも婚家に「ダウリ」として支払うものでもない。新婚家庭を運営するには、そのくらいの費用は蓄えておかなければならないというナガラッタールの「相場観」だ。だからこそ、いざというときに役に立つ動産としての意味をもつ宝飾類に加え、銀や銅製の宗教儀式用の燭台、銅製、ステンレススチール製、錫製、木製などの台所用品や日常生活で使う家財道具一式（サーマーン）が用意される。これらは日常生活で使えるだけでなく、それらをいざというときには売りに出せることも考えている。売ることができるマーケットは地元にある。それらを生活の蓄えとして一家を構え、貯蓄に励んで経済的な自立を成し遂げてゆかねばならないというのがナガラッタールにとって「持参材」の本来の意図であり、きわめて深慮遠謀だ。

サーマーンという財産

ここで、ナガラッタールの女性が生家から与えられる「持参材」について、さらに考察を加えてみたい。事例として用いるのは一四歳で結婚したナーッチャンマイの場合である。彼女はナガラッタールのなかでは中流の上位層に属している。夫のマニッカワーサガルは大学の助教授で、ミドルクラスとして安定した社会的ステイタスを享受している。アカデミックな業績を積み、大学で常勤の職を獲得するのに二〇代のすべてを費やした彼は、三二歳でようやく結婚を考えることができる身分になった。子供をもつことを考えると、彼はできるだけ早く結婚し、家庭をもちたいとあせっていた。

実家は質屋で裕福だが、マニッカワーサガルは実家からはなるべく援助は受けたくないと思っている。母には自分を含め、息子が五人いる。「平等原則」からいえば、自分が援助を願い出ると母は他のキョウダイにも同じようにせねばならない。マニッカワーサガルは母に気兼ねをし、彼女に支援を申し込むことは極力避けている。母が亡くなった後、父の遺産を最終分配するときにキョウダイでごたごたを起こすことは避けたいからでもある。この点でもち込まれたナーッチャンマイとの縁談は彼の希望にあっていた。

ナーッチャンマイの実家も質屋を営んでおり、こちらも裕福だ。ナーッチャンマイは一人娘で、三人のキョウダイはいずれもナーッチャンマイの結婚後も経済的に支援することに異存はない。結局、わずか一四歳のナーッチャンマイを、「絶好の縁組だ」と結婚をあせっている三二歳のマニッカワーサガルに嫁がせた。ナーッチャンマイが生むであろう子供は、彼女のキョウダイの子供にヨメとして迎え入れられる可能性があり、そうなれば親戚関係が強化され、人脈は一層広がるだろう。

左記に並んでいるのはナーッチャンマイがもち込んだ貴金属品のリストだ。金製の宝飾類は、すべて二二金で、高価なダイヤモンドがちりばめられた宝飾類もある。右側にあるのはそれぞれの宝飾品のグラム数だ。インドでは宝飾類は財産とみなされるため、ファッションアクセサリーのように一八金などを宝飾類に使うことは好まれない。金は重さで価値が測られ、宝飾類であってもデザインには重きを置かない。宝石店に行き、宝飾類を買うときは、「xxグラムくらいの金のネックレスがほしい」と店員にいい、見せてもらってそのなかで気に入ったデザインのものを購入する。デザインは客の好みであり価格上の価値はないと考えられている。あくまでも金の重さで価値は決まるのだ。

品物（金または金とダイヤモンド製）	重量（g）
カルッティル（32 個の金片）	22
小さなターリーの鎖	31.9
バングル（腕輪）8 個	529.6
プーチャラム（ダイヤモンドターリー）	91.2
腕輪（8 セット）	6.4
古いダイヤモンドターリー（1.25 カラット）	6.8
新しいダイヤモンドイヤリング	4.2
ビーズ製イヤリング（金）	6
ハナムコ用の金鎖	23.9
時計のストラップ（貴金属、ハナムコ用）	32
ダイヤモンドの指輪（ハナムコ用）	6.5
トンブ（カルッティル用の金片）	42

ナーッチャンマイのムライチッタイ

インドは世界でもトップクラスの金の保有高を誇り、女性ばかりか男性も金やダイヤモンド製品の収集を行う。自分や家族のために、いつなんどき経済的な苦難が押し寄せても、金やダイヤモンドなどの宝飾類があればなんとかなる。外国に逃げるにしても、これらはもって逃げられる。ダイヤモンドもよいが、金に比べると等級があり、査定に手間取るかもしれない。その点で、「二二金」という折り紙つきの宝飾類のほうが便利だ。日本のように金の延べ棒でもつのではなく、宝飾品として加工してもつのは、それらを装身具として身に着け、ステイタスを誇示するという別の意味もあるからだ。金の延べ棒ではパーティにもっていけないが、ネックレスならばいつでも身に着けられるから一石二鳥だ。

それゆえナーッチャンマイが生まれたとたん、両親は金製品の収集を始めた。ネックレスやイヤリング、鼻輪といった宝飾類であれば、少しずつ集められる。その間身に着けてステイタスを示すこともできるし、困ったときにはグラム数で宝石商が時価で買い取ってくれる。金も銀もあくまで投資対象であり、上記にあげたサーマーンについても銅、アルミ、ステンレススチールなど、各種の金属の価値は重さで測られマーケットですぐさま売りに出せる。つまり、これらの宝飾類や家財道具は、日常や祭礼の折に使う用途以外にも「モノ」として切り売りするのに便利なのだ。だが、よほどのことがない限り換金はせず、そのまま宝飾類や家財道具として保持し、息子や娘に財産として引き継がせる。数十年で宝飾類の価値は数倍になっているから長期的な投資物件としても優良だ。

それゆえ、インド人の場合、イヤリングやネックレス、指輪などは、アクセサリーというよりは財産として購入される。何点かは日常身に着けてステイタスを示すが、高価なものは金庫に入れておく。それゆえ上流の人々が集まる結婚式などの重要な行事のときにはそれらを身に着けて出てゆく。それゆえ上流の人々が集まる結婚式ではダイヤや金、ルビーやサファイヤなどの豪華なアクセサリーをふんだんに身に着け、豪華なサリーをまとった女性たちでごった返す。未婚の娘は親類の結婚式などには極力出席せねばならない。その際は華やかなアクセサリーと重厚な絹のサリーを身にまとって「売り出し」を図る。そして未婚であれ既婚であれ、女性であれば、普段からなにかしらの宝飾品を身に着けていることは必須である。でないと「貧乏くさい」と嫌われるだけでなく、「何かが欠けている」とすら思われるのだという。

寡婦の場合を除き、若い娘が「ちょっとした金のチェーンや耳飾りくらい着けていないと、とても変だ。若い年ごろの娘が何も着けていないなんて、おかしい」と、あるバラモンの既婚女性は筆者に語った。若い娘たちは「結婚して子供を産む」という将来を担っている。だから吉兆と豊穣のシンボルだ。そんな女性たちが金のチェーンやイヤリングさえ着けていないなんて、まるで貧乏神のようだと思われるらしい。

たしかに、周囲を見渡すと、路上生活を送る一団の女児であっても耳に金のイヤリングを着けて金の細いチェーンを首に巻いていたりする。筆者の目からみると、彼女たちが高価で目立つものを身に着けていること自体が危険きわまりないように思うのだが、路上生活であれば、銀行に預けることもままならないだろう。だから彼女の全財産を身に着け、盗まれないようにしなくてはいけないのだ。彼女たちが結婚のときには、ありったけの装身具を身に着けて結婚式に臨むのだ。

金は、なかでももっとも重要な装飾品であり、動産だ。皆がその価値を知っており、国際相場でも毎日取引されている。いざとなればその日の時価で売買が可能だ。それゆえ「今日の金の相場はいくらか」は若い未婚の女性たちにとっても関心事である。若い未婚女性たちが「今日の金の相場」を即答するのに筆者は驚いたものだが、それは彼女たちにとっては常識らしかった。

財産保持の目的からすると、結婚時に娘に与えるサーマーン（家財道具類）にも分散投資の傾向がよく反映されている。金、銀や銅、錫、あるいはステンレススチール、プラスチック、木製の容器などでも市場では買い取る商人が待ち構えている。何十年もの間には値動きがあり、どれが大きく値を伸ばすかはわからない。相場をみて売る時期を狙っていれば二束三文にはならない。家財道具類は日常生活だけでなく大きな行事の饗宴や宗教儀礼にも用いられるため、汎用性も高い。行事のときに使う調理器具でありながら、お金に困ったら、一個一個売っていけばなんとかなるという計画性はすぐれたものだ。プラスチックのバケツでも汎用性があり、買い手はいる。

ターリーとカルッティルの象徴性

金の装飾品のなかでもアッパーミドルクラス以上がもっていけるのが、カルッティルというナガラッタール特有のネックレスだ。日常着けているターリーに比べ、圧倒的に重い。手の形をシンボライズした小さな金塊からなり、婚姻のときのみターリーと一緒に首にかけられる。「吉兆」そのものの宝飾品だが、金のグラム数で量ると当時でも数十万円から一〇〇万円以上の価値になった。上流階層では数百万円の価値をもつ重いカルッティルを何個ももたせる家もある。通常は安全のために銀行の金庫にしまっておかれ、娘の結婚式まで手付かずのことが多い。一方、既婚女性一般が身に着ける

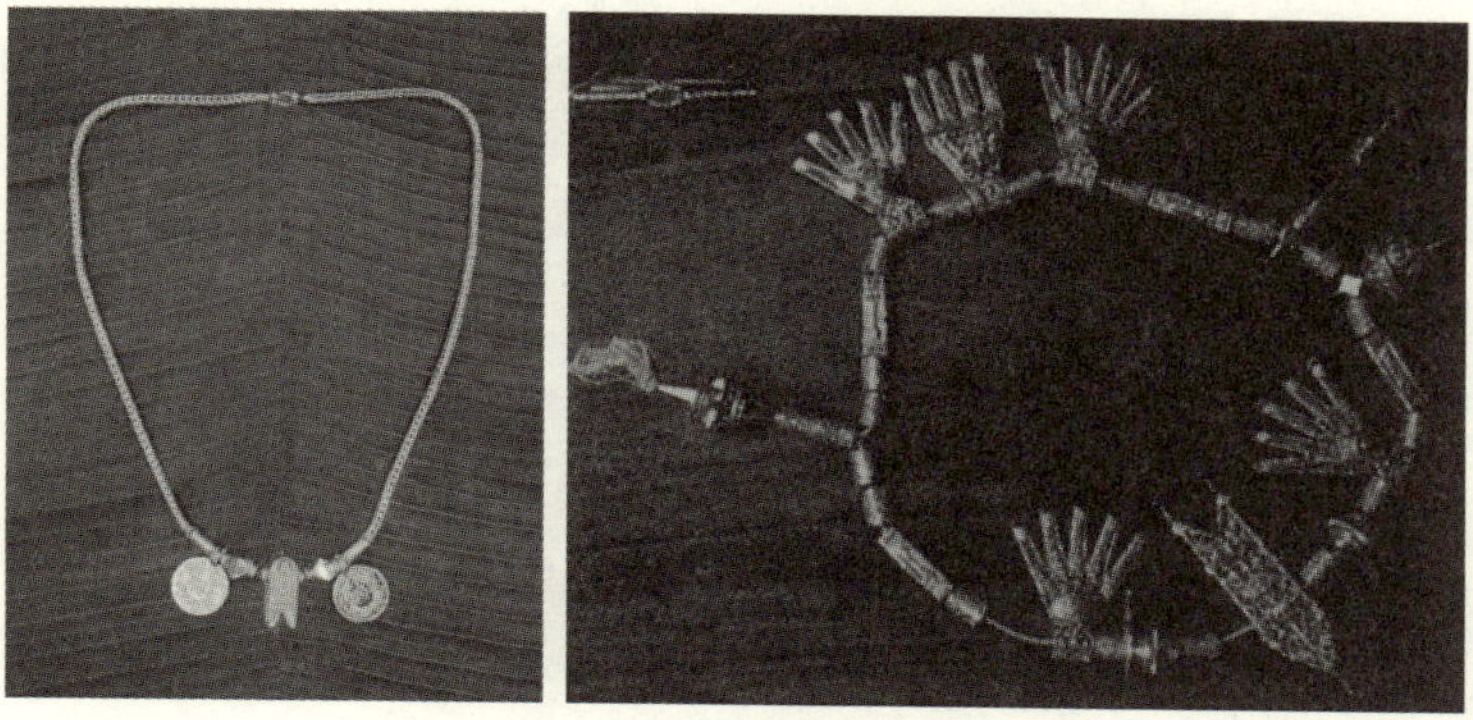

ターリー（左）とカルッティル（右）

ターリーは、純金の鎖でできたネックレスで、中央にいくつかの小さな金塊の装飾品が埋め込まれており、南インド全域で既婚女性が身に着ける印として有名だ。

　夫が生きている間は、寝ているときも入浴中も決して首から外したりはしない。だが、ナガラッタールの場合、富裕階層であれば、それ以外のターリーもそろえ、ときに応じてかけ替える。オイル浴のときは、女性によっては通常首にかけているターリーを外し、オイル入浴用のターリーをかける。他のカーストではターリーはひとつだけで、唯一無二であるからこそ既婚女性にとってはもっとも重要な装身具だが、ターリーすら複数もち、それらをかけ替えられるというのは、彼らの往時の富裕ぶりを示しているのだろう。ターリーはあたかも夫のように彼女に寄り添う存在でもあり、「吉兆の女性」のシンボルだ。アーッチーにオイルターリーの意味を尋ねると、「金製品にオイルを塗るのはよくないから」などと意味不明の説明が返ってきた。だが、ただひとつのターリーにしがみつくよりはいくつかのスペアをつくり、吉兆性を逃さないようにしていると解釈するほうがむしろ妥当であるようにも思われる。

シールダナムの額と宝飾類の比較

以下に示すのは、ナーッチャンマイがもち込んだ現金および金と、彼女の夫の兄弟のハナヨメたちがもってきたダイヤモンドの宝飾品のセットを比較したものである。次のページの表のなかで、ナーッチャンマイは五番目だ。

ここでいう金の重さのソブリンとは七・九八グラムであり、ナハイとはナガラッタールの間で決められている金のネックレスとイヤリングの一セットのことである。貨幣単位はルピーである。

結婚年が四年違いの一番目と二番目のヨメは、まったく同じ額のシールダナムを支払っている。それから二年後の一九七五年からは、その六年後、一六年後であってもシールダナムは同じ額である。マーミヤール・シールダナムがインフレによって二二年間で一〇倍になっており、現金も三・五倍になっているのだから、当時の五五ソブリンの金と現在の五〇ソブリンの金では価値も三~四倍程度になっているだろうと予測はできる。金も宝飾類も売ったりせずに、ひたすらもち続けることが大事だと彼らはいう。

だが、中の上位に属するナーッチャンマイのマーミヤール・シールダナムは、事例研究のなかでサラが述べた「一〇万ルピーのマーミヤール・シールダナムを受け取りたい」という期待額からは大き

	結婚年	シールダナム (Rs)	マーミヤール・シールダナム (Rs)	金と宝石
1番目	1969	3,000	6,000	55ソブリン＋2ナハイ
2番目	1973	3,000	6,000	60ソブリン＋2ナハイ
3番目	1975	10,000	11,000	60ソブリン＋2ナハイ
4番目	1981	10,000	21,000	60ソブリン＋2ナハイ
5番目	1991	10,000	65,000	50ソブリン＋2ナハイ

5人のキョウダイが受け取ったダナム（ルピー）

く下回っており、アッパーミドル層では必ずしも現金の贈り物が高額である必要はないと考えられている証左であろう。ハナヨメの持参材のうちその後の財産としてもっとも頼りになるのは金と宝石類であり、金だけでも現在の日本円で換算すると、一グラムあたりの買い取り価格は約一万二千円、販売価格は約一万三千円となる。ナーッチャンマイがもち込んだ金とダイヤモンドの総重量は七八〇・五グラム程度なので、二〇二四年の貨幣価値では九三〇万円〜一一〇〇万円程度となる。おそらくこの程度をもち込んでいるならば、チェンナイでのマンションの購入も可能であろう。

兄弟の五人のヨメがそれぞれこの程度の金とダイヤモンドをもち込んだとすると、一族ではかなりの資産を保有していることになる。マニッカワーサガルには娘が一人いるので、彼女にも同等の持参材をつけてヨメに出さねばならないことになるが、ナーッチャンマイがもってきた持参材の宝飾類や家財道具をそのまま渡せば難なくそのハードルは超えられる。「五人兄弟がヨメをもらって持参材を受け取っているのだから、今度は娘に財産をつけて嫁がせるのは必然だ。いつももらってばかりというわけにはいかない」とマニッカワーサガルは筆者に語ったものだ。ヨメに出す相手先として考えられるのは、ナーッチャンマイのキョウダイのいずれかの男児となるのだろうか。

限定的交換の輪が示す「吉兆性」

東ソロモン諸島（トロブリアンド島）におけるクラと呼ばれる贈り物の交換を論じたのはモースであったが、その記述によれば、貴重品（トンガ）にはハウ（精霊）が宿ると信じられている。この精霊は貴重品の元の持ち主と同一視されるため、誰かがトンガを与えられても、それと引き換えに別のトンガを持ち主に渡さなかった場合、貴重品に宿った精霊は、受け取った者に害を及ぼす。その信仰によって、伝統的に決められたメンバーの間で貴重品を間違いなく循環させることができるとモースは述べている（Mauss [1925]1954=2015）。

マーシャル・サーリンズによれば、マオリ人のハウは、受け手に対して、多産と生産の象徴とみなされる（Sahlins 1972=2015）。贈り物が贈られるとき、受け取る側は細心の注意を払うが、もっているだけで他の集団に渡さないのであれば彼は非難され、精神的な負い目になる。

宝物は厳格に決められた島と島の間で、しかも特定の首長の家系の間で限定的に交換されてゆくものだ。だが、交換のための航海には、大きなカヌーを何隻か仕立てて交易用の物品も積んでゆくので、実際には交易となり、交換されるのは宝物だけではない。いってみれば宝物の交換が契機となり、互酬的な交易関係が成り立っているのだ。また、費やされた労力とネットワークが、貝殻にすぎないネックレスを「洗練された美しいもの」へと象徴的に変化させる。それらの伝統的な品は霊感に満ちた美、あるいは超自然的なパワーをもつ品々とされ、崇拝される。

ウィリアム・H・ダヴェンポートは、伝統的社会では、品物の精神的価値は、その品物がつくられた素材と、それを形成するために費やされた労働から生じるという(Davenport 1986)。本質的価値とモノは一体化されているのだ。このような霊的な価値をもつ品々は、通常の貨幣価値で取引されるものとはならない。美的技能や人々の労力により精神的価値が付与され、神聖で霊的なもののシンボルとみなされる。

南インドの人々も、結婚する女性たちとともに移動してゆく貴金属を「吉兆の印」として特別視する傾向がある。それゆえ、宝飾店で新たに買い増しするだけでなく、親類の誰かから譲り受ける場合には細心の注意を払う。細工師としての評価も加工する素材のランクによってすべて決定される。金細工職人、銀細工職人、鍛冶職人の相対的な地位の違いは、彼らがつくる商品の素材としての価値によって決定される。ダイヤモンドはもっとも高価な宝石であるゆえに、人々はそれを「上質なもの」にするためにより多くの努力と労力を費やす。それゆえにダイヤモンド職人の地位は高く、ダイヤは霊的にもっとも強力であると信じられており、個々のダイヤモンドには「歴史」があるという信仰ともなる。

あるバラモンの女性が、宝飾類に投入した職人のパワーを説明するために、金の指輪の話をしてくれた。彼女は母方オジからあるときにとても美しい指輪を贈られた。だが、とても繊細だったため、金の細い線のひとつが壊れてしまったので、細工職人を呼んで修理してもらうことにした。だが、壊れた指輪を見て、彼はこういった。「この指輪は強い信仰心をもった職人につくられたようだ。今時、こんな繊細な指輪をつくれる職人はいないだろう。一応できるだけのことはしてみるが、もしまた壊れてしまったら、これ以上修理することはお勧めしない。そうすると、細かい作業が台無しになり、指輪のパワーが損なわれてしまうから」。

吉兆の石としてのダイヤモンドの象徴性

ダイヤを借りて枕の下に敷いて寝てみることは、南インドの人々の間で行われている習慣だ。筆者がチェンナイでフィールドワークをしていた頃、自分の身の丈にあった小粒のダイヤを商人から買おうとした。知り合いのナガラッタールは出入りの宝石商を家に呼んでくれ、筆者の予算にあった小さなダイヤをいくつか見せてくれた。知り合いのバラモン女性から、そのダイヤが気に入るかどうかを一晩枕の下において寝て寝覚めが良いかどうかを試してみなければならないといわれていたので、気に入ったものを数日借り受け、枕の下において寝てみることにした。枕の下に敷いて寝ても何の悪夢もみなかったので、相性は良いのだろうと判断し、それを購入することにした。だがその数日の間、小粒の数個のダイヤは商人の手から離れ、顧客の家にあるのだ。通常であれば、これはリスクを伴う。

宝石商と顧客の間のこのような気軽な「貸し借り」関係は、長い間の相互信頼関係の上に成り立っている。この宝石商は、候補となる何個かのダイヤを筆者のために貸し出すことにして、帰宅した。

そのダイヤを家で預かることになった娘のヴァッリーは両親が不在のこともあり「すごく大きな責任を負ってしまった」とため息をつき、金庫のなかに早々としまい込んだ。預かりものに対する彼女の責任感をみるにつけ、宝石商がその家の人々が間違いをしでかさないことを知っているのだろうと思ったものだ。

このような信頼関係は、顧客と金細工師の間にもある。人々は不正行為を避けるために、特定の金商人からでなければ金を購入しない。そして、特定の金細工人を雇い、加工させる。金は不況にも強い。

一九九一年の夏にインドルピーが切り下げられたとき、チェッティナードゥ地域の一角にあるカーライクディ町では有名なダイヤモンド商人の店が多くの顧客でごった返していた。急激なインフレに見舞われる前にダイヤモンドを買いたいと人々がつめかけていたのだ。その多くは男性客だった。歴史的に、金やダイヤモンドの相場の変動を経験している人々であれば、宝飾類を娘にもたせるのは賢明な判断だと考える。不動産はもって逃げることができないが、宝飾類や金ならば、いざというときにもって逃げられる。妻や娘たちを飾る宝飾類を買い求めながら、財産保全を図ろうとするのは男性たちでもあるのだ。

ナハイという単位

ナガラッタールは、ダイヤモンドの宝飾類をセットで数える。ナハイは、結婚の際に娘に財産として与える宝石のセットである。ナハイは通常、宝飾品全般を指すが、ナガラッタールの間では、ナハイが一と書いてあるなら金にダイヤモンドをあしらったネックレス一つを意味し、ナハイが二つなら、金にダイヤモンドをあしらったネックレスと金にダイヤモンドをあしらった腕輪のセットを意味する。三つなら、スペアのターリーが一つ加わることを意味する。自分の娘に三ナハイを贈ることは、その一家がきわめて裕福であることを示している。

金がもつ象徴性

金のアクセサリー類の重さはインドではソブリンで示され、一ソブリンは七・九八グラムである。金のペンダントではターリーが有名だが、通常それは黒いビーズと一緒に金鎖になって編みこまれている。黒いビーズはごく軽いのでそれを無視して金の重さとして秤で量る。

一般的に、中流の家で女性がもってゆく金の最低額は三〇ソブリンである。中流階級の女性は三〇から五〇ソブリン、上層の女性は七〇から一〇〇ソブリンだが、ナガラッタールの最上層クラスではそれ以上を娘に与えていた。ある女性は、金のカルッティルだけでも一〇三ソブリン（二〇二四年時点の日本円で一三〇〇万円以上）だったといっていた。彼女の父は縁起を担いできりの良い一〇三という数で重さをそろえたのだ。

ナガラッタールが娘に与える金の量は他のカーストよりも多い。たとえば、一九八六年に結婚したある上流のバラモン女性は、持参金に五〇ソブリンを持ってきた。これはナーッチャンマイや彼女の義姉たちとほぼ同様の額だが、彼女たちはそのほかに二ナハイをもってきている。ナガラッタールの基準でいうと、それでもナーッチャンマイはアッパーミドルだ。ある上流階級のナガラッタールの女性は、両親から金一〇〇ソブリンと二ナハイだけを受け取った。この家の格としてはかなり控えめだが、彼女は将来コンピューター会社を経営する予定なので、金の宝飾類より実質的な開業資金、不動産、株や債券の一部を贈り物として受け取るほうを選んだのだという。

しかし、ほとんどの保守的なナガラッタールは、金やダイヤを増やすことがもっとも重要であると信じている。日頃のわずかな貯蓄も、まとまったお金になれば、すぐに金の宝飾品を買い求める。金と銀は身体を強化する力があるとも信じられており、金も銀もさまざまな伝統治療に呪術的に用いられているとクリストファー・A・ベイリーは述べている（Bayly 1986: 291）。

金や銀を集めるだけでなく、ナガラッタールたちは真鍮、銅、ステンレスなどの金属も台所用品や儀礼用の器具として重さで量りながら集める。市場にゆくと、銀だけでなく、真鍮、ステンレスの容器なども量り売りして重さのみで値をつけており、儀礼用具や台所用品という形をとってはいるものの、それらが財産であることを示している。宝石商は、宝飾品の金の重量を顧客の目の前で量り、その日の金の時価とその品物の重さを紙に記入して顧客に渡す。顧客が他の商品との交換を希望する場合、宝石商は喜んでそれに応じる。返品を希望する場合は、その日の時価で買い取る。

チェッティナードゥのナガラッタールの家では、それぞれ特定の金細工職人が加工を請け負うことになっている。金細工師はタッターンと呼ばれ、アクセサリーをつくるために彼らの家に呼ばれる。そこで金の重さを量り、出来上がったジュエリーをもってゆくと、またナガラッタールはその重さを量る。このようにして、お互いに疑念をもたないようにするのだ。

ある年配のナガラッタールの女性の話によると、昔、娘の結婚のためにいくつもの金のアクセサリーをつくる必要が生じたとき、何人かの金細工師を雇い、彼らに金を渡し、すべてのジュエリーが完成するまで数週間彼女の父の家に滞在させてつくらせたという。金細工職人たちは、すべての仕事が終わった帰り際に身体検査をされた。何も隠して持ち去らないようにという用心深いナガラッタールの主人からの申し入れだった。だがこのようにして微細な疑いさえ残さないようにしてこそ、お互いの関係が長続きするとナガラッタールは考えているのだ。彼らはいつも二二カラットの金を使ってジュエリーをつくる。チェッティナードゥではタッターンは評判を落とすことになるのを恐れて一八金のアクセサリーは決してつくらない。金細工師や宝石商のところに行くと、石板のようなものがあり、そこで金の製品をちょっとこすって偽物でないかを目の前で確かめることもしてくれる。この板を表に出していることは、彼が嘘をつかない細工師だという証明にもなる。

家財道具（サーマーン）のリスト化

金やダイヤの宝飾類と同様、サーマーン（嫁入り道具）もまた、ナガラッタール女性の必須財産である。ハナムコの家に運ばれる前に、すべてのものが注意深く数えられ、リストにしてチェックされる。バスタオルや歯磨き粉、石鹸の類まですべて数えられ、リスト化される。結婚式の後でも前でも、ハナヨメ側の都合にあわせ、何人かが倉庫に行き、リストと照らし合わせながら品物をチェックする。嫁入り前にサーマーンは運び込まれ、ハナヨメとその父が実際のモノとリストをチェックする。筆者がみるところ、いくらがんばっても、このチェック作業は最低二、三日かかると思われたのだが、慣れてくると、一日でチェックできるようになると、こともなげにいわれたことがある。主要な品物はハナムコのワラヴ・ヴィードゥにある夫婦の小部屋に入れられ、チェックをする人が鍵をかけてから帰宅する。

本書の巻末に、ナーッチャンマイのサーマーンのリストを掲載しているので、ぜひ参照してみてほしい。

サーマーンの有用性

巻末に示したように、ナーッチャンマイのサーマーンのリストは（1）銀製品、（2）ビューロー（木またはステンレスなどでできた衣装用タンス）、（3）ステンレス製アイテム（台所用品、儀礼用燭台や食器など）、（4）真鍮製アイテム（ステンレスがなかったときに台所用品や儀礼用器具として使用していたもの）、（5）ハナムコ用アイテム（髭剃りやシェービングクリーム、服飾品、身の回りの品などのギフト品）、（6）ハナヨメ用品（下着類、ハンカチ、ベビー用おもちゃ、壁掛けなど）、（7）サリー（普段用のものから外出用、祭事用など多種類）、（8）雑貨（櫛、歯磨き、目覚ましからテレビ、カセットレコーダー、扇風機など多種類）、というふうにカテゴライズされている。

これらは綿密な品物のリストであり、他のカーストがナガラッタールたちを周到な準備と整理をするカーストであると考えているのも、なるほどと理解できる。親たちは娘が結婚するときに必要な当座のものをすべて与え、当面お金を使わなくても乗り切れるようにするのだ。

商品は消耗品と耐久消費財に分けられる。品目のなかには、歯磨き粉、石鹸、洗剤などからタング・クリーナー（舌をクリーニングするへら）、衣類（ハナムコ用のスーツ、ハナヨメ用のサリー）から始まって、入浴用タオルなどの日常品もそろえられている。そして、困ったら売りに出せるような祭事用の銀の燭台や銀食器、ステンレス製品、真鍮製品、木製品などがぎっしりと並んでいる。婚礼や葬儀などの大きな行事を行うとき、ステンレスの調理用具類や容器に加え、大きな真鍮製の鍋なども必要になる。行事が大きくなればなるほどそれらでは足りなくなり、一時シュウトメのものを借りることもある。だが、行事が終わればシュウトメに必ず返却せねばならない。ハナヨメのサーマーンをシュウトメが一時借りるとしても、同じようにきちんと返却しなければならない。それらがこのカーストでは「礼儀」として守ることが要請されているのだ。

夫婦に娘が数人いる場合は、妻が持参した品物を分け、新たに購入した品物を加え、娘全員が等分になるようにし、ハナムコの身分に応じて財産を積み上げていく。嫁入りの際に持参した品物で使わないものは、娘に譲ることもある。これが彼らの伝統となっているため、台所用品や器具の「使いやすさ」という器具本来の特長にはもはや当てはまらない無用の長物にみえるものもある。それにもかかわらずリスト化され、受け継がれてゆく。しまい込まれて次の世代に受け渡しされ、新たな結婚の際には新たな品々が加わり、再度リスト化が始まる。

ナガラッタールは、全財産をひとつの商品につぎ込むのは危険だと考えている。裕福な家庭の娘ならば株、社債、不動産、銀行預金などを所有するように、普通の人々にとってもサーマーンのカテゴリー別の収集は財産の分散化なのだ。収集そのものが、彼らの合理的な計算にもとづいている。経済的なリスクを回避し、資産を分散させる。すべての卵をひとつの籠に入れることはない。これは将来を保証するために採用されるテクニックだ。

ベイリーによれば、北インドの商人の間でも、蓄財は子供たちに早くからみられる習慣のひとつであった（Bayly 1983: 402）。一九世紀初頭の裁判例から、村々の比較的小規模な地主が一千〜三千ドルもの大金を地金や宝飾品の形でもっていたことがうかがえると述べている。一八八〇年代から一九三〇年代にかけては、総資産の一五パーセントから二五パーセントを宝飾品、地金、国債などの形で保有していたようで、これは緊急時のための蓄えとして機能していた。したがって、買いだめは、資本の浪費ではなく、むしろ投資の分散化なのである。買いだめについて、ベイリーは次のように区別している。

（1）生き抜くためのテクニック。通常の企業経営の一環として発生した買いだめ。

（2）一族の宝飾品の寄託。これは儀式的、社会的な意味をもっており、一族の名誉や地位と密接に結びついている。妻の宝飾品は、夫が亡くなったときの保険とも考えられていた。

（3）流動資本としての宝石や真珠の購入。宝石や真珠は、両替商の値引きの対象にはならず、普遍的に取引可能であったため、貨幣よりも優れていた。

（4）担保としての金貨や宝飾品、銀製品。これは商人にとって特に重要なことで、資金調達のために一時預けることができた。家族経営資本の基本的な蓄えとして、突然の要求に対する保険として機能した。貯蓄用の金と銀はもっとも頻繁に取引される品目であり続け、たとえば農民は、雄牛を買ったり結婚資金を調達したりするために、少量の金や銀を売り払った（Bayly 1983: 402–403）。

ベイリーによれば、これらの品物の「買いだめ」は、一八世紀後半から一九世紀にかけて北インドの商家の間でごく一般的に行われていたもので、その後次第に廃れていった現象だ。だが、この方式は現在でも南インドではナガラッタールが実践しており、彼らがため込む品目は、ベイリーの言及した品目よりもはるかに多岐にわたる。爪切り、歯磨き粉、プラスチックのバケツなどの一見どこにでもありそうな日常品すら、なぜため込むのだろうかという疑問も残る。もちろん、歯磨き粉、石鹸、洗剤のような品々や、スーツやサリーなどの衣類は、将来夫婦が使うものであるから無駄にはならないという考え方もできる。

ナガラッタールの倹約の教えは、結婚するカップルがこれらの品物をできるだけ長く使うことを奨励している。母親が娘のために一〇個もの枕を購入するのは、娘の将来の子供のことも考えてのことである。もし使い切れないほどの枕があれば、贈り物が必要なときに、娘は使用人たちに枕を贈るかもしれない。ナガラッタールによれば、消耗品のまとめ買いは経済的に理にかなっているから、結婚のときにまとめ買いしておくことは良いことなのだ。娘の結婚のために何十個も枕を買えば、ディスカウントを大幅に得られる。したがって、際立った倹約はシンプルなライフスタイルに表れるのではなく、買いだめを過剰にする習慣に表れる。アーッチーたちは一般に買い物が好きだが、節約の習慣によって、買った商品の消費は抑制される。

だが、筆者はしばしば、彼らの経済倫理と吝嗇さの間の矛盾にも気づかされた。たとえば、ある裕福なナガラッタールのアーッチーは、使用人の運転する冷房の効いた車でカーライクディのバザールに出かけるのを日課としていた。彼女は野菜や食料品の値段に詳しく、ある野菜がチェンナイより一〇パイサ（〇・二円）安かったり、ココナッツの繊維でできたバスマットがチェンナイより二割程度安かったりすることを筆者に教えてくれ、だからここで買い物をするのが賢いといった。使用人から正確なお釣りを受け取ることにもとてもこだわっていた。一ルピーずつ数えて、それぞれの品物の値段を使用人に尋ね、もし彼が五パイサのお釣りを渡さなければ、なぜ渡さないのかと尋ねる。だが、この態度は、他のカーストの女性たちにはあまり理解できないらしい。

「使用人が一〇パイサや二〇パイサのお釣りを返さなくてもそれが何だというのか。私なら気にしない」。そうバラモンの主婦はいった。だが、アーッチーたちのこの倹約の習慣が買いだめを助長する。子供たちは質素倹約を教えられ、女性は結婚するとお金を節約し、できるだけ使わないようにする。筆者に日本からの買い物を頼み、プレゼントとして考え、お金を払わないこともあった。母の家からふんだんに物資が得られるから貯蓄も励みになる。そしてもち込んだ銀製品、ステンレス製品、木製品、真鍮製品などは、日常生活や冠婚葬祭で使われ、娘や孫娘のために保管される。

フィールドワークの間、筆者は何冊もの嫁入り道具のリストを読むことができたが、このリストはきわめてプライベートなものであり、ナガラッタールは外の人々に見せることはめったにない。それゆえナガラッタールをこれまで研究した研究者らはほとんど目にしたことがないものだ。しかし、リストづくりのシステムは何世代にもわたって変わっておらず、厳然と存在している伝統だった。その形式にのっとって作成され、各家で保存される。新たに自分の娘を結婚させるためにリストをつくらねばならないとき、同じような経済状態の家に行き、リストを借りてそのシステムに従うこともあるという。通常、記録を作成するのは父親だが、会計士がいる家では、彼が作成することもある。

一九〇六年に書かれたリストと一九九〇年代のリストを比較したところ、いくつかの現代的なアイテムが必須アイテムとして追加されていることがわかった。各種の家電製品、プラスチック用品、ステンレス用品などである。伝統的なサーマーンである銀製の儀礼用具、木製の食器、陶磁器、ほうろう製の容器、石臼、サリーなどは過去でも今でもリストにある。おそらく年代が変わるにつれ、新たな消費財もサーマーンのリストに組み込まれていくことだろうと一九九〇年代に筆者は考えていたものだ。

だが、二一世紀に入り、大きな変化が起きた。それはナガラッタールたちが都市化するにつれ、収納スペースがなくなり、従来のように引き継いだものすべてをリスト化し、ワラヴ・ヴィードゥの小部屋に入れておくことができなくなったことだ。上流層でかなりのスペースがある人々は別として、中流層では不要と思われるサーマーンを売り、よりコンパクトなリストにするように改革が行われつつある。「サーマーンや宝飾類をどっさり娘に与えるよりは、宝飾類をいくつか売却して不動産や株を買い、それを娘にもたせるほうがいい。そう判断したナガラッタールも増えている」と、富裕層に属するあるナガラッタールのアーッチーは筆者に語った。だがその場合でも金や銀製品はサイズが小さく、しかも換金性が高いため、依然として好まれている。

銀製品の象徴性

銀は、資金が必要になったときなど、簡単に換金できる資産として、金とならんで欠かせないアイテムのひとつである。また、銀は取引通貨としても機能する。さらに、ケガレを防ぐという象徴性ももつ。このため、重要な人々をもてなすのに銀製食器が使われ、儀礼の折に使われる燭台やプレート、ベルなどは銀でつくられる。

あるアイヤール・カーストに属するバラモンの女性は、銀製品が「ケガレを伝達しにくい」という儀礼的な特徴を備えていることを説明してくれた。彼女の親友のアイヤンガールの女性が「信仰深いゆえに」宗派が異なるアイヤール・バラモンの友人の家にきてもお茶一杯飲まなかったという。だが、彼女が喉が渇いたとき、遠慮がちに一杯の水を所望したことがあった。そのとき、アイヤール・バラモンの女性はもっともケガレを移さないとされる銀のタンブラーに水を入れて差し出し、親友であるアイヤンガールの女性はタンブラーを傾けつつ縁に口をつけないようにして水を口に流し込んだという。

木製、石製、エナメルコーティングの道具類

これらはほとんどが、ステンレスやプラスチックが登場する以前につくられた、伝統的な家財道具だ。石臼、木のすりこぎなどは、もはや現在では使わないが、これらの品々は丸ごと娘たちに受け継がれている。そして、杵で籾殻を搗くことはなくなったが、実は石臼で搗いた米を死者に供えることは葬儀には必要であるため、日常では使われないものの、儀礼的には必需品であることも多い。

ステンレスと真鍮の家財道具

かつてコップや水を入れる容器には真鍮製品が使われていた。だが、真鍮より安く、ぴかぴかして見栄えも良いステンレス製品は、二〇世紀初頭から、瞬く間にインド社会を席捲した(2)。

今やステンレス製品は銀製、真鍮製、またはエナメルでコーティングされた品々の安価で便利な代用品である。ナガラッタールの家庭を含め、現代のインドの家庭でもステンレス製品はよく使われる。職場にもってゆく数段重ねの弁当（ティフィンボックスと呼ばれる）や日常の食器、調理用品にもステンレス製品が使われる。軽量で壊れにくく、儀礼上の吉兆性が保たれるという理由もある。その特徴ゆえの縁起の良さが、それを贈り物としても望ましいものにしている。そして、見合いや結納などの重要な行事の際には、新品のステンレススチールの器を用いて客にコーヒーや軽食が振る舞われる。吉兆性がきわめて重要なときに、陶器のカップでコーヒーを出すのはやめたほうがよい。陶器は壊れやすいので、かえって侮辱とみなす人もいるくらいだ、そう人々は筆者に忠告した。

葬式でステンレス製の品物を贈り物にすることもよくある。ある葬儀に参列した際、参列者全員と同様にお清めのクンクムやターメリック、菓子類とともに、ステンレススチールのプレートを贈られたことがある。割れないし軽量だから、葬儀の終わり、喪明けの贈り物としては恰好なアイテムなのだ。

真鍮、木製家具に代わるスチール製の家具

真鍮製の超大型のポットなどは調理器具として今でも使用されるため、依然として重宝され、伝統的な名称で呼ばれるものもある。たとえば、「マイソールポット」、「カーシーの皿」、「クータラムの壺」などと地名がついているものがあり、その文化的な特徴を表しているとともに、マイソールポットといえば、サイズがどれくらいで形状がどういうものかがすぐにわかるという利点もある。それに対して、今日伝統的な木製家具の代わりに台頭してきたのがスチール製のオフィス製品のような家具だ。

かつてナガラッタールは、ミャンマーでチーク材やローズウッドを素材に衣装タンスや家具をつくり、それをチェッティナードゥに送った。高価でエキゾチックなもので、裕福なナガラッタールのシンボルとなったのがチーク材やローズウッドでできた木製のビューロー（衣装ダンス）だ。ナガラッタールは、チェッティナードゥでこれらのビューローの需要を生み出し、流行をつくりだしたが、現在では木製のビューローはきわめて高価で重いので、スチール製のオフィス用品のロッカーのようなビューローが中流層には好まれており、インドの中産家庭の寝室に普及している。

吉兆の絨毯、汎用性のあるビルマ・マット

サーマーンには絨毯もリストアップされている。なぜ暑いインドで絨毯なのかといぶかしく思ったのだが、絨毯はナガラッタールが結婚式を挙げるとき、儀式を行うワラヴ・ワーサルを覆う必需品だ。そのため大きな縁起の良い派手な色使いの絨毯を敷くことになっている。ハナヨメが父親のワラヴ・ヴィードゥを出立する前に親族に挨拶するためにひざまずく場所には、小さな縁起の良い明るい色の絨毯が敷かれている。装飾的で、富裕層であれば、家族のイニシャルが織り込まれていたりする。絨毯を伝統的なセレモニーに使うカーストは南インドではほかに見たことがないので、おそらく西洋の影響か、北インドのイスラム教徒から受け継いだものだろうと推測する。カーペットは寒い地域で使われる傾向があり、南インドの文化とは本来異質なものだからだ。特別なビルマ・マットは、通常の編んだマットよりも柔らかくて厚く、大きな行事の際に家に泊まりに来る親戚に寝具として供される。

ビルマ・マットはもう新品が手に入らないため、古いビルマ・マットは現在でも大事に使われている。誰かが亡くなると、死者の名誉のために、死体は新しい未使用の編んだマットの上に安置される。そのマットは、死体が火葬場に運ばれるとすぐに洗うことになっているが、捨てたりはしない。ナガラッタールはそれを穢れたものとは思わず、同じマットを別の機会に喜んで使う。

儀礼で着用される正絹のサリー（パットゥ・サリー）

パットゥ・サリーとはタミル語で絹のサリーで、カーンチープラム製のずっしりと重いサリーを指す。金糸で織られるボーダーは一本か二本程度入れるのが定番だが、南インド人はベナレス・サリーのような複雑な柄をパットゥ・サリーには用いず、カーンチープラム製のシンプルで伝統的な柄のサリーしか儀礼用には認めない。

モダンな女性たちは、「結婚式で皆がこれを着ると、まるでユニフォームのようだ」とカーンチープラム製のパットゥ・サリーを着用した女性たちを揶揄する。だが、結婚式でパットゥ・サリーが着用されないのは侮辱だと考える保守的な女性たちもいる。儀式用の正絹の重いサリーなので、さしずめ日本では紋付の絹の着物のような扱いだと思えばわかりやすいかもしれない。

男性用の贈り物にはヴェシュティ（腰布）、白いシャツ、そしてズボンなどが一般的だが、絹のサリーに比べたら安価なものだ。サリーに関しては、普段用やちょっとした外出には日本製、あるいはマレーシア製の合繊でできたサリーも人気だ。日本で合繊のサリーが織られていることはあまり知られていないが、インド人が日本にきて真っ先に買いたいもののひとつは妻や娘たちへの土産として喜ばれる合繊のサリーだ。

高級ギフトとしてのサリーの需要は年々高まっている。インドのギフト交換市場ではサリーはもっとも重要な品で、妻の「母の家」からは、結婚式、サーンディ（還暦の祝い）、思春期の初潮儀礼などの折の贈り物として何枚ものサリーが送られる。秋の収穫の祭りのディーパーヴァリでは、サリー・ショップがお客でいっぱいになる。「インドに帰るときはシンガポールで何枚も新しいサリーを買わないといけない。すごい出費になるからあまりインドには帰省できない」とシンガポールに住むナガラッタールの女性は嘆いていた。それほどサリーの贈呈は重要なのだ。香水でもチョコレートでもない。とにかくサリーなのだ。シンガポールや日本から調達したサリーは特にステイタスシンボルだ。帰省のたびにサリーをプレゼントしてくれることを皆期待しているのだと彼女は憂鬱そうにため息をついた。

だが、あいにくと、パットゥ・サリーは、暑いインドの気候では、一〇年くらいしかもたない。昔は、素材が良く、織りも良かったため、二～三〇年は使えたという。パットゥ・サリーには織りのなかにジャリと呼ばれる細い糸になった金や銀が入っている。サリーが擦り切れると、ジャリは溶かされ、金や銀は売られていた。現在では、金銀を多く含むパットゥ・サリーはほとんどない。金糸はジャリではなく、金属糸で代用されている。シルクのサリーは五年から六年、化繊と綿のサリーは四年から五年の寿命だ。それゆえ贈答品としてのサリーの価値はいよいよ高まってくる。

サリーが長持ちしないのは、熱帯気候のインドでは汗をかきやすいため、頻繁に洗濯する必要があるからだが、みていると必ずしも正しい保存方法をとっていない。大抵は折りたたまれ、他の品々と一緒にスチール製のビューローに保管される。だがビューローは通気が悪く、温度も高くなるのでサリーの劣化は激しい。この結果、未婚の女子が母から借りた古いサリーを着て行事に出席しようものなら、古いサリーを着ているとすぐにわかり、陰で彼女の母親が非難されることになる。それゆえ、もし彼女が重要な親戚の結婚式に出て、目立つ役割を果たさなければならないのなら、新しいものを調達することになる。両親の面目のためにも、ゴージャスなサリーを着てきらびやかな金の腕輪や首飾りを身につけるべきなのだ。金のきらびやかなアクセサリーがなければ、イミテーションの金とダイヤでもいい。近くにこなければわからないだろうから。このように涙ぐましい努力をして未婚の娘たちは結婚のための営業活動をしなければならないのだ。

愛情を込めた贈り物としてのシールダナム

すでに述べたように、息子は親から土地や家屋などの不動産やビジネスの利権などを贈られ、娘は宝石、家財道具、金銭などの動産を贈られるのが一般的だ。夫婦となり不動産と動産の両方にアクセスできることにより、相補性が確保される。だが、息子の財産はほとんどが先祖伝来のものであり、それを相続することが権利とみなされる。これに対し、娘の財産であるストリダナム（シールダナム）は、伝統的なヒンドゥー法においても「愛情ゆえの贈与」と呼ばれる。両親の愛情ゆえに贈られるのだから、彼らの一存で額やモノが決まる。結局女性の取り分はつねに流動的であり、贈与者である両親や近親者などの意思や希望によって変動する。この結果、息子に比べ、娘の財産分与ははるかに少ないことにもなる。だが女性の財産は動産が多く、比較的容易に現金化できる。女性がシールダナムとしてもってきた金銭は、村の近隣地域で流通する小口貸付に出され、利子を生むこともある。彼女たちの家事労働や信用ネットワークは、生産的・経済的活動とは認められにくいものの、自分の資金を使って小口貸し出しを行うことは可能だ。近隣地区への融資を行い自分の財産をいつのまにか増やし、それを夫の還暦の祝い(サーンディ)に用立てたり娘の結婚資金の一部にしたりすることもある。

カロリーヌ・イフェカが述べるように、外で働き労賃を得るだけの女性よりも、家庭にいながら小口貸し出しなどで利益を生む女性たちは親族ネットワークの維持に貢献している(Ifeka 1989)。そして、農作業などをして日銭を稼ぐ女性たちよりも経済的に自立している(Epstein 1962: 236)。

南インドのワンガラ村とダレーナ村の比較において、トルード・S・エプスタインは以下を結論づけている。ダレーナの女性たちは、貧しいワンガラ村の女性たちのように外で賃労働者として働いているわけではないが、他のさまざまな方法で収入を得ている。このため、ワンガラの女性たちよりも経済的に自立しており、遠くへ旅行する機会も多い(Epstein 1962: 236)。

これはナガラッタールの女性たちにもいえることだ。シールダナムを活用してお金を貸し出し、利子収入を得ることで、家庭にいながら利殖を成り立たせる。かつてナガラッタールの夫たちは三年間ビルマに駐在をし、一年間チェッティナードゥに戻ってくるという生活を続けていた。夫の不在の間、家計と財産保全と子供の教育は妻に任されていた。このことが、国内中心の商業活動をしていたほかの商業カーストの女性たちより大きな経済的自立性を確保する結果をもたらしたのであろうとも考えられる。経済的自立を手にしたアーッチーたちは、縁組をまとめ、人脈をつくる上で重要な役割を果たした。小口の金貸しなどのミニビジネスを行いつつ、家族や村々をつなぐ信用経済の一翼を担ったことは疑いがない。

今日、インドの若いプロフェッショナル世代は、夫婦関係における重要な要素として、専門職についた女性の「稼ぐ力」の必要性を強調する傾向にある。だがナガラッタールのコミュニティ全体としては、依然として妻の家庭内での役割を強調する傾向にあり、アーッチーが家庭の要として果たしている貢献を評価している点には変化がない。妻の実家の資産運用能力を夫が信頼している限り、夫婦の財産を妻の生家が管理することも可能である。金融業を営むあるナガラッタールの高齢男性と話をした折、彼は結婚した娘の財産も、彼女の夫の財産も管理していると述べた。娘の持参金はいくつかのファンドに投資され、結婚時に与えた不動産は賃貸に出され、家賃は彼のエージェントが賃貸人から徴収している。彼女の金、銀、宝石は彼がもっている銀行の金庫に安全に保管されている。「これらの宝飾類はほとんど未使用のまま、娘の子供たちが結婚するときに譲りわたすことになるだろう」と彼は語った。「もし必要であれば」と彼は言葉を継いだ。「孫や曾孫が、この宝飾類を売却してもいい」。「将来、孫や曾孫にとって投資や不動産購入が必要なこともあるかもしれない。その時にこれらを売り払うのはかまわないと考えている」。

彼の事務所はチェッティナードゥ地域の南部にあるデーヴァコッタイという小さな町にある。そこで一一人の会計士を雇い、妻、二人の息子、娘、娘のムコと彼の両親の資産までも彼は管理していた。彼は「デーヴァコッタイのキング」と呼ばれるほど成功した金貸しではあるものの、北インド的な感覚ではこのようにヨメの父親に夫や彼の両親のほとんどの財産までもマネージさせるなどということは決してありえないだろう。

彼のように成功したビジネスマンが、なぜビジネスの本拠地を今もチェッティナードゥの片田舎にあるデーヴァコッタイに置くのかを理解できないというと、彼はこともなげに、「チェンナイのような地価が高い場所に事務所を構えるより、小さな町に本社を構えるほうがよい」と答えた。

田舎では生活がゆったりしているし、人件費も安く済む。その点経費が少なくて済むから実利的であるという。たしかに考えてみれば、彼のようにマレーシアやシンガポールでも金貸し業を営んでいる人にとってはデーヴァコッタイから車を飛ばしてスリランカやシンガポール向けの飛行機が飛ぶマドゥライやトリヴァンドラムにゆくことのほうがチェンナイに居を構えるよりやりやすいかもしれない。地価も人件費も高いチェンナイに居を構える必要もない。そのような実利的な考え方はまさに伝統的なナガラッタールそのものだ。かつてビルマやセイロンで名をはせたナガラッタールたちの実利性を彼は受け継いでいるのだろう。

彼のムコは自分の預金通帳すらシュウトの彼に預けているという。姻族に対するこのような信頼は、ナーッチャンマイの夫も同様である。彼もまた、自分の妻の母に運用を任せているというのだ。運用を任せられた父や母は、自分の事業展開のために彼らの資金を使っても、それに銀行よりも高い金利をつけて娘やムコの資金のプールに戻しておく。こうして親族と姻族のネットワークのなかで資本を運用し、元本を増やし続けている。おそらくナーッチャンマイの娘のウマーが結婚する時代には主要な財産としての宝飾類の一部は不動産や株券、銀行預金などに置き換わり、「ムライチッタイ」のなかに言及され、ナーッチャンマイとマニッカワーサガルのキョウダイたちがウマーの結婚後もその資金を運用し、増やしていくだろう。こうしてナガラッタールにおける「女性の財産」は男系で継承される財産とパラレルをなしつつも時に交叉され、利子を生みつつプリの経済を守り続けていくに違いない。

第四章　婚姻儀礼のシンボリズムと同位性の表現

婚姻とは何か

ハナヨメのヴァッリーに会う

筆者がヴァッリーに初めて会ったのは一九九一年の九月、彼女の結婚式の前日だ。その二週間ほど前、彼女の母方祖母のラクシュミー・アーッチーは、ヴァッリーの母のウマーに筆者を紹介してくれ、孫娘と孫息子の結婚式に招待してくれた。ラクシュミー・アーッチーの娘、ウマーはそのときワラヴ・ヴィードゥの廊下いっぱいにステンレス製のサーマーンの容器を並べ、その整理に忙殺されている真っ最中だった。ウマーは第二章で取り上げたティルワーディライの儀礼で、母方交叉イトコのMAMラーマサミィにミニ・カルッティルをかけられた女性だ。彼女の母のラクシュミー・アーッチーはRSアンナーマライの末娘だ。このため、ウマーはMAMラーマサミィの父であるムッタイヤーを母方オジとしている。母のラクシュミー・アーッチーだけでなく、母方オジのムッタイヤーの家から折に触れて贈り物をもらっているはずで、当然彼女の「サーマーン」のリストは膨大になるだろう。ウマーとラクシュミー・アーッチーがリストをみながらサーマーンを点検しているさまは、まるで台所道具の店でも始めるのかと思うほどだった。

ウマーには三人の兄がいる。従って、娘のヴァッリーには三人の母方オジがいることになる。そのうちの一人であるラクシュマナンは彼女の夫パラニアッパンの父でもあった。

その日の前週にはチェンナイの自宅でヴァッリーに与えられるカルッティィルや金のネックレス、ダイヤモンドなどの宝飾類が金庫から出され、点検された。ウマーは、ごく内輪の知り合いだけを呼び、虫干しするかのようにヴァッリーにその宝飾類をすべて身に着けさせた。ヴァッリーがずっしりと重い金の量に身動きがとれず、圧倒されているようだったと、その場にいあわせたウマーの友人は筆者に語ったものだ。

ハナムコの父

ヴァッリーの三人の母方オジとはラクシュマナン、アンナーマライ、チダムバラムだ。長男のラクシュマナンとその下の兄たちの間は一〇歳以上離れており、いずれもヴァッリーの結婚相手として年齢的につりあった男子をもっていない。ラクシュマナンの長男のパラニアッパンだけがヴァッリーとつりあう年齢で、ヴァッリーが一歳年上だが、前にも述べたようにナガラッタールはその程度の年の差は気にしない。何よりパラニアッパンはヴァッリーと結婚したがっていた。交叉イトコの男子方が「結婚したい」というのであれば、女性は通常は拒めない。縁談はすぐにまとまり、ハナムコ二五歳とハナヨメ二六歳のカップルが誕生した。

ヴァッリーの母方オジのひとりであるチダムバラムは、当時政権与党であった国民会議派の重鎮で知己も多く、結婚式の招待客には地方の政治家やそのスタッフたちも招待されていた。この結果、ラクシュマナンの妻のサーラーによると、正式な招待状を発送した枚数だけでも五千枚を超えていた。全員がチェッティナードゥに来ることはかなわず、この結果、結婚式はチェッティナードゥで行い、披露宴は別途チェンナイで行う予定だった。招待された人々のなかには会社の社長たちばかりでなく、日本総領事なども含まれ、政財界を含んだネットワークの広さがよくわかるものだった。

だが、チェンナイの費用はムコ側が出すことになり、結構な出費だとラクシュマナンはぼやいていた。「チェッティナードゥから料理人を二〇人ほど連れてこなければならない」という。チェンナイにもたくさんの料理人はいる。結婚式場にも調理人たちが控えている。彼らを使えばよいではないか。そう筆者がいうと、彼は首を振った。チェンナイの料理人たちでは到底うるさい親戚の連中を満足させることはできない。「チェンナイの料理人はちゃんとしたベジタリアン料理を知らない。彼らに料理をさせでもしたら、招待客がまずいといって怒るだろう。そして後々までずっと文句をいわれ続ける」。

やるからにはきっちりやらねばならない、後々まで後悔が残らぬように、とラクシュマナンは考えていた。結局チェンナイでの追加の二千人の招待客のために、彼は料理人をチェッティナードゥから二〇人ほどかき集めねばならなかったのだ。これほどしなければ舌の肥えたナガラッタールたちを満足させる精進料理はできないという。そういわれてたしかに思い当たる節があった。筆者はゆく先々のナガラッタールの家々でご馳走になり、パレスでの食事にも何度も呼ばれた。そしてそのたびに「おいしい」と感じていた。特にパレスの住人のシガッピ・アーッチーやミーナ・アーッチーのところの料理は特別だった。野菜の味が凝縮され、穀類、豆類との調理がマッチして甘味も塩味も絶妙なバランスで飽きることがなかった。パレスでは今でもあえてガスを使わず米を薪で炊いていると聞いて納得したほど、ご飯もおいしかった。肉や魚、卵さえ使っていない料理でも彼らの料理は満足感が格別だ。それゆえに「チェッティナードゥのメニュー」を売り物にし、「アーッチー」という看板で営業しているレストランもあるくらいだ。だが、そのレストランの食事さえ、ナガラッタールたちは「まずい」という。そして「あんな料理を出してチェッティナードゥの料理の評判を落とさないでほしい」、とすらいうのだ。

ラクシュマナンは紡績工場を営んでおり、そのビジネスは長男のパラニアッパンが継ぐことになっていた。彼は最新のビジネス情報を得るために米国に留学し、MBAを取得し、インド第一の財閥であるタタに就職していた。結婚後はギリシャのキプロスにある駐在事務所へ赴任するという。一方彼の弟は医者になり、すでにインターンを終えて病院勤務を始めていた。このため、父のビジネスには一切関与していない。

ラクシュマナンは忙しいとぼやきながらも、これでようやく肩の荷が下りる日が近づいたと上機嫌だった。タミルナードゥ州内にある三つの紡績工場を順繰りにまわっているとのことで、月の大半は出張に割かれ、ほとんど自宅を留守にしている。おそらく早晩パラニアッパンも父と同じような生活を送ることになるだろう。

ハナヨメとハナムコ夫婦の結婚後計画

当時ハナムコのパラニアッパンは修業のために入社したタタを数年で退職し、父のビジネスを引き継ぐことを考えていた。出張でほとんど家をあけることになれば、ヴァッリーは留守がちな夫をもつことになる。だが、実家と婚家は親戚だし、数年ラクシュマナンとサーラー夫婦と同居した後、子供が生まれることになれば、ヴァッリーの母の家の近くに住むことになるだろう。それは両家がすでに納得していることだった。シュウトたちと数年同居してから夫婦で母の家の近くに住めば、パラニアッパンが留守がちでも問題ない。むしろヴァッリーにとっては娘時代からの生活の延長になるはずだ。やがて生まれる子供たちも母方祖母に世話になるだろうから、娘時代の楽しい生活に自分の子供が加わり楽しい生活がずっと続くだろう。ヴァッリーには特に気に病むことはなさそうだった。

当時彼女は二六歳で、大学院で数学を専攻し、成績はトップクラスだった。コンピューターのプログラミングなどにも興味を示していた。だが、両親は彼女にキャリアを積ませることは当時考えてはいなかった。ちなみにヴァッリーの弟のアヌシュが数年後に結婚したプリヤはキャリアウーマンで、チェンナイのワールドバンクの支部で世界中の物品調達と物流管理部門を仕切っている女性だった。だが、ヴァッリーの両親は当時そのようなキャリアウーマンの道をヴァッリーに歩ませることは考えていなかった。夫の事業の手伝いをさせ、二人で会社を切り盛りしたほうがよいと勧め、ヴァッリーとパラニアッパンもそれを望んでいるようだった。

早朝の儀礼

結婚式が行われるチェッティナードゥのパラットゥール村に移動した筆者は、結婚式の前夜、ヴァッリーの父方のワラヴ・ヴィードゥの一角で一夜を過ごした。明け方前に行われる儀礼に参加するためだ。初潮儀礼が行われた折、少女はプーラムという女神に降臨してもらい、父方祖母により、処女性を保護する「呪術儀礼」が行われる。婚礼の日の明け方前、父方祖母がプーラム女神を呼び出してその守りを解く。結婚初夜に備えるプーラムカリッキラドゥ（プーラム女神の役割が終わった）の儀式である。女神の守りが解かれると、すぐに母方オジが祝福を与える。バラの花びらを浸した聖水をマナバライ（婚礼用の台）の上に座ったハナヨメにマゴサの葉で振りかける。彼に続いて父系の男性親族らも同様の行為を繰り返し彼女を祝福する。ハナヨメは入浴した後でこの儀礼を受けるが、この儀礼は内内のものであり、初潮儀礼の折と同様、サリーはごく普通の合織のものをまとう。

ワラヴ・ヴィードゥ内では料理の仕込みがすでに始まっており、五千人の招待客がいつ現れてもすぐさま朝食を提供できるよう、石臼で米粉を挽く音が一晩中続いていた。このようなざわめきのなかでハナヨメは睡眠不足ぎみの状態で、明け方前にこの儀礼のためにたたき起こされ、入浴し、儀礼に臨むのだ。

儀礼とは何か

以下に婚姻儀礼の考察を始める前に、まず「儀礼」についての定義から始めたい。儀礼、あるいは儀式[1]の様態は実に多岐にわたる。朝礼や校歌斉唱、入社式など、生活のなかに溶け込んで世俗的で単純なルーティーン化したものもあれば、超世俗的で込み入っており、大規模で複雑な形式のものもある。

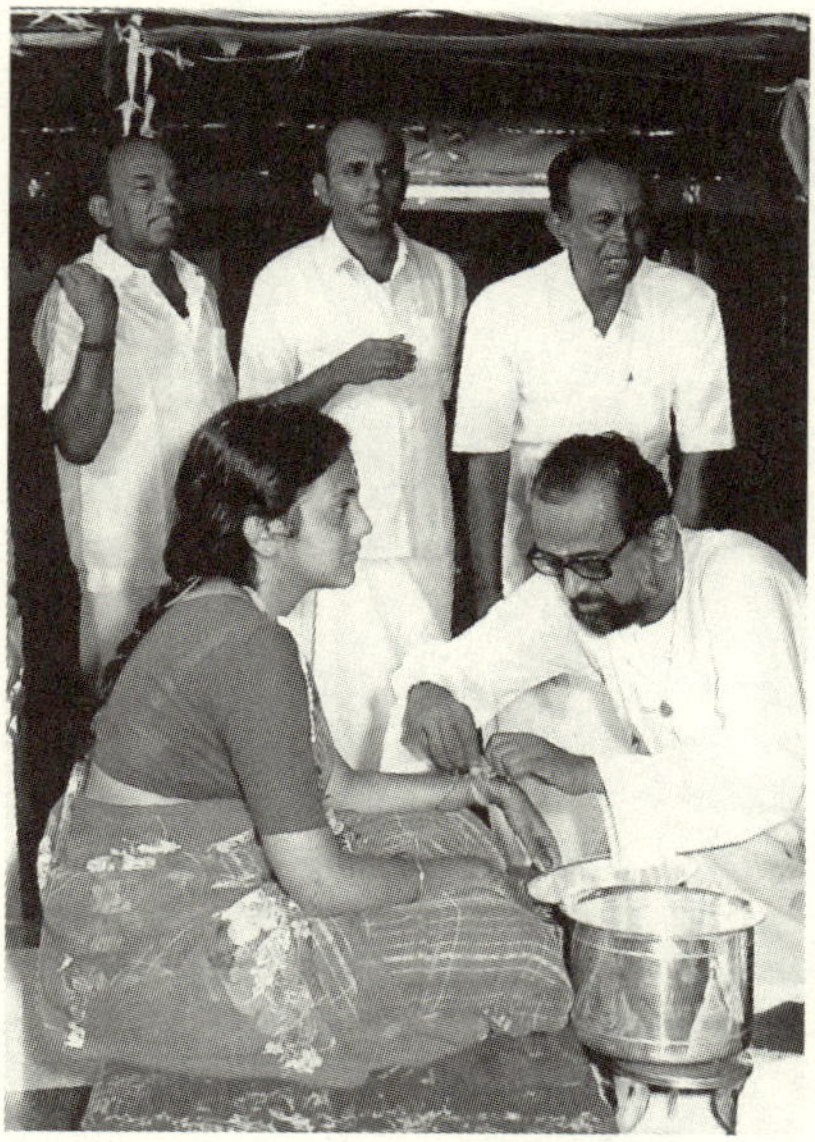

夜明け前にハナヨメの処女性の封印が解かれた後、黒い紐（カーップ）の上に吉兆の黄と赤のスカーフをさらに結んで呪術的な保護を与えるヴァッリーの母方オジの一人、アンナーマライ。ヴァッリーの3人の母方オジはいずれも赤に金糸が入った絹の腰布を巻いていた。ラクシュマナンはシュウトであるが、彼も母方オジであるため、同様に赤い絹の腰布を巻いていた（著者撮影、1991年）。

だが、そもそも儀礼の存在理由とは何なのか。エドモンド・R・リーチ（Leach 1976）によれば、それは日常生活から画然と区別された特別な時間を設け、ある手順に従った活動を行うことにより「その前の自分（あるいは集団）とその後の自分（あるいは集団）に対しての変化をつくること」である。社会的行為のほとんどは俗（profane）と聖（sacred）の両極端の間を揺れ動いている。空間が教会や寺のように「聖」なる空間であっても、そこで人々が話す内容は必ずしも「聖なる内容」ではないこともある。たとえば教会のなかで昼食パーティをしながら、主婦たちが今晩のおかずの話をしていることもある。一方、会社という俗なる空間においても、終戦記念日や亡くなった職場の友人をしのんでの「黙祷」を捧げる時間が生じることもある。

このように、空間的、時間的にも聖と俗の境界は曖昧で、必ずしも画然と分類できるものではない。リーチはこの観点から、聖なる空間と俗なる空間が別個に存在するとするデュルケムの視点に異議を唱えた。「儀礼」を空間的であるより時間的にとらえ、変化していく行動の一側面としてとらえるべきだと論じたのである。だが「儀礼」はいったい「何」を示しているのだろうか。また、それにかかわる人々はその「意味」をつねに理解しているのだろうか。婚姻の儀礼の目的は「夫婦の幸福」を祈ることであるという程度のことは理解される。だが、インドの婚礼は非常に多くの要素を含んでおり、ナガラッタールの婚姻儀礼もまた多彩な活動が含まれ、ある特定の活動には特定の人々以外は関与してはならないとされている。多くの儀礼に聴衆としてかかわっている人々は、それぞれの活動の意味を「理解しているときもあれば、理解していないこともある」としかいいようがない。

しかし、儀礼とはそれにかかわる個人や集団にとって何かを象徴的に語る手段である。そして、一続きの活動としての儀礼をつくりあげるには、時間がかかる。数多くの人々が長期間にわたってかかわり、その過程で儀礼の一部を見直し改変したりすることもある。それゆえに儀礼の演者（アクター）

としてかかわる人々にとり、個々の儀礼のいくつかの意味や、それが何を示しているかは漠然とは理解されていても、儀礼の全体的な意味は必ずしも理解されていない。

儀礼の可逆性と不可逆性

儀礼が執り行われる時間のなかには、可逆性と不可逆性のふたつが取り込まれている。儀礼の個々の活動は何度も繰り返されることがある。だが儀礼の始まりと終わりがあり、進行はさかのぼって繰り返すことができない。儀礼には月ごと、年ごと、あるいは数年ごと、といった繰り返しが前提とされている。

可逆性と不可逆性の共存は何を示しているのだろうか。自然界のある種の現象は繰り返されるが、不可逆的でもある。春には芽が出て秋には収穫がある。だが刈り取られた稲自体を、生い茂る緑色の稲に戻すことはできない。栽培を続けることは不可逆的だ。栽培を進行させ、別の稲を育てることはできる。人は生まれ、生活を営むが、老人は若返って子供になることはできない。死も免れえない。生命の変化（生まれ、成長し、死ぬこと）は個としては不可逆的なプロセスである。だが、生きとし生けるものは、全体としては生と死を繰り返している。生まれる人間も死ぬ人間もいて、世界では生と死を繰り返している。刈り取られた稲は食されるが、種がまかれ、また収穫の時期がやってくる。この規則性によって時間が計られる。そして時間が計られることで、祝祭や年中行事は毎年やってくる。

それは毎年繰り返す季節によって計られる。太陽や月の運行を観察することで、暦ができ、時間が計られる。日、週、月、年といった期間は暦によって決められる。リーチ（Leach 1976）によれば、かつては祭りという儀礼がなければ、このような時の区切りは存在せず、すべての社会の秩序は形作られなかった。儀礼の構造をみれば、この「祭りの構造」が繰り返し現れてくるのがよくわかる。

通過儀礼の構造

それでは人生における節目ごとに行われる儀礼、すなわち通過儀礼とはどのような構造をもち、どのような意味をもつのだろうか。一九〇九年にフランス語で出版された『通過儀礼』において、アーノルド・ヴァン・ジュネップ（Gennep 1909=1960）は、通過儀礼を「連続した人生における移行期間への区切り」の表明としてとらえた。移行期間とは、誕生（個人の人生の始まり）、思春期（子供時代から大人への移行）、結婚（独身から夫婦になる）、子の誕生（親の役割への変化）、老年期（個人が高齢者になり、人生の最終段階に向けての準備）、死（最後の移行期）の六段階である。

ジュネップによれば、移行を象徴するための通過儀礼が行われ、それぞれの儀式が三つの段階を内包する構造をもつ。すなわち、分離（それまでの役割や地位からいったん切り離される）、境界性（古い役割にも新しい役割にも完全に溶け込んでいない過渡的状況）、取り込み（新しい役割や地位を引き受け、自分のアイデンティティを刷新する）である。

この枠組みは、あらゆる儀礼における基本的な構造である。第二章で言及した初潮儀礼は思春期の儀礼であり、女性が生殖力（再生産能力）を獲得したことを周囲に公表することで、本人もそれを自覚する儀礼だ。

婚姻儀礼とは、若い男女が独身から夫婦になり、新しいアイデンティティを獲得することを示す儀礼である。次章におけるサーンディ（還暦の祝い）は老齢期へ向けた最終段階への準備である。第六章において取り扱われる葬礼は「生物学的には」すでに死亡した人物に対して「社会的な死」を周囲に認識させ、死者として別世界へと旅立たせる儀礼である。

南インドにおける婚姻儀礼の特徴

婚姻儀礼とは、ハナムコとハナヨメが「既婚者」という身分の取得を表明し、周知させる機会であり、彼らがそれぞれ所属する父系親族集団を結びつけ、同盟させる絆が結ばれたことを表現する。それは、将来彼らが授かる子供が、父母が所属するカーストの正式な一員になることをその集団に了解させるための儀式でもある。

ナガラッタールの場合、正式な成員となるには父方だけでなく母方の父系集団も同じカーストに属していることが必要である。だが、同じように父系をたどるカースト集団であってもバラモンのように上昇婚イデオロギーが強いカーストでは、ハナヨメが必ずしも同じカーストに所属しているとは限らない。バラモンよりすぐ下の高カーストの可能性もあるが、生まれてくる子供に対する成員権は夫方が与えることになる。しかしハナムコ・ハナヨメの両者がバラモンであっても、彼らの間には、強いハイエラルキー性が表現され、家庭のなかでも夫方の文化伝統が優先される。

婚礼の儀式がない母系ナーヤール

もっとも、伝統的に婚姻儀礼を行ってこなかった集団もある。母系で先祖の財産を共有し、妻方居住となるナーヤールのようなカーストだ。[2] このカーストでは、妻方の親族集団が子供の成員権を付与することで問題は解決されてきた（Barnard and Good 1984: 13）。ナーヤールの女性にとっては、キョウダイは、シマイが先祖から受け継いだ財産の管理人であり、同居する男性であった。そして「通い夫」が子供にとっての社会的義務を負わない代わり、夫の社会的な役割を一部代行してゆく存在である。この場合は母方集団が子供の成員権を与えるのである。

このようなカーストにおいては父系によって先祖をたどる通常の集団と異なり、結婚式は大きな役割をもたない。女性にとって同カーストの男性またはバラモン・カーストの男性が夫なのだが、彼らは女性と同居しない「通い夫」だ。それゆえナーヤールの「婚姻」の儀式とは、カップルの性的結合がなされる夜にサンバンダムとして執り行われ、婚礼の儀式としてはあまり重要視されていない（Gough 1959; Fuller 1976）。

ナーヤールは英国植民地時代にそれまで継続していた母方居住を変化させ、徐々にカースト内婚へと向かい、夫婦と子供による核家族スタイルの居住形態へと変貌していった。だが、それ以前は、女性は同じカーストの男性か、もしくは彼らより上位に位置するナンブディリ・バラモンとの通婚を繰り返し、母方居住の合同家族制度をとってきた。同じカーストの男性またはナンブディリ・バラモンである場合、女性は必要に応じて性的パートナーを変えることが可能であり、女性から離婚することも許容されてきた。父親が異なっても子供の成員権はナーヤールとして母方集団によって与えられるからである。(3)

フラー（Fuller 1976）によると、ナンブディリ・バラモンの間では、かつて正式な家督と先祖の土地は長男のみに相続され、正式な結婚は長男のみに許されていた。これは相続による土地の分割を避け、集団の社会的ステイタスを保つためである。この結果、次男・三男は結婚を許されない代わり、母系で母方居住を行うナーヤールの女性たちと性関係をもつことができた。この伝統のため、核家族になった今日であってもナーヤールにとって一度や二度の離婚はあまり非難されることではない。(4)

バラモン集団にとってこれは正式な結婚だとはみなされないが、生まれた子供の成員権は母方のナーヤール・カーストに所属することで解決される。両集団にとって利害は一致しており、このため両集団は一九世紀末までは通婚関係を続けてきた。しかし、ナンブディリ・バラモンにとっては彼らの高い儀礼的ステイタスを守るためには所有する土地を細分化せずに守り続ける必要がある。それゆえ土地を分割せずに長男のみに相続させ結婚も許す代わり、次男三男には土地を分け与えず正式な結婚も許さなかった。家督を継ぐ長男だけが、ナンブディリ・バラモンの女性と結婚できるという特異な形態を数百年間守ったのだが、このシステムではハナヨメ側にはステイタスを示すために多額の「ダウリ」が要求される。このため、ほとんどのナンブディリ・バラモンの女性は結婚できず、生家に閉じ込められ、長男の家族の召使いのような地位に貶められて一生を終えていた。

しかしこの弊害は一九世紀末からのナーヤール・カーストにおける母系制の崩壊と相まって、「ナンブディリ・バラモンの女性と結婚する権利」を主張するナンブディリ・バラモンの次、三、四男らが、自カースト内での民主化運動を引き起こしたことによって改革された（Mencher 1966）。これが引き金となり多くの社会改革がケーララ州全体で引き起こされ、今日ケーララ州はインドでもっとも識字率が高く女性の権利がもっとも認められ、乳児死亡率ももっとも低い州として知られている。だが、皮肉にもナンブディリ・バラモンとナーヤールというふたつの高カーストの男性らが民主化運動に身を投じたそもそもの原因は、自分たちが「自カーストの女性と結婚する権利」を得ることだったように、カースト内婚の倫理はかえって強調される結果となったのである。

バラモンの婚姻儀礼にみられるジェンダー・ハイエラルキーの表現

南インドの交叉イトコ婚を基底にもつ父系親族集団の場合、一般的には女性の初潮儀礼や婚礼などの通過儀礼において、ハナヨメの母方オジの役割が強調される。思春期の儀式と結婚式は、母方オジが儀礼的に中心的な役割を果たし、ハナヨメの母方オジの子孫は、将来彼女の子供たちと婚姻関係を結ぶ可能性のある人々であることが象徴的に示される。このため夫と妻のポジションは互換性があるため、夫婦間の儀礼的なハイエラルキー性は同位である。

他方、南インド的な交叉イトコ婚を親族構造に基底的にもちながらも、上昇婚のモデルをもつバラモン・カーストでは、婚姻儀礼では妻を与える者と妻を受け取る側との間に、明確な上下関係が表現される。

ハナヨメはカニヤ・ダーン（処女の贈り物）として父の膝に座り、ムコに「見返りを期待しない宗教的に功徳を積む贈り物」として捧げられる。そして、ハナヨメの「再生産能力」は「貞淑の誓い」の儀礼により、夫のコントロール下に置かれる。

また、注目されるのが婚姻儀礼の前振りとしての「カーシヤットラ」である。この儀礼で表現されるのは「宗教的悟りをひらこうとして聖地に出立する男性を無理やり引き留め、お願いしてムコになってもらうのだから、彼は結婚生活で大事にされねばならない」というメッセージである。ハナムコはカーシー（ベナレス）で宗教的な隠遁生活を送り、徳を積むため出立しようとする。畳んだ黒い傘の先に書物と衣類を入れた小さな包みをつるし、白いドーティ（腰布）に身を包み、再生族である印の聖紐を肩にかけ、ベナレスに出かける「ふり」をして、数歩きだす。それをハナヨメの父が呼び止め、「娘と結婚してくれ」と訴える。「自分には良い娘がいるので、結婚してほしい」と彼に語り掛け、手にもったココナッツを贈り物として渡し、ハナムコを結婚式場に導くのである。

この「寸劇」は何世紀もの間、バラモンの婚姻儀礼のなかに組み込まれてきた。バラモンの風習を真似る非バラモン・カーストのなかにはカーシヤットラを真似るカーストもいるが、例外なく別ヴァージョンをつくっている。たとえばヴェッラーラの場合、カーシヤットラの意味は大きく変更されている。彼らの結婚儀礼では、ハナムコは黒い傘を畳んで肩にかけるのではなく、傘をさしかけられ、王族のようにターバンを巻き、華やかな衣装をまとってゆっくりとあゆみを進める。会場から門に向かって歩きだすハナムコに話しかけ、呼び止める役はハナヨメのキョウダイで、彼は贈り物をトレイに入れて差し出し、未来の義キョウダイになるハナムコに対し盟友としての立場を示し、結婚式の会場への案内役を買って出る。

婚姻儀礼で表現される義キョウダイの同盟関係

ナガラッタールの場合、カーシヤットラの儀礼はない。ハナムコを結婚式の会場であるハナヨメの父方ワラヴ・ヴィードゥに迎え入れる役はハナヨメの父方祖父と父に率いられた大勢の父系親族である。高価な贈り物をトレイの上に置き、ジャスミンの花で飾り立て、徒歩でハナムコが待つヴィナーヤガ（ガネーシャ）寺に向かう。ヴィナーヤガは「吉兆な始まり」を象徴する象の頭をもつシヴァ派の神である。ハナヨメの家から迎えに差しむけられた車に乗り、ゆっくりと村の人々に顔見世をしながら行列は進んでゆく。以前は車の代わりに白い馬が使われており、ウマーの夫のナーラーヤナンの結婚式の写真をみると、彼は馬に乗せられ、周囲をウマーの親族の男性たちに取り囲まれながらハナヨメの待つワラヴ・ヴィードゥまでゆっくりと顔見世の行列を行っていた。

ヨメ方のワラヴ・ヴィードゥに招き入れられたムコとハナヨメをつなぐのは双方の母方オジである。主な儀礼はハナヨメの側で行われるため、婚姻儀礼の中心はハナヨメの母方オジとなる。

カースト集団の意図を表現する儀礼

交叉イトコ婚を基底とするカースト集団では、妻を与える側と妻を得る側の間の同位性が表出される。夫と妻の間のハイエラルキー性がないということは、彼らの背後に控えている父系親族集団の間にハイエラルキーがないということだ。それは現実の夫婦関係とはかかわりなく、カースト集団の規範そのものとして儀礼として演じられる。

だが、バラモン・カーストにおいては上昇婚モデルによって夫方と妻方の親族集団の間にハイエラルキーが存在することが強調される。儀礼には父系原理が強く表れ、女性の再生産能力をコントロールする表現が際立ってくる。かつてバラモン・カーストでは、初潮を迎える以前の女児を結婚させ、再生産能力の管理を夫方に速やかに移行させることによって女性の再生産能力への実家の責任を軽減させていた。その名残りが、ハナヨメが父親の膝に座って夫にターリーをかけてもらうカニヤ・ダーンの儀礼だ。幼児婚が一般的であった過去には成人した女性ではなく女児であったため、父の膝に乗せられることも違和感がなかったのである。

南インドのバラモン・カースト諸集団を研究したキャスリン・ゴフ、ジョアン・メンチャー、ハロルド・ゴールドバーグ、ヌール・ヤルマンらは、これらのバラモン集団は強力な父系イデオロギーを儀礼において表明し、嫁いだハナヨメは生家とのつながりを断たれると指摘している（Gough 1956; Mencher and Goldberg 1969; Yalman 1967）。メンチャーらによれば、ナンブディリ・バラモンでは、嫁いだ女性は夫とまったく同じ親族名称を彼の家族に対して用い、夫方に完全に同化させられる（Mencher and Goldberg 1969）。

非バラモン・カーストの場合、それとは異なり、ハナヨメは結婚しても以前からの親族名称をそのまま用いる。夫の父が彼女の母方オジであれば、「アンマーン（標準タミル語ではマーマー）」と呼ぶことには当然違和感がない。親族名称の慣用用法として、たとえ現実には母方オジでない場合でも、親しみを込めた呼称として、シュウトを「アンマーン」と呼ぶことができる。

また、ハナヨメの持参材も非バラモン・カーストの場合は基本的にはハナヨメのものとして認められ、シュウトメは彼女の許可なくそれらを使ったりしてはならない。しかしバラモン・カーストにおいては、女性は夫方の家族となるので、彼女がもってきた持参材は夫の家族の財産として大方が組み入れられる。ヨメは婚家では経済的自律性をもたず、シュウトメの支配下に置かれる。ハナヨメは子供（特に息子）を産むまで不安定な身分のままである。たとえ彼女が息子を産んだとしても彼女自身は自律性をもたない。夫亡き後は彼女の息子に従うものとされる。

ゴフ（Gough 1956）が報告しているタミルナードゥ州のタンジョール・バラモンの事例によれば、いったん結婚すると、娘は生家から切り離され、たとえ離婚しようとも生家には戻れない。だが離婚しても彼女の持参金は夫の親の手元に残る。このため、北インドでは持参金目当てで離婚と結婚を繰り返す男性もいるほどだ。

女性は結婚によって生家から切り離され、実家を頻繁に訪れることも許されない。女性の両親はたとえ娘と彼女の夫が核家族として住んでいたとしても、彼らの家を訪れて饗応に与るなどはもってのほかだ。女性の生家は婚家からは一切受け取らず、ただ与えるのみである。しかも結婚した女性には、生家からの財産分与は結婚後は行われない。結婚時に「ダウリ」として与えられた財産が彼女への生前贈与とみなされ、その後は父母から財産の分配を受ける権利もない。

カースト・ハイエラルキーと浄・不浄の二項対立の表象

儀礼や伝統的芸術によく表現されるように、赤と白、白と黒、善と悪といった二項対立は、人間の規範を表現する。同様に、規範のなかには浄・不浄の二項対立も表現されることがある。

メアリ・ダグラス（Douglas 1966）によれば、人間にはカオスを嫌う傾向があり、区分をつくることによってカオスから秩序をつくりあげ、社会をつくろうとする。しかし浄と不浄の区分がある境界領域は曖昧で危険な領域とされている。浄と不浄の間を行き来することができるのは超自然的なパワーをもつ人々である。そこにはアノマリー（変則性、逸脱）が棲息し、異形の人々が生きる。それゆえ日本においても場合によってはアノマリーな境界地域（村と森との境界など）に住む人々は不可触民とされ社会的には低位にみられながらも、自然と文化を行き来できる超自然の力を祖先から受け継ぐ人々ともされてきた（網野 1978）。

そのような人々は、ケガレ（不浄）とされている屍から薬をつくり、革をつくりだし、死体を処理し臓器の治癒についても詳しい知識を蓄える集団となった。日本ではケガレとされる罪人を捕縛する仕事をする人々は、被差別民である。だが彼らはケガレを受けることによって同時に超自然的な力をもつとされ、祭礼のキヨメには不可欠な存在でもあった。

インドのカーストにおけるハイエラルキーには、この浄・不浄の二項対立規範によってつくりだされている部分もある。特に強い不浄を呼び起こすとして「血」によるケガレを忌避してきたのがバラモン・カーストである。それゆえ初潮前の女児は清く、ときに「クマリ」（処女）として祀りの折に重要な役割を果たすこともある。それは少女が将来の再生産能力を内に秘めているゆえに吉とされているからである。だが月経の始まりによって女性はケガレを負う。そのケガレゆえ女性は男性の下におかれ、月経中は食物を調理する台所からも遠ざけられ、隔離されて過ごさねばならなかった[6]。

バラモンの家庭では、月経中の女性は、自分の持ち物以外は触れないようにし、家族のための料理もしてはならない。妻または娘が生理中で、調理することができなければ、夫が料理をする。体内に取り入れる食物は浄化されたものでなければならず、重要な祭事において男性バラモンが料理人として、もっとも重要で最終的な調理過程を担当するのはこの浄・不浄思想が関連している。祭礼の食事の調理などでは女性はその下働きとなるが、最終的な調理部分は男性バラモンでなければならない。月経の間、女性はマントラを唱えたりプージャー（儀礼）を行う部屋に入ったりすることができない。このため、ダルマ・シャーストラでは、女性はバラモンとして生まれたとしても、シュードラと同等であるとしている（Kane 1968–77）。

たしかにバラモン内部における、ハナムコ側をハナヨメに対して優位に立たせる儀礼的な構造は、女性に対する宗教的劣位の強調であるようにみえ、ハナムコとハナヨメが対等な立場で儀式を行うことを意図的に禁じる口実ともなっているようにもみえる。

だが、このようなハイエラルキー規範は他のカーストでは表現されない。また、バラモンや高カーストの社会的評価の優越に関しては、上記のような「浄・不浄観」によってつくられたものでないことは、序章で示した通りである。儀礼上の浄・不浄以上に経済力の差がカーストのハイエラルキーを形成しているのである。(7)

浄・不浄観念は、古代においてはある程度合理性のある衛生観念であったという主張には妥当性がある。(8)それゆえ今日のインドの浄・不浄観には近代になって生じた科学にもとづく衛生観念と、従来の宗教観念にもとづく浄・不浄観が併存している場合もある。そしてそのことによる混乱もある。また、ナガラッタールの事例にみるように、儀礼的なテーマにおいては浄・不浄よりも吉・凶性に強くこだわる傾向がある点にも注目する必要がある。

ナガラッタールにおける吉兆性

ナガラッタールの婚姻儀礼はバラモンのスタンダードとは大きく異なり、ハナヨメ・ハナムコ両者の家の同位性を強調する。それゆえ、吉兆性に儀礼の大きな比重を置いている。すなわち、同位性にもとづく女性や物資の交換は良いものであり、財をつけてヨメに出せば、何代か後にはそれに利子がついて別の女性がヨメとして返ってくる、といった考え方がある。それが南インドの非バラモン・カーストにおける吉兆性の感覚であり、儀礼のテーマとしての「吉兆性」の重視ともなる。儀礼においては女性の再生産能力をコントロールする意図が存在する部分もあるが、あらかじめ決められた経路のなかを動く女性は「吉」であり、彼女の処遇も安定している。それゆえに両集団の同盟を強固なものにするために女性は守られるべき存在だという考えが根底にある。

以下に示すのはヴァッリーとパラニアッパンの婚姻が行われた日における一続きの儀礼次第である。このなかで儀礼が表現するさまざまなテーマのシンボリズムを以下で具体的に考察してみたい。

過程としての婚姻儀礼

結婚三日前の儀式――パダイップ（祖先崇拝）

将来生まれてくる子供へ祝福を与えるのは、彼らの祖先の霊であり、祖先たちの祝福を得るための儀礼が、パダイップである。婚姻儀礼の始まりにおいて、先祖は敬意を払われ庇護を約束せねばならない。パダイップは、親しいパンガーリ（父系親族）だけが行う祖先崇拝の一形態で、重要な吉兆儀式の前に必ず行われる。すでに死者から清められたステイタスである先祖に昇格した人々の庇護を請うことで、邪悪なものを追い払う。

パダイップは親族の結束を固めるのであり、祭司は一家の年長の男性が行う。祖先の祭りや結婚式などの吉兆の儀礼において、もっとも重要な吉兆の時間における儀礼にはバラモンの僧侶はむしろ「不吉だ」として、ナガラッタールは関与させない。

ムフルタ・カール（吉兆の脚）を立てる

婚姻儀礼にかかわるパダイップは、ムフルタ・カール（吉兆の脚）と呼ばれる竿を祖先の家（ワラヴ・ヴィードゥ）のオープンスペースの一角に立てることから始まる。グッド（Good 1991）は、非バラモンの農業カーストであるピッライにおいてもムフルタ・カールが設置されると述べているが、この場合は中庭ではなく祝宴が行われる場所の入り口に設置される。いずれにしろ、婚姻儀礼の折に張る天蓋をサポートするという実用的な目的もあるのだが、先にあげたように婚姻による子孫の誕生を祈るという呪術的な意味も含んでいる。非ナガラッタール・カーストの場合、結婚が行われる五日から三日前に庭の南西の隅に穴を掘り、洗濯屋カーストの祭司が呼ばれ、バナナの葉の上にココナッツ水をまき、香を振りまいてから樟脳を焚いて清めを行う。ブレンダ・E・F・ベックによれば、南インドでの非バラモン・カーストの場合、すべての吉兆儀礼は、乳白色の樹液をつけた枝を家の柱に結ぶことから始まる予祝儀礼を伴っている（Beck 1969: 564–565）。

ナガラッタールの場合、ムフルタ・カールは結婚式場の戸口ではなく、ワラヴ・ヴィードゥの中庭（ワラヴ・ワーサル）の隅に建てられる。ワラヴ・ワーサルはコンクリートで固められているのでコンクリートのブロックを用い、その穴に竹竿をムフルタ・カールとして差し込む。小さな赤いサンゴをブロックの穴に入れてから、そこにミルクを流し込む。婚礼の儀式ではワラヴ・ワーサルにムフルタ・カールを基軸として布製の天蓋が張られ、いくつかの儀式がその下で執り行われることになる。

プーラム・カリッキラドゥ（処女性の封印を解く）の意味付け

タミル文化では、女性の人生は五つの段階に分類される（Reynolds 1980: 36）。月経前は少女（カンニ）と呼ばれ、清純な存在として寺院における儀礼などに参加する場合もある。初潮を過ぎると成熟した女性（ペン）になる。生殖能力のある女性として認められるのだが、月経が儀礼的に身体を汚染するため、少女時代の儀礼的に清浄なステイタスを失う。月経によって獲得した生殖能力をいったん封印する儀礼が初潮儀礼であり、その封印を解くのが結婚式当日の明け方前の儀礼である。

この儀式は、結婚式当日の早朝、日の出前、ハナヨメが最初の入浴を済ませるとすぐに行われる。ハナヨメは普通のサリーを着て、父親の系統のシヴァ寺院から送られた小さな寺からの花輪（コーヴィルマーライ）を首にかけ、婚姻の儀式のためにしつらえられた木の盤（マナヴァライ）の上に座るところから始まる。このマナヴァライは婚礼の時々に用いられ、その上に立つハナヨメに対して敬意が払われることを象徴するものとなる。

この儀式は、初潮儀礼で処女性の保護が封印された状態であるのを解除する儀礼である。保護を解くことにより、未婚の少女（カンニ）から結婚適齢期の女性（ペン）へと女性の地位は変化する。結婚はムフルタムにおけるターリーをかける儀式によって完成し、女性は妻（スマンガリ）へと変化する。プーラムは「充満」または「完成」を意味し（Fabricius 1972: 733）、女神そのものでもある。カリは「通過する、完了する」を意味する（Fabricius 1972: 214）。したがって、「時が充満した」という意味になり、女性の性的な成熟を意味する。

この儀礼には母方オジが祝福を与える前に、父方の祖母が関与する。長いマゴサの小枝を使い、彼女がハナヨメの身体の七か所にマゴサの葉を置く。祝詞がバラモンによって唱えられた後、ハナヨメは身体から葉を振り落とす。七か所はプーラム女神が守っていた個所である。マゴサの葉は縁起が良いと信じられており、医療目的で使用されることがあり、清め、癒し、および治癒の象徴でもある。マゴサは処女神で雨の女神であるマリヤンマンとも関係があり、邪気を払い、大気を浄化すると信じられている。

その後で、ハナヨメの母方オジが祭司を務める。彼は洗濯屋カーストが洗った儀礼的に汚れのない白いシャツと腰布をまとい、金の糸が入った赤い絹の布を腰に巻いている。この装束は、女性たちが初潮前の女児だった頃、ティルワーディライで母方オジがまとっていた装束とまったく同じである。儀礼的に清浄であることが重要なため、母方オジは洗濯屋カーストによって洗われた装束を身に着けることが必須である。

カリヤーナ・ヴィードゥに引きこもるハナヨメ

母方オジが水とバラの花びらをハナヨメの身体の七か所に振りかけ、祝福し、彼に続いて、父、キョウダイなどハナヨメの父方親族の男性たちが祝福の儀礼を繰り返した後、ハナヨメは婚姻儀礼の

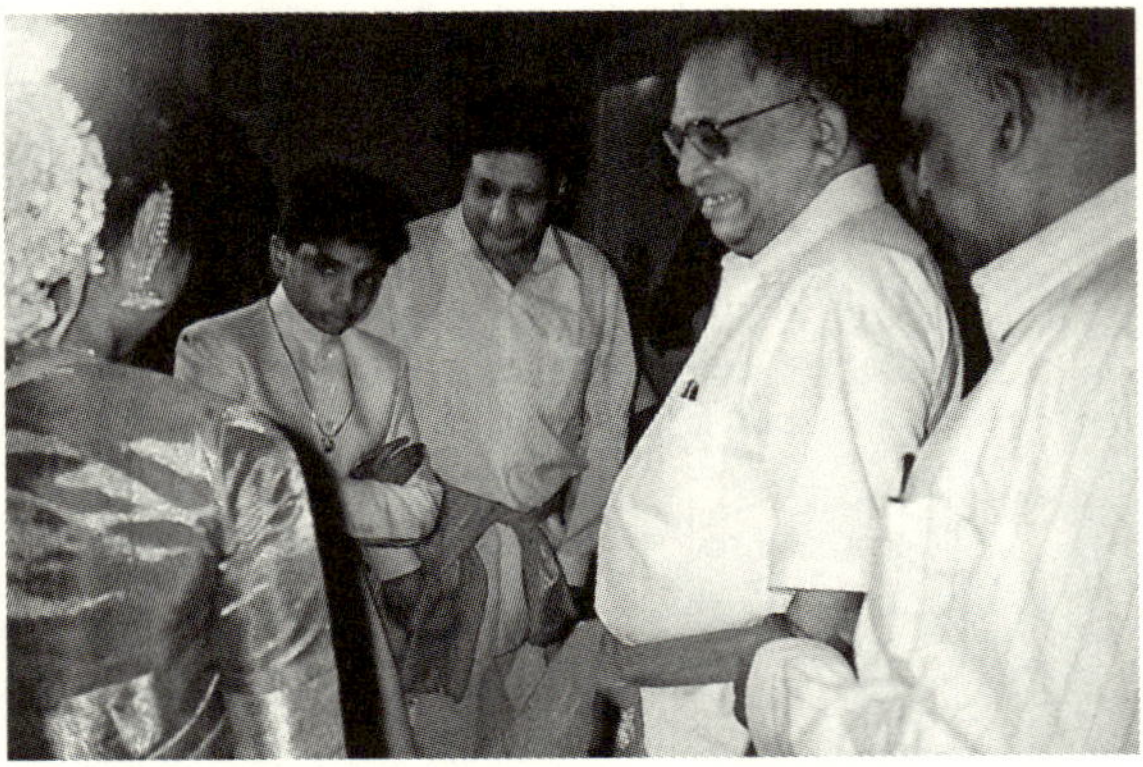

ハナヨメの前で儀礼を待つ母方オジたち。皆腰に赤い絹の帯を巻いている（著者撮影、1991年）。

もっとも重要な時間（ムフルタム）まで、彼女の父が相続権をもつウル・ヴィードゥ（ワラヴ・ヴィードゥのなかにある小部屋のひとつ）に引きこもる。

引きこもりという儀礼行為は、重要な時間までの準備、守りであるとともに、新たなアイデンティティを得るまでの準備期間でもある。大事な時間までは父系親族による守りに入るため、ウル・ヴィードゥは結婚の日には強い吉兆性を帯び、カリヤーナ・ヴィードゥ（婚姻の家）と呼ばれる。

マーッピッライ・アライップ（ハナムコを招く）

結婚式当日の明け方、ハナムコは、彼の父が所属しているワラヴ・ヴィードゥにおいて、入浴を済ませてから、ハナヨメと同じように母方オジによって黒い紐を手首に巻かれ、祝福を受け、清めの儀式を行う。儀礼ののち、婚礼の装束を身に着け、近くのヴィナーヤガ（ガネーシャ）寺に向かう。

寺院で待つのは方違え（目的地に特定の方位神がいる場合、まず別の方角へ行ってそこで一夜を過ごして、違う方角から目的地へ向かって行く風習）のためでもあるという。絶対的に吉兆の場所であるヴィナー

ヴィナーヤガ寺から出発するハナムコ。ハナムコはヴァッリーの夫パラニアッパン（著者撮影、1991年）。

ヤガ寺院からハナヨメ方に向かうのである。

彼は金糸で彩られた白い絹のターバン[9]を巻いてマントを羽織っており、バラモン風の隠者やクシャトリヤ風の王族ではなく、富裕な商人のイメージである。そこにハナヨメの父方祖父がパンガーリたちに囲まれながら銀のプレートに置かれた高価な贈り物をもって彼を迎えにゆき、ハナムコと合流し、一団がハナヨメの待つワラヴ・ヴィードゥに向かう。

ハナヨメの父親と父方オジ（または年長の父系親族）は、ハナムコとハナヨメが得るであろう子供の象徴として必ず子供を伴いハナムコの待つ寺に向かう。贈り物は、ハナムコへの贈り物だけでなく、彼の生家への贈り物も含まれる。贈り物は、金の鎖、金の時計、指輪、ヴェシュティ一枚、タオル、シャツ、ジャスミンの花、ライムの実、クンクム（吉兆を意味する赤い粉）、乾燥ウコン、大きな花輪などである。

ハナムコの一行が寺院からハナヨメの家まで歩いてくると、村の人々が家々から出てきてその行列を見物する。ハナムコは男性親族とともにハナヨメの家のワラヴ・ワーサルに入り、ハナヨメの親族である老婆がアーラティ（火をともしたオイルランプを眼前でまわして清める儀式）を行う。筆者が出席した結婚式では、ハナヨメの父方祖母がこれを行い、ハナムコの額に灰を塗って清めた。

ハナムコが行列をつくってハナヨメの家まで向かうことは儀礼的に重要である（Good 1991: 174）。ナガラッタールによれば、ハナムコをハナヨメの村人に紹介するという意味もある。一段高いところに位置させられる馬を使い、周囲を親族集団で固めつつ、ハナムコにありったけの豪華な装いをさせてハナムコの地位を村の人々に誇示するのである。

神々に祈る

ハナムコは、ハナヨメの父方の先祖の家に入ると、縁起の良い絨毯が敷かれたワラヴ・ワーサルに入り、吉時に用いられる木の台（マナヴァライ）の上に立ち、儀礼を受ける（マナヴァライ・サダング）。バラモン祭司は、神々に祈りを捧げるバガヴァディ・アナムの儀式を開始する。

ハナヨメはオジやオバたちと一緒にハナムコを玄関で出迎え、その後ハナムコとともに儀礼に参加する。ハナムコとハナヨメの儀礼はほぼ対称的で、ハナムコもハナヨメも、特定の儀礼を相手方親族から受ける場合にはマナヴァライを使用し、バラモン僧侶の指導を受けながら以下のハナムコが行う儀礼をハナヨメも繰り返すことになる。

バラモンに従ってハナムコは地面に聖水を注ぎ、それを自分の頭にも振りかけ、両手のこぶしで頭頂をたたいて神に許しを請い、儀式がうまくいくようにと祈る。大きなオオバコの葉を地面に敷き、その上に白米とココナッツとマンゴーの葉をのせる。ココナッツが赤く塗られた壺の上にのせられており、ハナムコはその上に黄色いターメリックで染められた米を振りかける。ハナムコの前には、ムライッパーリー（数種類の穀類を発芽させたもの）を入れる五つのカップが置かれている。ムライッパーリーは五穀を水に浸し、結婚式の前に発芽させて用意されており、吉兆、豊穣、成長の象徴である。祭司は檳榔の葉とアレカの実を吉兆の贈り物としてハナムコの手に置く。これらを手にしたハナムコの右手首には、明け方彼の母方オジが結んだカーップと呼ばれる黒い紐に加え、儀礼の前に母方オジがさらに手首に結んだターメリックで黄色に染めた紐と赤い絹の紐が結ばれる。母方オジは、結び終わるとハナムコに祝福の聖水をかける。他の男性親族が引き続いて同じように祝福の聖水をかける。この儀礼部分はハナヨメが明け方のプーラム・カリッキラドゥの折に行ったものと対をなしている。

マンガリヤム・プージャ

ハナムコ・ハナヨメのキヨメの儀式が終わると、ライム、ジャスミン、ビートルの葉、アレカの実を敷いた場所にカルッティルとターリーを運び入れ、ハナムコがターリーとカルッティルにクンクム（赤いパウダー）を塗る。

このターリーをのせたプレートは次々に人々の間をまわされ、皆が同じ行為を繰り返してターリーに祝福を与える。これをマンガリヤム・プージャーと呼ぶ（マンガリヤムはターリーと同義、プージャーは儀礼の意味）。

クンクムは赤い粉で、寺院でも家の儀式でも吉兆のシンボルとして使われる。このプレートをもって周囲をまわるのはハナヨメの母方オジとその妻である。長老たちが祝福のためにワラヴ・ワーサルの周りに集まり、男女を問わず、ターリーに触れ、祝福を与える。この後、ハナヨメは新たなサリーに着替えるため、女性の親族に連れられてカリヤーナ・ヴィードゥに入る。

グッドによれば、女性は二つの異なる機会、すなわち月経中と結婚式中に隔離される。月経の間、彼女は儀礼的に清浄な状態にあるわけではないが、平常の状態（日本でいえばケの状態）を表す家のなかにおり、完全に排除されるわけではない。この状態は完全に排除されるわけでも完全に他のメンバーと一緒に家族として含まれるわけでもないため、女性は家の境界上に位置することになる。

ハナヨメが婚礼の折、一時的に滞在する特別な空間は、ウル・ヴィードゥ（婚礼の日はカリヤーナ・ヴィードゥ）と呼ばれる父が所有権をもつ共同家屋（ワラヴ・ヴィードゥ）のなかのさらに奥まった部屋である。これは、外側の領域からもたらされる邪悪な影響から女性を守るという意味をもつ。ターリーをかけるもっとも重要な吉兆の時間（ムフルタム）が来るまでは、彼女はこの部屋で保護されることになる。

ウル・ヴィードゥは婚礼の折は、カリヤーナ・ヴィードゥ（婚礼の家）と呼ばれる。バラモンの祭司による準備の儀式が終わると、彼女はカリヤーナ・ヴィードゥに戻り、女性の親族に囲まれて吉兆の時（ムフルタム）を待つ。カリヤーナ・ヴィードゥは父親のものであるため、この段階までは父親の管轄下にあることを示してもいる。ターリーも、ムフルタムが来るまではそこに保管される。

ムフルタム——吉兆な瞬間

ハナヨメが豪華な金糸をちりばめた赤いサリーを着てカリヤーナ・ヴィードゥから出てくる。そのときがくる少し前に、バラモン祭司とその助手たちは、いったんこの式場を後にして、近所のバラモンの家へと向かい、そこで休息をとる。バラモン祭司はナガラッタールにとっては「吉」ではなく、ムフルタムには同席しないほうがよいからである。バラモン祭司は葬式に関連した儀礼を行う。このため、もっとも吉兆な瞬間に彼らがいることをナガラッタールは望まない。婚礼においてもナガラッタールがバラモン祭司を必要とするのは、神々に祈りを捧げる祝詞とそれに関連する儀礼が必要なときだけであり、主要な儀礼は親族と姻族が関与する儀礼である。

豪華な金と赤のサリーを着てスマンガリから祝福を受けるハナヨメ。ハナヨメはマナヴァライの上に立っている（著者撮影、1991年）。

ムフルタムが近づくと、ハナヨメはカリヤーナ・ヴィードゥから出てきて結婚式用の木の台（マナヴァライ）の上に立ち、その前にハナムコが立つ。ハナヨメはハナムコより一段高いところに立ち、ターリーを受けるのである。ハナムコは、まず魔除けとしてカルッティルを彼女の首にかけ、次にターリーをかける。ハナヨメを一段高くし、彼女をひざまずかせたりしないのは、彼女が代表する父系親族への敬意の表現であるともとれる。ナガラッタールの婚礼の儀礼をみる限り、ハナヨメとハナムコの間のハイエラルキー性の表現は欠如しているのである。一方、コーレンダ（Kolenda 1984）によれば、南インドの結婚式ではハナムコがターリーをかけるのをシマイや母親が手を添えて手伝うこともある。彼らとの協力なくしては新しいカップルは日常を送れないということを示しているのだという。

カルッティルはターリーよりも多くの金を使った、かなり重さのあるネックレスである。ナガラッタールにとっては婚姻時の魔除けであり、普段は着用しない。金を多く使っていることから、誰もがもっているわけではない。必要であれば、親戚に借りることもできる。

カルッティルは借りられるが、ターリーはそうはいかない。それぞれのハナヨメが自分だけのターリーをもたねばならない。象徴的に、スマンガリとターリーの結びつきは強い（反対に、スマンガリとカルッティルにはそのような強い結びつきはない）。彼女がスマンガリ（既婚）の間は、決してターリーは外さず、また溶かして別のネックレスにしてはいけない。溶かされるのは夫と死別した場合だけだ。寡婦となったこと自体が凶であるため、ターリーもカルッティルも溶かされるか解体される。ネックレスがばらばらにされ、別の宝飾類になってハナヨメの次世代の娘に渡されることもある。母や祖母からカルッティルを受け取ったら、金を追加してつくりなおしてもよい。だが、カルッティルの「縁起」の良さを壊してはならないから、カルッティルの金の量を決して減らしてはいけないのだという。

イサイ・パディマナムへの署名

ムフルタムの儀礼が終わると、ハナムコとハナヨメの父親はカリヤーナ・ヴィードゥにこもり、そこでイサイ・パディマナムという証文に署名する。ハナヨメが何をもって嫁いだかを示す証書でもあるが、社会的にハナムコとハナヨメが夫婦になったことを意味する儀式でもある。新婚家庭に対する財政的給付に責任をもつ側の覚書に対し、ムコの父がそれを確認したという調印であり、現実に経営が可能な経済力をもつプリ（世帯）が新たに出現したことの確認でもある。

この儀式の後、夫婦は長老たちに祝福を求め、その後両者の親族が出席の記録としてノートに署名するモイパナム・エルダルという儀式がある。モイパナムとは、儀式に出席したことを証明する若干の支払い銭のことで、エルダルとは、記入したという意味である。したがって、結婚式や葬式などの重要行事に、小銭とともに記帳する行為を指す。式が終わるまでに重要な親族はすべて記帳し、定められた少額を贈与しなければならない。

マンジャール・ニールとオイル入浴

式の終わりに、カップルは儀式的な入浴をする。カップルはサリーの端の一部とヴェシュティ（腰布）の端をそれぞれウコンが混じった黄色い水に浸す。若干のオイルを頭に塗り、少量のターメリックを含んだパウダーを顔に塗る。その後、両側に控えた母方オジ夫妻が、バラ水をかけて祝う。

この一連の動きはターメリックによる沐浴の象徴であり、身体を冷やし、儀式的な清浄性を保つために行われる。ベックがいうごとく、黄色はクールダウンの象徴性を帯びている。ハナヨメとハナムコは母方オジによって清められ、守られながら儀礼の最高潮のターリーを結ぶ儀礼（ターリーカットゥ）に達し、両者は社会的アイデンティティを変更する。その「熱」の状態を徐々に下げ、日常に戻すのがこの儀礼であり、冷やすことの象徴はターメリックの黄色によって表現される。沐浴は、縁起の良いお祭りに参加したり、お寺を訪れたりする前に欠かせないキヨメの儀式であり、身体から熱を取り去ると考えられている。

クライマックスが「アクティブなパワー」（シャクティ）によって表現され、ハナヨメの赤と金のサリーによって表現されるのに対し、この儀礼ではハナヨメのサリーの色は涼し気な色（水色）などに変化している。祭りの折にピークを迎え、その後日常の清浄な状態に戻されるのと同じ構造だ。女神が生け贄を受け入れるとき、シャクティはそのピークに達する。生け贄によって女神が満足した後、クールダウンのための浄化の儀式が行われ、人々は日常に戻ってゆくという祭りの構造にも合致している（Shulman 1980: 91; Fuller and Logan 1985: 91）。

クディ・アライップ——母の家に別れを告げる

夕方、ハナヨメは父のワラヴ・ヴィードゥでの儀礼がすべて終わった後、パンガーリの年長者の前にひれ伏して別れの挨拶をする。スマンガリ（既婚女性）としての地位を獲得したハナヨメに対し、彼女よりも年下の男女は彼女にひれ伏し別れを告げる。

平伏の儀礼は、年長者に対して行われるものであるが、年下のイトコたちによる平伏の儀礼は、ハナヨメがすでに結婚し、スマンガリであることを確認するものである。ハナヨメの経済的安定を祈るために、サリーの端に、贈り物として、若干の金銭が象徴的にくくりつけられる。その後、ハナヨメは車でハナムコ側のワラヴ・ヴィードゥに向かう。

ペン・アライップ（ハナヨメを招き入れる）

ペンとは、成熟した女性、すなわちハナヨメのことであり、アライップとは招き入れることである。ハナヨメ方のワラヴ・ヴィードゥに、ハナムコを迎える儀礼（マーッピッライ・アライップ）があったのと対をなしており、婚姻の主な部分が終わったためにハナヨメは夫方に移り、夫の親族に紹介されるという儀礼に移るのである。

昔は牛車でハナムコの村まで移動したため、移動に多くの時間を要したという。当時は婚礼に三日から一週間を要したというのはこのような事情もある。だが、今日では車を使い、移動は一〇分ほどで完了する。ハナヨメは、夕方の吉兆な時刻にハナムコの家に車で到着し、一家の年配の女性によるアーラッティ（ランプを目の前で振る儀式）によって歓迎される。これは朝

ハナムコの母のサーラー（中央左）からの儀礼を受けるハナヨメのヴァッリー（中央右）。ハナヨメはマナヴァライに立ち、一段高い位置でシュウトメからの儀礼を受ける（著者撮影、1991年）。

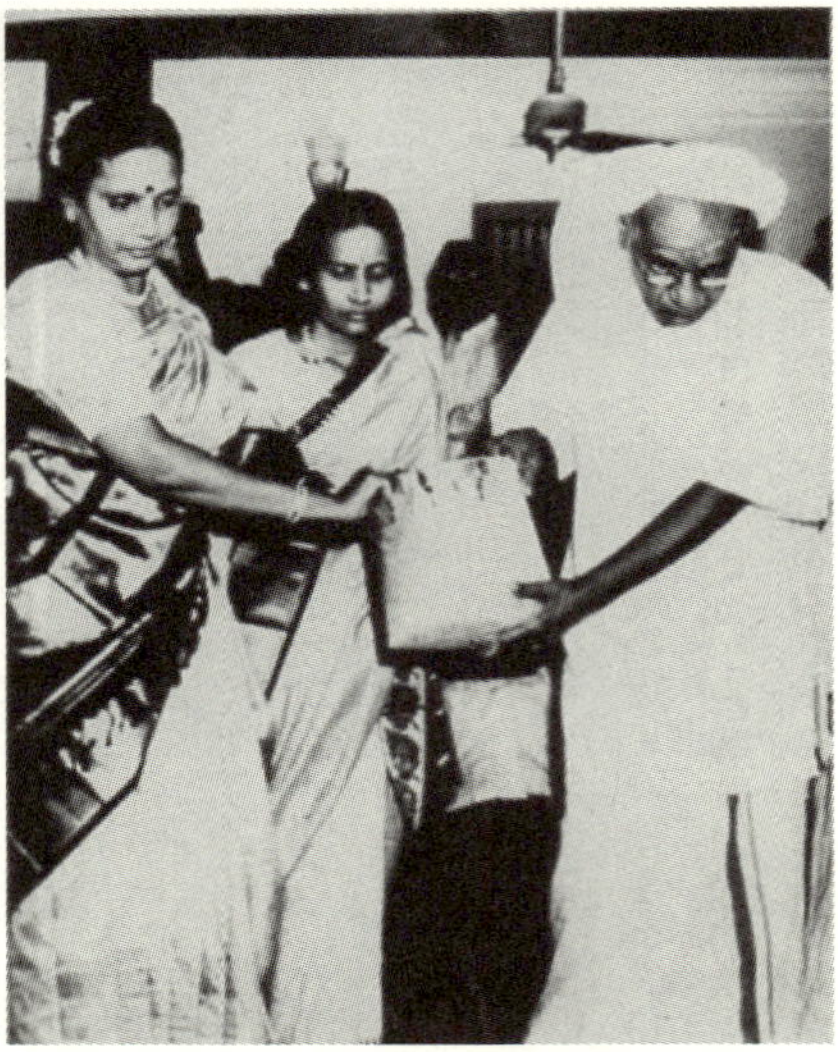

ハナヨメ、ハナムコ両者のパンガーリがペアをつくってヴェーヴをカリヤーナ・ヴィードゥに運ぶ（インフォーマント提供、1960年代）。

方ハナムコがハナヨメ方のワラヴ・ヴィードゥに入った折に受けたアーラッティの儀礼と対をなす。ハナヨメはハナムコの親族とともにカリヤーナ・ヴィードゥに入り、バナナの葉の上に食べ物を供え、夫方の先祖に祈りを捧げる。

その後、ハナヨメは両家の親族とともに籠を運ぶ儀式（ヴェーヴ）に参加し、ウンディヤル（最後のお金の計算）が終わると、招待客は家の者に別れを告げ、帰路につく。最後に、ハナヨメの親族と両親もその場を後にする。その後、ハナヨメはハナムコの家族全員に紹介される。

ウンディヤル（清算）

一連の儀式が終わると、ハナヨメ側とハナムコ側の当事者は三つのコーナーに座り、対面して費用の清算を行う。伝統的に、ハナヨメ側は持参金の目録を檳榔の葉とアレカを添えた皿にのせてハナムコ側に手渡す。だが、筆者が参列した式の場合、ハナヨメの父親から持参金として夫婦に手渡されたのは共同名義の銀行口座の通帳だった。両当事者があらかじめ必要事項を記入してあり、そこにハナヨメがもち込むシールダナムのお金がすでに入金されていた。夫婦が共同名義の口座をもつことがセレモニーの一環として示されており、家庭運営上の同位性の象徴でもある。

ハナムコの母親へのご祝儀（マーミヤール・シールダナム）は、結婚式が行われる前にすでに妻のシュウトメに渡されていた。それ以外の金銭の清算とは、ムライチッタイとモイパナム・エルダルである。ある年配のナガラッタールによれば、両者のムライチッタイとモイパナム・エルダルに書かれている金銭は遅滞なくその場で払われねばならない。親族の誰かがうっかりそれを支払うことを忘れてしまったら、この清算のときにきっちりと支払われねばならない。そのための「清算」の時間なのだ。モイパナムはごく少額ではあるが、参加者が婚礼を見届けたということを証明する署名つきの祝い金である。それを払い忘れることは縁起が良くない。若い夫婦の幸先の良いスタートを切らせるためにこれらのコミットメントは守られねばならない。

ハナヨメ側親族の出発

ハナヨメの近親者にお金と贈り物が贈られた後、ハナヨメの親族は立ち去る準備をする。父、母、祖父、祖母、兄弟姉妹、そしてハナヨメ自身も、少額の祝い金を受け取る。それらは二一ルピー、五一ルピー、一〇一ルピーなど、縁起の良い数あわせで、ハナムコの両親からの贈り物として与えられる儀礼的な意味合いがある。これらは、今日では儀礼的な贈与になっているが、かつてはかなりの金額であり、ハナヨメとハナムコ側の同位性がより強調されたものであったはずである。

これらの金銭には縁起物の檳榔樹の葉、アレカの実、クンクムの粉、ターメリック、スウィービスケットなどが一緒に入ったステンレスの器が引き出物となっており、参加者らはこれを受け取る。

結婚式の贈答取引の全過程に共通しているのは、ハナヨメとハナムコの儀礼の同位性と贈り物交換における互酬的、相互的関係である。デュモンは、ピラマライ・カラール、ナングディ・ヴェラール、アラクド・カラールといったカーストの婚姻事例を報告し、ハナヨメとハナムコが相互に贈り物をする同位性を強調している（Dumont 1983: 82–83）。だが、デュモンの報告する非バラモン系カーストとナガラッタールとの間には、違いもある。デュモンによれば、結婚祝いはいくつかの「贈り物」と「お返しの贈り物」に分類される（Dumont 1983: 80–86）。「お返しの贈り物」として、彼はパリサム（parisam）と名付けられるハナムコの家族からハナヨメ側に贈られる金銭の贈り物を挙げている。ハナヨメの家とハナムコの家との間で交わされる贈り物とそのお返しは、デュモンによれば両者ともシールと呼ばれるという。また、結婚に際して両家から徴収される金銭はモイと呼ばれ、結婚する両家の費用に充てられるとする。

だがナガラッタールの場合、デュモンの記している事例とは異なる点がいくつかある。第一に、ナガラッタールの場合、ハナムコ側からハナヨメ側に贈られるパリサム（金銭の贈り物）は、一一ルピー程度のほんの形ばかりの金銭にすぎない。明らかに儀礼的な支払いであり、キンマの葉や檳榔の実と同等の象徴的意味しかない。第二に、ナガラッタールの間では、シールはハナヨメの実家からハナヨメへの贈り物だけを意味する。これは他のカーストの人々に聞いてみたところ、同様であったので、ハナムコ側からの金銭の贈り物もシールと呼んでいるというのはデュモンの誤解であろう。

シールとは、すでに示したように、既婚女性の母の家から嫁いだ娘あてに贈られるものだ。したがって、ハナムコ側からハナヨメ側に返礼として贈られるものは「シール」とは呼ばれない。そして母親の身内から既婚女性への贈り物（シール）は婚礼の日に始まり、彼女の生涯にわたって続く。

儀礼の分析

以上が婚姻儀礼のあらましだが、以下にいくつかの要素に注目して婚姻儀礼において表出された儀礼の意味を追っていきたい。まず婚姻儀礼において表出されるタミル文化における「色」のシンボリズムについて取り上げてみる。

色のシンボリズム

赤や白は単独で表出する意味と、セットになった場合の意味が異なる。白はそれ自体では清浄であるが、死の色でもある。老いを表すこともある。寡婦は白いサリーしか着ることを許されず、バラモンの僧侶もまた白のドーティのみをまとう。白と黒は葬式のセットだ。それに対し、赤と白の色の組み合わせは吉となる。赤は通常女性性の象徴であり、血、エネルギー、豊穣性のシンボルでもある。これに対し、白は清浄の印であり、キヨメの色でもある。結婚式でも葬式でも男性は白を着る。吉事では白が赤を囲むように、あるいは赤が白を囲むように配置され、吉兆の象徴が清浄に対する優位を表現する。

赤は血液の色であり、エネルギーの源であり、あらゆる生命活動に不可欠な物質の表現である。ベック（Beck 1969）によれば、赤は熱の象徴でもある。生命を活性化させるエネルギーであると同時に、過剰であれば焼き尽くすエネルギーでもあり、アンビバレントな象徴である。熱は身体を温めるが、過剰な熱は命を奪う。だが、死体を焼く火は罪を清め、同時に身体を浄化し、魂を天に送る。

ベック（Beck 1969）は、社会規範においては熱は制御されなければならないと主張する。制御がなければ、熱は危険とみなされる。赤い物質は〝熱い〟状態を象徴し、白い物質は〝冷たい〟状態を象徴する。白は赤と同様、文脈によってその意味を変える。白は冷たさと清浄、そして死を象徴し、ミルクや水は白で表現される。赤は、寺院や結婚式で使われる場合、ビンドゥーと呼ばれる赤い粉を使って描かれる吉兆の印であり、女性性を示し、生とエネルギー、シャクティ（可変するエネルギー、女性性）を象徴する。女神は動態的であり、シャクティそのものでもある。それゆえパワーを「シャクティ」というほか、女神に言及するときも「シャクティ」を使う。

南インドでは、水もミルクも清涼と浄化を呼ぶ象徴である。涼しい気候が雨をもたらし、豊作をもたらすことから、涼しさは吉兆を表す。ミルクと水は密接な関係にあり、色で象徴されるときは白となる。寺院のアビシェーカ（清め、冷やす儀式）では、この二つが清涼のシンボルとして使われる。また、腫れ物など、熱によって生じるとされる病気にもこれらがキヨメや冷却を示す象徴として治療に使われる。熱による病気で苦しむ病人には冷却の意味で、米をミルクで煮たものが「熱を鎮める」食べ物として提供される。

だが、白は、死の色でもある。寡婦のサリーは白であり、バラモンをはじめとする僧侶は白装束だ。

白は清めであると同時に死と衰弱をも象徴している。白が安定、幸福、厄除けの吉兆のシンボルとなるには赤とのコンビネーションが必要である。祝祭や結婚式のように赤と組み合わせられてはじめて白は吉兆となる。男性は結婚式や還暦の祝いでも、つねに白いシャツとヴェシュティ（腰布）を着用するが、それは清浄の印でもある。だが、彼らが単独で出席するのではなく、傍には必ず妻や娘たちなどの赤をまとった女性たちが必要だ。彼らがいることにより、吉兆を象徴することができる。白はクライマックスや騒乱の終わりを表したいときに好ましく、赤は平穏さを超越するダイナミズムの表象として適切だ。したがって、赤と白の組み合わせは、純粋さと安定性（白）に囲まれた非日常（赤）を象徴したいときに望ましい。婚礼では男性は終始白の上下を着る。昨今の都会の結婚式は高級ホテルで行われることがあり、男性も白のシャツではなく北インド風のクルターと呼ばれる上下服の白を着、それに金糸の入った豪華なショールを首にかけたりする。だが、それ以上の色をまとうことはない。ハナヨメとの色の相補性はこの場合でも重要で、ハナヨメはもっとも重要な時間（ムフルタム）のときには赤に金糸が入った豪華なサリーを身にまとい、白と金糸によって飾られたハナムコとの対によって吉兆性を表現する。

南インドの非バラモン・カーストの間では、婚礼儀礼の数日前にムフルタ・カール（吉兆の脚）を立てる。その折に使われるミルク（白）とサンゴ（赤）はこの組み合わせに当てはまり、子宝、吉兆と豊穣を表す。血の色は赤いサンゴで表象された胎児の意味でもある。サンゴはその赤い色によって新しい生命を表し、ミルクは精液と種子を表す（Shulman 1980: 103）。竿（男根のシンボル）と竿を立てるために使ったコンクリートブロックの窪み（女性器）の組み合わせも、子孫繁栄と子孫への希望を表している。

白と赤の組み合わせを引き立てるのは、儀礼で用いられるマンゴーの葉の緑やターメリックの黄の色である。これらは、豊穣（豊作）、涼しさを表すニュートラルな色である。

黒は肥沃な土の色であるが、防御の色でもある。単独では熱（灼熱）、飢餓などのネガティブさを象徴することもあるが、結婚式ではハナヨメ・ハナムコともに守りの黒色の紐（カーップ）を手首に巻き、その上に赤の絹の布を巻くことにより、吉兆と守りの色となる。

「贈り物」が表す「互酬性」の象徴としてのヴェーヴ

婚礼の儀式には三つの贈り物の儀式があり、いずれも「ヴェーヴ」（籠）が使われる。最初のものは、ハナヨメの母方オジがハナヨメに贈る「アンマーン・ヴェーヴ」と呼ばれる儀礼である。母方オジがハナヨメとともに食料品などの贈り物を籠に入れ、一緒にカリヤーナ・ヴィードゥのなかに運び込む。次にカリヤーナ・ヴェーヴ（結婚祝い）、そしてムダルワルシャン・ヴェーヴ（一年目の贈り物）と呼ばれるヨメ方からの贈り物が次々と運び込まれる。だが、運び役はいずれの場合も夫方の親族と妻方の親族がペアにならねばならない。これは親族ではない男女間の交流を避けるインド社会の慣習にしてはきわめて珍しい儀礼だ。互いがパンガーリではなく、しかも男女ペアでなくてはならないというルールによって行われ、両家が男女の別なく新婚家庭をサポートすることが儀礼によって表明されるのである。これらの贈り物は結婚契約書に書かれたシール（ハナヨメの母方の家からの贈り物）の一部としてハナヨメの家族から新婚夫婦に贈られることが約束されたものである。

初年度の贈り物（ムダルワルシャン・ヴェーヴ）は、ポンガル（新年の新穀の祝い）とディーパヴァリ（秋の収穫の祝い）の最初のお祝いの際に贈られる。これらの贈り物は、かつてはその都度、ハナヨメの家族から約束の履行として贈られていたが、今日では煩雑さを避けるため、まとめて婚礼の折に贈り物として届けることになっている。

結婚初年度に何を送るかもイサイ・パディマーナムに記され、その約定をきっちりと果たしていることを周囲に見せつつ「証人」になってもらうのだ。これらの贈り物は、縁起物の檳榔の葉とアレカの実に加えて、実利的な要素のあるものだ。食料品と祝祭にかかせないポンガル（ミルク粥）を炊くための鍋、バナナの葉とブラウンシュガーも籠に入っている。

贈り物の籠はワラヴ・ヴィードゥの入り口にいったん置かれ、そのあと運び役の男性親族はそれぞれタオルを頭に巻いて、まるで遠路はるばるやってきたかのように装う。それからハナムコの親族とハナヨメはペアになり、一緒にステンレス製の籠をもちあげ、カリヤーナ・ヴィードゥに運び込みを始める。彼らの列にハナムコの親族とハナヨメの親族がペアをつくって加わり、籠に入れた贈り物はカリヤーナ・ヴィードゥにどんどん運び入れられる。だがハナムコはこの儀礼に加わることはない。あくまでもハナヨメと彼女の親族および結婚して親族（姻族）となる人々との交流の儀式なのである。

ヴェーヴの儀礼が表象するのは「贈り物」の吉兆性であり、巡り巡ってヨメ方とムコ方の立場が逆転しえることが暗示されている。一方、これと対比されるのが北インド的なハイエラルキー性を表現する昇嫁婚における贈り物の概念である。

父の膝に乗り、ハナムコに「カニヤ・ダーン」として捧げられるハナヨメ（インドの結婚式場 WEVA のサイト「タミルバラモンの婚礼儀式」より）。

カニヤ・ダーンが暗示する「毒を含んだ贈り物」としてのハナヨメ

インドにおいては、「贈与」という行為には宗教的な意味が付随している。ジョナサン・パリィ（Parry 1980）の視点を受け入れるならば、宗教的な「贈与」とは与える者から「ケガレ」を取り除き、その「罪」を償うという意味合いをもつ。その場合、「贈与者」と「贈与を受ける者」の間には、上下関係が存在する。贈る側は罪滅ぼしのために宗教的に彼よりも高い位置にある人に贈るからだ。贈るほうは、相手に「もらっていただく」のだ。これが「贈与」がしばしば「毒を含んだ贈り物」とされるゆえんである。

リナ・フルゼッティ（Fruzzetti 1982）は、このような宗教的な功徳という観点から、父親の罪を償うとされる処女の贈り物（カニヤ・ダーン）について論じている。これは受け取った側に対する毒を含んだ贈与でもあると述べている。なぜならば、ハナヨメはつねにハナムコ側よりも低位にある家から送られて彼女の父の罪とケガレをあがなうための献上物とされるからだ。バラモンのジレンマは、宗教的な意図がある贈り物の受け手は功徳を積んだ人間でなければならないということだ。功徳がなければこの贈り物によって身を滅ぼすことになる。世俗的な生活から切り離された功徳のあるバラモンだけが、自らを傷つけることなくダーン（罪ケガレを清める贈り物）を受け取っても無傷でいることができる。だが現実はそうではない。そこに受け取る側のジレンマが生じる。

葬式やその後の死者への弔いの儀礼が好例だ。死者の代わりにダーンを受け取る役割をするのはバラモン祭司たちだ。彼らは死者に代わって贈り物を受け取ることにより、死者の罪とケガレを引き受ける。死者として贈り物を受け取ったことにより、消化しきれないケガレを身に受け、それが蓄積されてゆくことになる。

前述したように、バラモンの婚姻儀式では、宗教的な修行のためにベナレスへ旅立とうとするハナムコを、ハナヨメの父が引き留め、娘をもらってほしいと懇願する。そしてハナヨメの女性親族が会場の入り口に出てきて、ハナヨメを見せ、ハナムコに紹介し、「ぜひに」と懇願する。そののち、ハナムコとハナヨメはそれぞれの母方オジの肩に担ぎ上げられ、花輪を交換する。昔は幼児婚であったため、ハナムコとハナヨメがいずれも若年であった頃の名残りだ。そして、会場に入る前にハナヨメの父親はハナムコの足をかがんで洗い、へりくだり、劣位であることを示す。ハナムコとハナヨメが同格であるナガラッタールにとってはありえない儀礼だ。

足洗いの儀礼は師と弟子、主人と召使いなどの明確な上下関係を意味する。神聖な贈り物、すなわち処女の贈り物とは「見返りを期待せずに最上の贈り物を高位にある相手に捧げること」である。つまりカーシーに修行に出かけようとしているハナムコの儀礼的地位は、ハナヨメの父親よりも高い。つまり、功徳がある男性の修行を妨げてでも娘をもらってほしいと懇願するのだから、もらう側は「受け取ってやる」という強いスタンスを示す。お返しなどは渡さないし、北インドではハナムコとしてヨメをもらった側の氏族は決してハナヨメ側の氏族には娘を嫁がせないという約定の確認でもあるのだ。

カニヤ・ダーン――処女の贈り物

バラモン・カーストにおいては、ハナヨメの父親は椅子に座り、娘を膝に乗せた後、ハナムコ・ハナヨメ双方のバラモンの僧侶がともに行う儀礼がある。この結婚の正当性を表すために、ハナムコとハナヨメのゴートラ（所属する氏族）名を告げる。それが終わると、ハナヨメの首にハナムコがターリーをかけるのだが、その前にひとつの儀式がある。ターリーはハナヨメのバラモン祭司によって木片にまきつけられ、ハナムコによってその木片がハナヨメの頭上に置かれる。この儀式は、ヌハッタディと呼ばれる。ハナヨメを牛にみたて、ハナムコが彼女を操縦するための木片（ヌハッタディ）を頭にのせ、結婚生活は夫が妻を主導することを象徴するのである。ハナヨメは夫によって牛のように操縦され、夫の先を歩んではならないという教訓をハナヨメに与えるためだ。

ある南インドのアイヤール・バラモンの女性によると、一九五〇年代に彼女が結婚した折、この木の棒は太く重くのしかかり、本物の牛がはめられるくびきのように感じたという。この儀礼の後、ターリーは木片から外され、ようやく父の膝に乗ったハナヨメの首にかけられるのだ。

次に、火の神であるアグニへの礼拝が行われ、その後七歩の歩み（サプタ・パディ）と呼ばれる儀礼が行われる。ハナムコはハナヨメの前に立ち、屈みこんで左手でハナヨメの右足の中指をもち、石臼（アンミン）に向かって徐々にハナヨメを導き、七歩歩んでからハナヨメの右足を石臼の上に乗せる。その後、ハナムコはその姿勢のまま天を仰ぎ、貞操の象徴であるアルンダティ星の方向をハナヨメに指さす。この儀礼は筆者がみたところ、どのバラモンのカーストでも例外なく結婚式で登場する。

サプタ・パディでハナヨメの足指に触れるハナムコ（インドの結婚式場 Tamarind Tree のサイトより）。

サプタ・パディが意味するジェンダー・ハイエラルキー

サプタ・パディ（妻の右足の中指をもって七歩歩ませること）は、アルンダティ（アルンダティ星を見ること）と組み合わされているが、バラモンにとって火の周りを歩く儀式よりも重要であると考えられている（Thurston and Rangachari 1909: ii, 286）。

北インドのバラモンの間でももっとも重要な儀式として位置づけられているだけでなく、ヒンドゥー文化の影響を強く受けているネパールでも、高カーストであるバラモンとそのすぐ下に位置するチェットリ・カーストの間で、この婚姻儀礼が行われているのがベネットによって目撃されている。バラモンの夫に嫁ぐチェットリ・カーストの妻は、夫婦間の上下関係をこの儀礼によって受け入れさせられるのだ（Bennett 1983: 84）。

ベネットによれば、婚礼のいくつかの事例では、ハナムコは素手でハナヨメの右足の指をつまむことを拒否し、ハンカチを使って間接的にハナヨメの足指に触れ、もちあげていたという。ベネットがインタビューしたあるバラモン祭司は、若いハナムコたちはこの重要な儀式の最中でも、プライドが高すぎて妻の足指を素手でもつことができないと嘆いていた。「この儀式の目的は、妻が夫に従属するように範をたれることであり、ハナヨメが婚礼の間、まだ儀礼によって神として祭り上げられ、高い儀礼的地位に置かれている間に、ハナムコの儀礼的な地位を汚すことなくハナヨメの足指を自身の指でもちあげ、妻に対して彼がコントロールできるということを示さねばならない。そうして妻に貞節を守ることを誓わせることが大事だ」という。穢れているとされる「足の指にわざわざ手で触れてやった」ということにより、結婚生活ではハナヨメを夫に従属させるようにするというのだ（Bennett 1983: 84）。

南インドの非バラモン・カーストのなかには、バラモンの婚姻儀礼のいくつかの要素を取り入れた集団もある。だが筆者はこの儀礼を非バラモン・カーストの間ではみたことがない。むしろ、それぞれが独自の改変を行っているのである。以下はその改変の事例である。

コームッティ・チェッティヤールとアーコット・ムダリヤールにおける婚礼

コームッティ・チェッティヤールは、テルグ系の商人カーストであり、特に宝石や食料品を商うカーストとして有名である。彼らは自分たちがヴァイシャ（ヴェーダのヴァルナで商人を意味する三番目のカテゴリー）であると自負し、伝統的にバラモンの風俗習慣を取り入れている（Thurston and

Rangachari 1909: ii, 306–348）。

ナガラッタールとは異なり、彼らは長距離交易を生業としていない。そして、父系で共同家屋をもち、合同家族形態で住んでいる。合同家族のなかでもっとも年長の男性が決定権をもつ傾向があり、ハナヨメが持ってきた持参材や持参金は合同家族の最年長の女性（ハナヨメの義母）に渡り、合同家族全員の財産は合併させられる。彼らが三世代、場合によっては四世代にわたって共同住宅を営んでいるのを都市部でも見かけることができる。

ナガラッタールらとは異なり、このカーストの場合、夫婦は経済的に独立していることを認められていない。彼らの結婚儀礼では、いくつかのバラモン・カーストのモチーフが取り入れられている。その一例は、バラモン祭司に夫婦を導く導師としての「語り」を行わせていることだ。祭司は床に置かれた塩（人生の困難の象徴）とダール（ひよこ豆、甘いものの象徴）を指さし、ハナムコ・ハナヨメにどちらかを選ぶよう求める。それぞれが選ぶと、祭司は塩とダールの意味合いを説明する。最後に祭司は、人生の本当の意味は両方の組み合わせのなかに存在すること、すなわち苦楽の両方を受け入れるために夫婦で団結すべきであることを説く。型どおりの説話の内容において、「二人で一致協力して」というテーマが婚姻儀礼のなかで述べられるのだ。おそらく脚本はコームッティ・チェッティヤールらが書き、その脚本どおりに教訓を説く役をバラモン祭司に行わせているのであろう。

アーコット・ムダリヤール（農業カースト）の場合、カニヤ・ダーンの儀礼はない。また、ハナムコの足をハナヨメの父が洗うという儀礼も改変されていた。彼らの場合、ハナヨメの父ではなく、ハナムコが足洗いの儀礼を自分の両親にたいして行う。その返礼として、両親は黄色い米を投げて彼を祝福する。一方、ハナムコの足を洗うのは彼の義キョウダイである。彼は愛情の表現としてハナムコに足洗いの儀礼を行った後、靴をプレゼントする。

彼らの間ではカーシヤャットラも行われる。だが、ハナムコは隠者ではなく、王族のように着飾り、世俗から離れようとする雰囲気はみじんもない。うやうやしく迎えに出るのは、やはりハナムコの義キョウダイである。

カニヤ・ダーンとおぼしき儀礼はハナヨメの両親とハナムコの両親が相対して椅子に座って行われる儀礼に改変されている。ハナヨメが皿の上に置かれたココナッツをもちあげ、母親がその上から聖水を注ぎ、父親もココナッツに触れ、祝福する。その後、皿はハナムコとその両親に渡される。ターリーがハナムコによって結ばれた後、ハナヨメは平たい石（アンミン）の上に足を乗せ、ハナムコは彼女の左足の薬指に指輪をはめる。だが、アルンダティの星を指さす行為はない。ヌハッタディの儀礼もない。

バラモンの風俗習慣の影響を受けているにもかかわらず、ハナムコとハナヨメの間に儀礼的な上下関係をつくりだす表現は入念にカットされているのだ。この結果、南インドの非バラモン・カーストの間では、夫と妻の間のハイエラルキー性も、妻を与える側と妻を受け取る側の間のハイエラルキー表現も目につかない。むしろ、ハナヨメのキョウダイとハナムコとの関係が強調され、両者の母方オジがアクターの一人として登場し、祝福や贈り物を与える。彼らが「交叉イトコ婚」志向を示しているがゆえに、北インドの昇嫁婚モデルを踏襲しえないことの証左であろう。

同位性を表現する交叉イトコ婚のモデル

サンスクリット化（上位カースト、特にバラモン・カーストの風俗習慣を下位カーストが模倣すること）の現象が非バラモン・カーストの間で流行しても、それは基底的な交叉イトコ婚のモデルを破壊するまでにはいたらなかった。この結果、南インドの非バラモン・カーストの婚姻儀礼の場合、ハナヨメ側とハナムコ側の同位性は婚姻儀礼のなかで強弱はあってもある程度表現されていた。これはバラモンの上昇婚モデルによる婚姻儀礼とは、大きなコントラストをなしていた。

これは特にナガラッタールにおいて顕著であり、ハナムコとハナヨメの位置は互換可能である。レヴィ＝ストロースのいう「限定交換」を範例とした「女性の交換」による同盟の継続がカーストの組織自体を形成していることの証左でもある。南インドにおけるカーストが内婚集団であり続けるには、両者の間にステイタス、文化的価値、経済状況などの同位性が保持されている必要がある。より高い収入や社会的地位のあるパートナーを求めて他カーストとの婚姻を結ぶことになれば、それは両者の間にハイエラルキー性をつくることになる。

結婚によって得られる幸福が安定性を基盤としたものであると人々が考え、その結果伝統的なカースト内婚がもっとも望ましいと多くの若い男女が考えるのであれば、おそらくそれは二一世紀の社会においても十分理にかなったことなのだろう。

第五章　還暦の祝いにみる「スマンガリ」の役割

シガッピ・アーッチーとの邂逅

筆者がシガッピ・アーッチーに初めて会ったのは一九九一年のことで、親戚の家で行われる初潮儀礼に参加するラクシュミー・アーッチーに同行したときだ。そのときまず驚いたのは、男性は招かれない女性だけの集まりであるにもかかわらず、規模がかなり大きかったことだ。そしてナガラッタールの間ではよく知られた有力な家のアーッチーたちが勢ぞろいしていた。アーッチーたちはあちこちのコーナーでいつ果てるとも知れないおしゃべりに興じながら、ブッフェスタイルで供されるベジタリアン食や菓子類を口に運んでいた。儀礼はとっくに終わっていたが、遅く現れた招待客らはそれを気にするでもない。主人公の少女はそこから離れた小部屋に静かに座っていて、話の輪に加わることはなかったが、アーッチーたちはその部屋の隣の部屋を次々に訪れ、彼女の母方オジから届けられた贈り物のディスプレイに見入っていた。

招来された夫人たちのなかにシガッピ・アーッチーも座り、アーッチーたちの会話を笑みを浮かべながら相槌をうち、静かに聞いていた。彼女の傍の輪の中心だったのが「パレス」の女主人として知られるミーナ・アーッチーだった。彼女はクマール・ラーニ（王太子妃）とも呼ばれ、「チェッティナードゥの女王」のような存在だ。彼女の夫のMAMムッタイヤーは一九七〇年に四一歳の若さで亡くなっており、彼女はそれ以来寡婦として過ごしていた。彼女もシガッピ・アーッチーも夫は交叉イトコであり、その結果彼ら四人は幼少期をチェンナイのパレスで過ごした幼なじみでもあった。だが彼女は夫が亡くなっても通常の寡婦のように引きこもることはなかった。豪華な宝飾品を身に着け、高価なサリーをまとって優雅に振る舞い多くの人々を惹きつけ、華やかな生活を送っていた。彼女はさっそく筆者に話しかけてきて、ナガラッタールの女性たちの生活を研究していると筆者がいうと、さっそく次の週に彼女が住む「パレス」を訪れるようにと招待してくれた。

その傍に終始無言だが微笑みをたやさずにひっそり寄り添っていたのがシガッピ・アーッチーだった。彼女もミーナ・アーッチーと同様、交叉イトコと結婚しており、兄亡き後MAMグループの総帥となったMAMラーマサミィが彼女の夫だった。

彼らは公的な行事には連れ立って出かけることが多かったが、まったく正反対の性格だった。寡婦ではあるが派手で才気煥発なミーナ・アーッチーに対し、スマンガリのシガッピ・アーッチーは静かで忍耐強く自分を出さない人物だった。

1912年にRSアンナーマライによってサマーフォード庭園を含むチェンナイのアダヤール地区のかなりの部分が買い取られ、この邸宅が建設された。ユネスコ文化遺産として登録されているチェッティナードゥにあるパレスと同様、伝統的なタミル建築様式とヨーロッパの建築様式が融合した独特のスタイルを持つとされている（CC-by-sa PlaneMad/Wikimedia）。

ミーナ・アーッチーは、「もうすぐシガッピ・アーッチーの夫のラーマサミィがサーンディの行事をするから、ぜひ参加するように」といってシガッピ・アーッチーを筆者に紹介してくれた。はじめて聞く耳慣れない「サーンディ」とは何の儀式なのか。当時筆者は皆目見当がつかなかった。しかしシガッピ・アーッチーは微笑みながらうれしそうに「準備で忙しい」というミーナ・アーッチーの言葉にうなずいている。その行事がなぜそれほど彼女を「忙しい」状態にするのか、筆者は周囲のアーッチーたちに聞かねばならなかった。

サーンディとは何か

日本でも六〇歳に達すると、夫婦で還暦の祝いをする。インドでこの還暦の祝いにあたるのが、サーンディ（Sandhi、サンスクリットで接合点の意味）と呼ばれる通過儀礼だ。かつては男性が六〇歳を超えること自体が難しく、夫が六〇歳を乗り切ることは妻にとって実に晴れがましいことだった。その頃に始まった夫の還暦を祝う行事だ。

Ｐ・ヴァーマン・カネ（Kane 1973）によれば、サーンディ（シャーンティ）という単語は、神の怒り、災難、不運な出来事などを回避するための贖罪の儀式を表す。男性が生まれた月、生まれた星（ナクシャトラ）の日を選んで数え年で六一歳になったときに、盛大に夫婦と親族縁者を呼んで祝う。この日に厄除けのマントラを唱えることで、六年に一度の厄払いができるともいわれている。また、二回目の結婚式ともいわれるように、これは夫婦の折り返し点であるから、妻が夫の脇にいなければならない。最初の妻と死別したとすれば、後妻をもらってでもこの式に夫婦で臨まねばならない。

サーンディの準備に余念がないシガッピ・アーッチー（著者撮影、1991年）。

だが、ナガラッタールは、この儀礼はバラモン祭司が執り行う儀式というより、贈与の機会だととらえている。サーンディとは、（１）妻のキョウダイからのシールと呼ばれる妻への贈り物、（２）サーンディの主催者夫婦から彼らの親族（パンガーリとその子供たち、孫たち）への贈り物、（３）サーンディの主催者夫婦から参加者とスタッフ全員への食事の供応と贈り物などが与えられる機会だ。

子供たちはすでに中年に達しており、通常は主催者である彼らの父母に贈り物をする。現金が贈られることが多いが、額はあまり多額ではない。お金という「吉兆のしるし」を贈ることが大事なのだ。主催者夫婦へのもっとも高価な贈り物は妻の母方オジの家から届く。それは二度目の結婚を象徴する金の「ターリー」と夫への金の指輪、高級腕時計をはじめとした高価な結婚式並みの贈り物の数々だ。当然のことながらパットゥ・サリーやヴェシュティ（男性用の白い腰布）、シャツ、果物や花、菓子類も贈り物には含まれる。

裏をかえすと、この儀礼は妻に対して彼女のキョウダイが「連れ合いが今まで生存していて良かったですね」と労をねぎらうことだ。そして彼の家と彼のシマイ夫婦の家との間の良好な関係を子供や孫たちのために再確認する儀礼だ。そしてサーンディを祝う妻にとっては婚家に多くの貢献をした自分をほめたたえ、スマンガリ（既婚女性）であることを寿ぐ祝祭なのだ。

サーンディには予算によって最低二〜三〇〇人のこじんまりした祝祭から、ラーマサミィのように一二万人が参加したと新聞で書き立てられたような大きなページェントまで、規模もさまざまだ。ちなみに、一九九〇年代当時の最低予算は二〇万ルピー（四〇万円）程度と言われていた。都会では当時中間層の大学出の二〇代の銀行員は月に一万ルピー（二万円）から二万ルピー（四万円）程度を稼いでいた。彼らの父親世代のサーンディの場合、最低でも一〇万ルピーから二〇万ルピー、すなわち給料の半年分程の費用を費やして行われるものだった。ラーマサミィのサーンディの場合、予算は当初から一億円以上と見込まれており、それだけでも破格だった。最終的にはおそらくその額を軽く超えていたに違いない。贈り物のなかには妻の生家からのシール以外のものも多数含まれていた。なかでももっとも高価で人目を惹き、メディアでも取り上げられたのが彼が経営する会社の従業員らがラーマサミィに贈ったBMWだった（ミーナ・アーッチーによると、その返礼としてラーマサミィは全従業員に特別ボーナスを贈ったという）。

サーンディの際に妻がキョウダイからもらう第二のターリーは、通常でも金と小粒のダイヤモンドでできている。ダイヤモンドの数と大きさは、妻のキョウダイの懐次第だ。無論妻のキョウダイがダイヤモンドを買う余裕がなければ、金だけでもよい。

筆者がその年はじめて出席したささやかなサーンディの費用は約四五〇〇ルピー（九千円程度）だった。それにはプージャ（儀礼）、会場の使用料（一五〇〇ルピー）、二〇〇人分の料理（三千ルピー）が含まれていて、おそらく彼らの息子のひと月の収入くらいだろうと思われた。だが妻の実家から贈られたターリーがどのくらいの費用なのかはわからずじまいだった。

妻の実家が裕福でなければ、妻が自分の資金でターリーやその他の実家からの贈り物を調達することになる。ある女性は一九八九年に夫のサーンディを祝い、そのために一五万ルピー（三〇万円）を費やした。彼女自身が貯蓄していた資金から出したもので、元本は持参金の一部だった。夫が一家を裕福にすることができなかったので、彼女は自分がもってきた財産を使って子供を育て、教育を施した。それを知る彼女の友人や親戚は、彼女がサーンディをともかくも執り行えたことを大いに称賛した。

このアーッチーは、近親者の女性二一人に絹のサリー（一枚約一二〇〇～二五〇〇ルピー）を贈り、近親者の男性五一人にもヴェシュティ（一枚二五〇ルピー）を贈った。衣類の贈与だけでも推定総コストは七万五二五〇ルピー（一五万円）程度になる。プージャー（儀式）には約五千ルピー（一万円）が支払われた。マントラを唱える二一人のバラモン僧侶を調達し、ヴェシュティとタオル（五〇ルピー）が全員に贈られた。配った小さな贈り物だけで推定一〇五〇ルピー（二千円以上）の出費である。

客全員に朝食、昼食、三時の軽食、スナック類、夕食すべてを提供し、二万五千ルピー（五万円）支出した。二〇人の雇われ料理人が調理を担当した。会場の装飾、写真、ビデオ、音楽に六千ルピー（一万二千円）を費やした。ダイヤモンドのターリーと指輪には二万五千ルピー（五万円）、夫への指輪に六千ルピー（一万二千円）が費やされた。

二〇〇人の親戚には、ステンレス製のトレイにのせた現金一〇ルピー、キンマの葉、檳榔の実、ココナッツ一個などが贈られ、合計で六千ルピー（一万二千円）かかった。

このサーンディをやり遂げたアーッチーは、成人した子供たちそれぞれに一キログラムの銀を使った籠（総額三万ルピー、六万円）を贈った。また、年老いた貧しいバラモン夫婦に一千ルピー相当（二千円相当）の金を少し使ったターリーを贈り、菩提寺に一千ルピー相当のサリーとサンダルペーストを寄付した。

彼女は車をチャーターし、ガソリン代を含む交通費の二千ルピーを使い、招待客一人当たり六一ルピーの交通費を使った。そして一〇〇人の招待客にビニール袋一枚を手渡した。一枚八ルピーで合計八〇〇ルピー（一六〇〇円）の出費だ。

また、ヒンドゥー教徒にとってポピュラーな宗教書であるラーマーヤナの冊子も招待客全員に贈られた。一冊三ルピーで一〇〇冊、合計三〇〇ルピー（六〇〇円）だ。

照明には発電機とガス灯が必要だったので五〇〇ルピーを使った。行事の後、アーッチーは夫とともに、子供や孫たちを連れて二日間北インドのラーメシュワラムに巡礼に行った。総勢一二人で行ったので一千ルピー（二千円）かかった。

アーッチーはそれらを筆者にこと細かく話してくれ、総費用は一五万六一五〇ルピー（三一万二三〇〇円）だったと語った。このような数字が頭に入っていて、暗算がたちどころにできる彼女の算術の能力には感心したが、これはこのカーストの女性の特徴ともいえる。いかに日々の生活での予算計画に狂いが生じないように気を配っているかがわかる話だった。

このアーッチーは兄から五万ルピー（一〇万円）を祝い金として受け取ったが、これはしっかり銀行に預金しておくつもりだ。この金額は彼女が調達したダイヤモンド・ターリーの費用よりも多かったにもかかわらず、贈り物としては十分ではないと彼女は不満をもらした。彼女は自分の貯めていたお金から催し物全体の費用を支払ったからだ。

彼女の友人によると、アーッチーの夫は大手銀行の行員だが、給料は十分ではなく、子供たちを結婚させるのにはまったく足りなかった。アーッチーの持参金と結婚後彼女が運用した資金があったからこそ、子供たちは無事に結婚できたのだ。

彼女は、兄が自分に十分な愛情を注いでくれているとは思っていない。兄は金持ちだ。自分は両親にとってはたった一人の娘で、兄にとってもかけがえのない妹のはずだ。それならもっとたくさん贈り物をくれてもいいではないか。彼女はそういって筆者に不満をもらした。

しかし、彼女はまた兄の苦しい台所事情にも一定の理解を示した。彼には五人も娘がいる。今のところ結婚しているのは一人だけだ。残りの四人をヨメに出すのは大仕事で、かなりの財産が必要だ。だから怠りなく貯金もしなければならないだろう。

筆者にそこまで一気に話してから、アーッチーは、若干思い直したらしい。そして急いで付け加えた。そのような事情を考えると、自分の兄は道徳的には妹に対する義務を果たしたといえるだろう。彼の妹に対する「愛情」は彼の五万ルピーによって、それなりに表現されていた、と彼女は見方を変えたのだ。

このアーッチーは、結局母の家からの贈り物は自分で調達することにした。自分で買ったダイヤモンドのターリーをまず兄の家に送った。そこで何日か飾らせた後、すべてをサーンディの会場となる夫のワラヴ・ヴィードゥまで車で運ばせた。そこで一切をサーンディの当日に展示し、見にきた人々に面目を施したのだ。

母の家からの贈り物のディスプレイは吉兆の印として不可欠であり、たとえ形だけであっても彼女の母の家からの贈り物という体裁をとらねばならない。筆者はその話を聞きながら、彼女の「体裁を整える」巧みさと計画性、そして全プロジェクトを通じてかかったコストを明確に把握している記憶力の良さに感嘆したものだ。

以下ではサーンディに関しておそらく二〇世紀でもっとも多額のコストをかけたであろうＭＡＭラーマサミィのサーンディについて考察してみたい。考察を進めるにつれ、実はこの祝いが主催者の

MAM ラーマサミィの一族に伝わるサーンディ用の男性用首飾り(著者撮影、1991年)。

男性ではなく、彼の妻を寿ぐためのものであることに気づかされるだろう。妻にとって「生きている夫」の存在は、最重要事項だ。生きている夫は自らの吉兆性を周囲に示し、その社会的ステイタスを確立するための依り代のようなものだからだ。

サーンディの儀式

サーンディの儀式は、婚礼のときと同じように、ムフルタ・カーラン（吉兆の男）と呼ばれる洗濯屋カーストの祭司がやってきて始められる。だが、シガッピ・アーッチーのパレスでの行事では、パンダーラムという、非バラモンのカーストで村の女神に奉仕する祭司がやってきてこれを務めた。

儀式では、ワラヴ・ワーサルの北東の一角に竿を設置する。前章で論じた結婚式の儀式と同じ、夫婦の性的な交わりを象徴する、豊穣と再生産の呪術的な儀式だ。竿が設置されたコンクリートブロックには、小さな赤いサンゴが埋められた。これは胎児を意味する。

ルドラークシャとターリー、カルッティルを身に着けたラーマサミィとシガッピ・アーッチー（著者撮影、1991年）。

前日から、中庭に六五個の大鍋が用意され、煮炊きが始まっていた。妻は普段身につけているターリーとカルッティルの両方を首にかける。夫はルドラークシャと呼ばれるヒンドゥーにとっての精神修養の象徴であるネックレスを身につけている。ルドラークシャのビーズは、ヒマラヤ山脈の木から採れる特別な果実からつくられる。通常は装飾がなく、ただのビーズであり、世捨て人となってオレンジ色の布をまとっているサンニヤーシン（隠者）たちがよく首にかけているものだ。ロザリオのように、マントラを唱えた数を数える儀式に使われるビーズである。

しかし、ナガラッタールが身につけるルドラークシャのビーズは巨大だ。そしてラーマサミィのものは金で結合され、中央に大きなどっしりと重い金の飾りがついている派手な仕様だ。サーンディ用に同じルドラークシャを祖父、兄、弟などの父系の男子が使いまわしすることになっている。隠者がもつような宗教的な「隠遁」の印ではなく、ナガラッタールのルドラークシャは吉兆と繁栄の印であり、世俗性の象徴なのだ。

アビシェーカムと宗教的功徳を積む「ダナム」の効能

バラモン祭司はマントラを唱え、火の神アグニを起こし、親族らが儀礼的な聖水を振りかける儀礼が始まるまでのパートを担当する。だが、祖先崇拝にかかわる儀礼には関与せず、その儀礼が行われている間、バラモンの僧侶たちは近くのバラモンの家にゆき、休憩を取る。バラモン祭司が不在のまま、親族から夫婦に向けた贈り物の儀礼が始まる。親族たちが籠に入った贈り物を次々とウル・ヴィードゥに運び込む。贈り物の儀礼が終わると、夫婦は親戚に連れられて近くの寺院、通常はヴィナーヤガ寺院と地元の村の女神の寺を訪れ、礼拝する。その間にバラモンの僧侶たちは休息から帰ってきて、再びマントラを唱え始め、夫婦の長寿を祈る。

規定のマントラの回数を唱え終わると、参列者が聖水を夫婦の頭上から注ぐアビシェーカムという儀礼が始まる。詠唱を規定回数唱え終わるにはかなりの時間がかかるため、祭司はアビシェーカムの儀式の前夜から詠唱を始め、二昼夜かけて、サーンディ当日のムフルタム（もっとも良い時間）のときまでに規定の回数に達するようにする。

アビシェーカムを終えた後、夫婦は訪問者たちから追加の贈り物を次々と受け取り、その間に朝食が用意され、客は食堂へと向かう。アビシェーカムの儀礼が終わると、再びマントラが唱えられ、香木が燃やされるなかを、銀のトレイにのせられたターリーがごく近い親族の間をまわされてゆく。息子と娘、妻の兄夫婦などが手を触れ、祝福されたのちもっとも吉兆な瞬間が訪れるまで、ターリーはウル・ヴィードゥのなかに保管される。

彼らに聖水をかけるのは親族のみで、この水にはミルク、ターメリックなどが含まれており、身体を冷やし清らかで縁起の良い状態にするとされている。

MAMラーマサミィのサーンディ

繰り返される交叉イトコ婚によって支えられたMAMの家系

第二章で取り上げたVSラインの中枢に位置するRSアンナーマライ・チェッティヤールには三人の息子がおり、それぞれ交叉イトコと結婚した。その長男であるムッタイヤー・チェッティヤールは交叉イトコであるシーター・アーッチーと結婚し、二人の息子が生まれた。一人はクマール・ラージャ（王太子の意味）と呼ばれたムッタイヤーで、交叉イトコのミーナ・アーッチーと結婚したが、一九七〇年に四一歳で亡くなった。彼らには子供がなく、一九九〇年代後半に夫の氏寺に属する二〇代のアンナーマライを養子に迎え入れた。

次男のラーマサミィは、ホッケーの選手になろうと考えていたくらいのスポーツ好きで、ビジネスにはあまり関心がなかった。だが兄の死により成り行きでチェッティナードゥグループの総帥となってしまった。ラーマサミィと彼の妻シガッピ・アーッチーは交叉イトコで、ラーマサミィが二一歳、

養子夫婦に生まれた孫娘を抱くミーナ・アーッチー（後方に控えているのは養子のアンナーマライ。著者撮影、1991年）。

シガッピが一六歳のときに結婚した。彼らはチェンナイのパレスと呼ばれる母屋に住み、同じ敷地内に建つ別邸には夫を失って寡婦となったミーナ・アーッチーが住む。ムッタイヤー亡き後、ミーナ・アーッチーとシガッピ・アーッチーはナガラッタール内外の行事にはほとんど二人そろって出かけるのを常としていた。

チェッティナードゥの「パレス」におけるサーンディ

ラーマサミィがサーンディを行った日の午後、群衆は一時制御不能な規模にまで膨れ上がっていた。すでに各地から大群衆がパレス周辺に押し寄せていたため、宮殿の入り口は警察によって封鎖されていた。儀礼の間中、ワラヴ・ワーサルは天幕によってふさがれていたため、三月の熱い気候のなか、ワラヴ・ワーサルのあたりは蒸し風呂のように暑くなっていて、暑さと湿気で気分が悪くなるほどだった。ワラヴ・ワーサルの屋根は密閉され、一千人以上の人でごった返していたからだ。ターメリックの水がカップルにかけられると、ワーサルはさらに何千人もの人で埋め尽くされ、押し合いへし合いが起きたため、警察は事故を心配し始めた。

サーンディの前日も、朝七時には大群衆が宮殿の入り口に通じる道にあふれかえっていた。二日目

カーナードゥカーッターン村にあるユネスコ文化遺産のチェッティナードゥ・パレス。

には、群衆はすでに宮殿入り口を塞ぎ始めていた。カーナードゥカーッターン村には、ジプシーや乞食が何百人も滞留しており、食事にありつこうと必死で、村近くでキャンプをしている家族づれもいた。食事会場は満員で、入ることがほとんど不可能だったため、多くの参列者たちは食事をせずに宮殿を後にした。

夫妻の親戚・友人たちは海外からもやって来ていた。クマール・ラーニの養子、アンナーマライの一家もそのうちの一組だった。彼らのほかにもアメリカに定住している親族が何組か訪問しており、全員が赤ん坊を連れて出席していたため、パレスの内部の女性のエリアで過ごしていた。老衰していてめったに家を出なかった人たちも、この行事には参列していた。参列しないということは、関係が途切れたことを意味するからかもしれなかった。とにかく参加して顔さえ見せておけばいいのかもしれない。

シンガポール、マレーシアなど東南アジア諸国からやってきた家族もいた。米国や東南アジア在住の女性たちは、帰途に立ち寄る都市での買い物を楽しみにしていた。儀礼に参加するという活動は贈り物のやりとりだけではなく、このような副産物もあり、大事なサーンディの行事に出るという目的がある帰国であれば、立ち寄りでの買い物の名目もたつ。それゆえ彼らの間では、母国での祭事への参加意欲があるのかもしれなかった。

贈り物を管理し与えるシガッピ・アーッチー

このサーンディの儀礼の一週間ほど前からシガッピ・アーッチーはチェッティナードゥ入りしており、執事たちに囲まれ、祝福に訪れる人々一人ひとりに手ずから贈り物を渡していた。訪問客は過去にラーマサミィの会社に勤めていた元従業員だったり、村に住む元使用人や近所の親類、友人一家だったりと、実にさまざまだった。倉庫には贈り物が山と積まれ、それぞれのセットは何種類かに格付けされていた。

筆者がもらったプレゼントは絹のサリーで、白地のビニールの皮にルイヴィトンもどきのモノグラムがプリントされた薄手のボストン風のバッグに入っていた。シンガポールあたりからの客が彼女にお土産にもってきたものを参考にしたのかもしれない。アーッチーはフェイクのルイヴィトンのバッグのモノグラムが気に入って、それを薄手の白いビニールにプリントさせたのだろう。アレカナッツやクンクムパウダー、ターメリックの根などとともに、ヒンドゥーの宗教書、バガヴァッドギーターのタミル語版の冊子も入っていた。この贈り物が「宗教的であらねばならない」ことの証左だった。全員が親族の女性たちには厚手の朱色と金糸で織られた豪華なパットゥ・サリーが贈られていた。全員が

親族のスマンガリたちに囲まれて記念写真を撮るMAMラーマサミィ。左がシガッピ・アーッチー。ミーナ・アーッチーは最前列右端。ヴァッリーは前から２列目の右から２人目、ラーマサミィの右下。右手にいる高齢の男性はミーナ・アーッチーの父。最後列で水色のサリーを着ている女性はラクシュミー・アーッチー（寡婦として数十年を経たのちも、派手なサリーを着ることを拒否している。著者撮影、1991年）。

それを身にまとい、白いシャツとヴェシュティをまとったラーマサミィを囲んで写された写真が印象的だった。ここに写っている男性はラーマサミィと端に写ったクマール・ラーニの父だけだ。彼女の父はラーマサミィの母方オジにあたるため、そこにいることには違和感がない。しかし中央に写った白いシャツとヴェシュティをまとったラーマサミィは、あたかもこの女性たちのパワー（シャクティ）に守られているかのようだった。そしてこの写真を撮るためだけに、親戚一同の妻たちはいっせいにおそろいのサリーを着用し、この行事に現れたのだ。このようにシガッピ・アーッチーの配慮と支度は実に念の入ったものだった。

来客があるたびにシガッピ・アーッ

チーは執事に指示を出し、カテゴリーの種類を伝え、贈り物を与えた。必ずそれらはアーッチーが自ら手渡す。「ルイヴィトン風」のビニールバッグに入っている贈り物をもらって自転車で家路につくかつて奉公人だった老人たちをみるにつけ、ルイヴィトン風のモノグラムを刻んだビニールバッグが、チェッティナードゥ地域にあふれかえり、流行となってゆくさまが想像できた。村で「ルイヴィトン」などを知る住民はひとりもいない。それでいてパレスからの贈り物であるという特別感がそのバッグを流行させるのだ。

実際、サーンディが終わって数日してから、どこからか筆者がシガッピ・アーッチーに贈り物をもらったことを知ったのか、もらったサリーとルイヴィトン風のバッグを「どうしても売ってほしい」と筆者に電話をかけてきたナガラッタールのアーッチーもいたくらいだ。

中央はシガッピ・アーッチー。サーンディの当日、筆者（左端）と母方オバと共に（1991年撮影）。

このように、結婚式とならんで、サーンディは地元に大きな経済効果を生み出す。それだけでなく、見返りとして主催者の社会的威信のさらなる向上へとつながる。豊富な贈り物は、贈り手の寛大さと繁栄の表現でもあり、これもまた彼らの社会的ステイタスを形成する。

一九九一年九月二〇日から二八日までの九日間、チェッティナードゥのパレスにはひっきりなしに親戚や友人の客が訪れ、パレスのなかでは食事は一日四回提供されていた。朝食とお茶、昼食、夕方の軽食とお菓子、そして夕食だが、メニューはイドゥリ（蒸しパン）、ドーサイ（米粉のパンケーキ）、イディアッパム（米粉のヌードル風のもの）、それにお菓子とコーヒーと紅茶などきわめてシンプルな純ベジタリアン食が宮殿の二つの食堂で来客に提供され続けた。

九月二六日からは招待客の数が増えることが予想されたため、食事はラーマサミィのパンガーリたちのワラヴ・ヴィードゥ六か所でも用意され始めた。パンガーリたちのワラヴ・ヴィードゥは、ラーマサミィのパレスに隣接して建てられており、それぞれが威容を誇る邸宅だった。おそらくこのような大行事のために隣接して建てられているのであろう。サーンディ行事の間、これらの六つの邸宅はラーマサミィの行事のために玄関を開け放ち、料理人を含む全調理設備をこの行事のために提供し、協力した。邸宅のなかは、親戚のための休憩所として全面的に開放されていた。招待状は三万人に送られ、実際に宮殿を訪れた人の数は九月二〇日から二六日までだけでも二万人に達し、九月二七日には四万人、二八日には六万人に達した。つまり、招待状を送られた以上の人々がつめかけたということだった。

賓客に食事を提供するためにバナナの葉を提供した使用人たちによると、この日までの訪問者総数は一二万人にのぼったという。警備と人員整理にあたる警官やボーイスカウトの人々にも一日四回の食事が振る舞われ、軽食や冷たい飲み物も、適宜供された。二日間（二七日と二八日）だけで、宮廷から提供されたペットボトルの冷たい飲み物は、約一万五千本にもなったという。

食事は少なくとも一一品目（サーンディ当日は二二品目）で、夕食だけでも五、六品目が並ぶ、典型的な南インドの精進料理だった。そしてゲスト全員と主催者の夫婦は、パレス内でいずれも同じ食事をとった。まったく同じ食事が、精進料理であるという理由から、バンガロールからやってきたバラモンの僧院長のスワミ（修道院長）にも提供された。

食事を取り仕切った執事の一人によると、一回の食事の原価は当時一人九〇ルピー（一八〇円あまり）だった。都会のホワイトカラーの給与が月二万から四万円だった頃の一八〇円とは大体今の日本の社会での感覚では二千円から五千円くらいだろう。当時、中流階級のナガラッタールの婚礼やサーンディの食事のコストが七ルピーか八ルピー（一四円から一六円）であるのを考えても、その一〇倍以上の食事のコストがかかっていた。そして、調理した一部の料理、特に米とダール（豆料理）やコランブ（野菜スープ）は、一〇日あまりにわたり、集まってきたジプシーや貧しい人々に提供され続けた。これだけの散財ができるのは、まさに富者しかありえない。ラーマサミィは南インド随一の財閥を率いる富者ではあるが、得た収益の大きな部分はこのような定期的な「ポトラッチ」[1]まがいの散財に消えてゆく。だが、その出費こそが彼のカーストのステイタスを維持する「お大尽」（資産家で気前よく使う人々）の証明にもなる。大規模な消費を通じてその周辺の中小ビジネスを活性化させるという経済効果も生み出す。

花輪をもってやってきた村人には、ソフトドリンクと、ステンレス製の小さな容器が、布袋に入れられて贈られた。ステンレス容器は、ビニールの袋に入っていたビスケットと檳榔の実、キンマの葉、クンクムとターメリックを入れたものだ。一族に仕えたことのある村人には、腰布か木綿のサリーが贈られた。しかし、執事によれば、差し出された贈り物を拒否し、もっと高価な品物がほしい、サリーやヴェシュティのほうがいいと贈られた品物のアップグレードを要求する村人もいたという。

贈り物のランクを采配する仕事は、すべてシガッピ・アーッチーが行った。ラーマサミィはゲストを迎えて言葉を交わした後、アーッチーのところにゆき、贈り物を受け取るように指示する。客が女性であれば、ラーマサミィでなく、直接アーッチーに会いに行く。贈り物の選択と購入はすべてアーッチーにゆだねられる。

シガッピ・アーッチーはワラヴ・ワーサルの近くにしつらえた小さな机の横に座り、ノートにびっしり書きこまれたリストをすべてチェックしていた。その間も頻繁に元使用人や村の友人たちが彼女を訪れる。彼女の前にひれ伏し、挨拶の言葉を交わす。それに応じてから、世間話を交わし、その後で召使いに贈り物をもってくるようにいい、自ら手渡すと、村人たちは礼をいい、去ってゆく。

ラーマサミィの「公的」私生活

上述したように、シガッピ・アーッチーの夫のラーマサミィは、兄亡き後MAMグループの総帥となった。兄が亡くなるまでは、プロのスポーツ選手になりたいと思っていただけあって、ホッケーやクリケットなどのスポーツ振興事業には資金を惜しまず支援していた。有能な部下を多数従え、不動産事業の開発や医療事業を展開するヘルスシティの開発、セメント事業などの建設業も事業展開していた。だがなによりも彼の関心をひいたのは、競馬と競走馬を育成する事業だった。

彼は当時からインド最大の馬主として知られ、七〇〇頭もの競走馬を所持し、常勝馬主としても知られていた。あまりに勝ちすぎるのでレースをしなくとも彼の馬のどれかが勝てると周囲も理解していたのだろう。ある日、パレスの応接間でぼんやりとラーマサミィの競馬のトロフィーを端からながめていたところ、トロフィーの列の最後に翌日の日付のトロフィーがすでに飾ってあった。おそらくそれなりの「出来レース」もあったのかもしれない。

政治的にも野心家で、晩年、国会議員を数年間務めたこともあるが、ラーマサミィのやり方は押しが強く、しばしば贈収賄の噂も耳にした。また、実際のビジネスは彼ではなく、彼の配下がほとんど取り仕切り、ラーマサミィはもっぱら競馬に熱中していたことも知られている。だが、さすがのラーマサミィも自分の還暦の祝いは競馬にかまけてやり過ごすことができなかった。一九九一年の秋、サーンディの一週間前からチェッティナードゥのパレスに彼は帰還していた。一〇万人もの来客が予想され、群衆整理には地元の警察やボーイスカウトまで動員したものの、幸い混乱に至らず、すべてが予測どおり整然と執り行われ、遠方からの客は行事の後、チェッティナードゥをあとにした。

宗教的な徳を積む富者の義務としての「貧者への給食」（プア・フィーディング）

ラーマサミィのサーンディを州内の津々浦々に宣伝していたポスターをみると、ラーマサミィ夫婦の写真の背後に、祖父母であるRSアンナーマライと、シーター・アーッチーが写っており、ラーマサミィが彼らの正当な後継者であることが示されていた。サーンディのポスターには日時と場所が記してあり、チェッティナードゥのカーナードゥカーッターン村にあるパレスにて行事が行われるとしてあった。つまり富者自らが施しの機会があることを公衆に通知していたのだ。

だがこのような大規模な施しはナガラッタールにとって特段異常なことではない。インドでは、富者というものは、功徳を積み、神々からの祝福を得るため、貧者への無料の給食を欠かさないことが求められる。行事の一週間前からパレスの近くの道には竿（コッタハイ）が何本も建てられ、筵を屋根とし、やってくる人々が地べたに敷かれた筵に座り、バナナの葉によそってもらって食事ができるようになっていた。何人もの召使いたちが大きなバケツ様の容器に入れたダールをバナナの葉によそい、ふんだんにご飯をつけていった。このような貧者への給食事業はナガラッタールの富者の間では常態化しており、シガッピ・アーッチーが関係する慈善団体では毎週一度、チェンナイにある寺の境内で「貧しい人々への給食（プア・フィーディング）」が行われていた。

貧者への給食はナガラッタール・カーストの富者に限ったことではない。インドの富者の倫理的義務として知られていることだ。たとえば、チェッティナードゥに位置するカーライクディに住む有名なダイヤモンド商人は、ジャイナ教徒だが、毎年秋には村の人々のために大盤振る舞いの給食を行うのを通例としていた。この行事を行っているためか、彼は村の内外では信仰心が篤く、良い人物として評判が高かった。高価なダイヤモンドを多数抱えているにもかかわらず、彼の店も自宅もセキュリティ上は最低の装備しかしていなかった。プア・フィーディングを定期的に行うことは、彼の身の安全も保証するにちがいない。

先祖について語り、「思い出す」ことの重要性

パレスのなかにあるワラヴ・ワーサル（中庭）を囲む廊下の壁には、シガッピ・アーッチーの祖父

や曾祖父の年代の先祖たちが親戚たちと一緒に撮った写真が何枚も掲げられている。親族の女性たちは、ワラヴ・ワーサルを囲む廊下に座り、おしゃべりに興じている折、傍らにいた筆者に掲げられている先祖の写真について質問するようにと促した。先祖の話をすることはそのような場面では適切で望ましい。彼らについて詳しい歴史を知りたい筆者のような存在は、このような行事にはうってつけだった。祖先について話すことは彼らを忘れないということを示すためだ。それでも時がたつにつれ、そこに座っている人々の顔ぶれが変わり、写真の人々は忘れられてゆく。しかし、もはや語られることのない祖先の仲間入りをしたとしても、「先祖」としてまとめられ、パダイップ（祖先崇拝）の儀式の折に祀られる。そうやってまとめて供養され、先祖の人々は縁起の良い守り神となってゆく。

サーンディの儀式で主導権を握る親族とスマンガリ

サーンディを祝う夫の妻は、ハイライトである注水儀式の前夜に行われる夜の儀式のために、吉兆を表すカルッティルを身につける。結婚式の折と同様アラサニカーラン（吉兆の男）と呼ばれる洗濯屋カーストの男性が立てた竿のある中庭に、レンガの台を設置する最初の作業は、夫婦に縁のあるスマンガリ（既婚女性）だけが行うことになっている。スマンガリが「吉兆」自体であると思われているからだ。スマンガリたちは年功序列で、順番にレンガを固める前に、それぞれのレンガの上に蓮の花びらを置く。富の女神ラクシュミーが蓮の花の上に座っていることを象徴するためだ。蓮の花びらは吉兆、富、純潔の象徴である。カップルが座る台もまた、スマンガリによって飾られる。夫婦がウル・ヴィードゥで先祖に祈りを捧げるときも、親族、特にスマンガリたちが儀礼の主導権を担う。

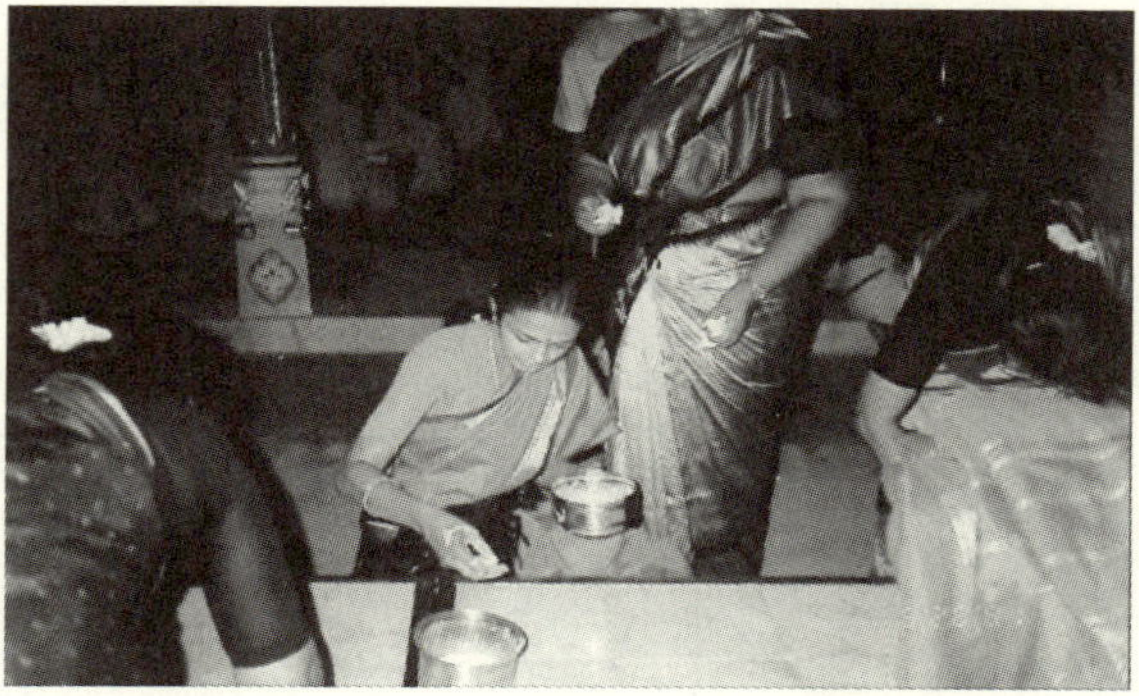

サーンディの前夜に夫婦が座る台を米粉で装飾する親戚のスマンガリたち（著者撮影、1991年）。

一方、バラモン祭司は贈答と先祖への崇拝儀礼には一切関与せず、ウル・ヴィードゥに入ることもない。先祖への儀礼が行われている間、バラモンの僧侶たちは近くのバラモンの家にゆき、休憩を取る。バラモン祭司が不在のまま、贈り物の儀礼が始まる。親族たちが籠に入った贈り物をウル・ヴィードゥに運び込む。

贈り物の儀礼が終わると、夫婦は親戚に連れられて近くの寺院、通常はヴィナーヤガ寺院と地元の村の女神の寺を訪れる。その間にバラモンの僧侶たちは休息から帰ってきて、マントラを唱える準備をする。彼らの役割はもっぱら夫婦の長寿と来世に向けた功徳づくりの支援である。マントラが二昼夜唱えられる間、炉の煙から薬草の効能とマントラの効能の両方を夫婦が吸収し、健康に役立てられるとされるのだ。だが、親族がかける水のほうが夫婦にとっては長寿にもっとも効果があると人々は信じている。そして、安寧が待っている老後を迎えるために、葬式で屍を焼く薪の火を点火する息子の役割は特に重要である。彼は両親の財産、特に家の相続人として喪主を引き受けるのであり、この儀礼はその確認であるともいえる。このため、息子がいない場合は父方のオイなどがこの地位につくが、夫婦が養子を迎えなければ彼が薪の火を点火する役割を引き受ける。

ラーマサミィの場合、この時点では養子を迎えておらず、子供がいなかったので、彼の亡くなった兄の妻のミーナ・アーッチーが養子に迎えたアンナーマライがこの役を担った。これが終わると、夫婦は更衣室に行き、子供たちから贈られた新しいサリーとヴェシュティにそれぞれ着替え、壇上に戻って座る。そして、ターリーをかける儀式の前に呼び込まれた貧しい年配のバラモン夫婦にダナム（宗教的な贈り物）を捧げる。

バラモン夫婦を送り出して後、夫婦は壇上に戻り、バラモン祭司が再び夫婦の結婚を執り行う儀式を行う。夫がトレイの上のダイヤモンドのターリーを祝福し、吉兆の赤い粉（クンクム）をつけ、夫のパンガーリがターリーに触れて祝福したのちに夫に手渡す。ターリーを妻の首にかけた後、夫が妻の額とターリーに自らの指でクンクムを塗り、本来の結婚式と同じように彼らは互いがかけている花輪を三回交換する。

サーンディはその消費行為によって結婚式とならんで大きな経済効果を生み出す行事だ。同時に、見返りとして主催者の社会的ステイタスの向上へとつながるにせよ、列席者への贈り物は贈り手の寛大さと繁栄の表現であるだけでなく「功徳を積み、来世を安寧にすることを保証する」という宗教行事でもあり、人生の最終ステージにたどり着いたことの確認なのだ。

サーンディでの贈り物

数日間、延々と続く贈り物のやりとりを見て、筆者はなぜこのようなビッグイヴェントをＭＡＭ夫妻が行わなければならないのだろうと疑問にも思った。筆者がそう質問すると、ナガラッタールの女性たちは即座に答えた。彼らのような富者が贈り物を与えることは絶対に必要だ。

まず第一に、ラーマサミィはもっとも裕福な家系のナガラッタールであり、その後継者である。そのため、彼の地位と富に見合ったグランド・セレモニーを執り行うことは必須である。夫婦には子供がいないから、子供がいれば行ったであろうさまざまな行事をこれまでしてこなかった。だからこそ、この機に特に盛大な儀式を行うことで、それを埋め合わせするのだ。すなわち、大規模な通過儀礼を行うことは、当然の経済活動であり、人生のうちで必須の社会活動でもあるというのだ。

たしかに彼らの消費行動は多くの産業にかかわり、経済を刺激する効果がある。それは筋が通っていて、社会的に信用がある富者であれば、当然慈善事業にも資金を投下しなければならないというのも理解できる。そのためにナガラッタールの男たちはビジネスに精を出し、浪費をしないのかもしれない。そんな「ケチで吝嗇な彼ら」が他方では何百人、何千人の貧者に食事を与え、宗教的な功徳を積むことにも余念がない。だが、それは浪費ではないと彼らはいう。所属カーストからは何の批判も受けない。クリストファー・A・ベイリーによれば、インドの商人たちは「名誉」を重要視している。それは信用となり、彼らの社会生活にとり不可欠な要素となっているのだ（Bayly 1983）。

寺院や巡礼地に対する彼らの絶え間ない「慈善」という形での資本投下は、商人としての宗教的功徳を積むことではある。だが、同時に幅広いビジネスチャンスを広げることでもある。寺院や巡礼地での慈善行為は地元の親族の支援に頼ることができないような遠隔地での信用を獲得することにもつながる。それゆえ結婚式やサーンディといった冠婚葬祭への多額の支出は、この倫理観に反するものでもない。資本投下は、世評を高めるためであり、親族だけでなく友人やビジネスパートナーとの絆を新たにするためでもある。そして、彼らの出費は直接的に地域経済を刺激する効果を生むのだ。

スマンガリとして、家の管理人／保護者としてのアーッチー

ナガラッタールの間では、大きな行事の手配はほとんど一人でアーッチーが行う。大きな家であれば、執事が手助けするが、彼に指示を与えるのはアーッチーだ。経験がものをいう大きな行事の支度には、シュウトメ、祖母、姉妹、イトコたちも手伝う。南インド社会では、家を預かる主婦の下に男性の使用人がいることはきわめて例外的である。裕福な家では女性の小間使いがいることが多く、たまに料理人に男性がいたりする。だが家庭内に親族ではない男性を使用人として抱え、主婦が一人で彼らを仕切るということはインドではかなり特異な慣習でもある。

最後の片付けをするアーッチー

サーンディへの準備段階の日々、他の家族やゲストが食事を終え、それぞれの部屋に引きこもった後、シガッピ・アーッチーは家の台所にしつらえたテーブルに座り、召使いたちとともに遅い夕食をとっていた。

彼女が座っているキッチン用のテーブルの近くの床には一〇人以上の召使いたちが座っている。女性よりも男性の使用人が多く、皆がそれぞれアーッチーと世間話をしていた。アーッチーは静かに話に聞き入りながら夕食を食べていた。このような機会に、お互いが知っている人々の近況や市場での

出来事を話すのが日課らしかった。男性使用人たちとアーッチーの間には同志といってよい雰囲気が漂い、むしろそのような関係によって彼女がこの家の支配人であることが再度確認された。

使用人たちとおしゃべりをすることは、彼女が精通していなければならない貴重な情報を得ることにもなるが、男性の使用人らは男性客との距離が近く、彼らが考えていることを把握することも可能だ。女性が把握しがたい情報を執事らが伝えてくれるのをシガッピ・アーッチーは聞き取り、静かに彼らの意見にも耳を傾けているのだった。

宴の後

サーンディの行事は夜半に至り、ようやく終わりを告げた。九時を過ぎ、皆が床についた後も、召使いたちは床に散乱した花や紙片、花輪などを黙々と片付けていた。だがシガッピ・アーッチーの仕事はまだ終わっていなかった。彼女は執事たちとともにワラヴ・ワーサルの隅に座り、花輪の山と残った贈り物の処理に追われていた。贈り物の数々を倉庫に運び込むための整理に余念がなかったのだが、召使いの数は多いので彼女がそこにいてもいなくても最終的にすべては片付けられるはずだ。

だが司令塔はシガッピ・アーッチーで、この家の運営のすべてを仕切っているからそこにいなければならない。別の部屋にも、未使用の贈り物の山があった。これを片付けて倉庫のしかるべきところに運ぶよう指示を出し、それが終わると、彼女はワラヴ・ワーサルを一周し、掲げられている写真のすべての先祖に敬意を表し、一礼していった。先祖の写真に触れ、彼らから祝福を受けた。これは女主人である彼女しかできない礼拝だった。

RSアンナーマライの肖像画に触れ、拝礼するシガッピ・アーッチー（著者撮影、1991年）。

彼女は最後に二四時間エアコンで空調されているラーマサミィの母親のメイヤンマイ・アーッチーの部屋を訪れた。メイヤンマイ・アーッチーは特別な存在とみえ、この空調が効いた部屋には彼女の巨大な写真だけが掲げられていた。部屋にはバンガロールから毎日空輸されるという新鮮なバラが大きな花輪にされ、写真の周囲を飾っていた。そのむせるようなバラの香りとキンキンに冷やされた部屋の冷気に筆者は恐れをなしたが、シガッピ・アーッチーは平然とその巨大な写真にも一礼し、写真に手で触れ、彼女からの祝福を胸に手をあてて受けるしぐさをした。おそらくこのパレスにいるときはいつもそうしているのであろう。次にラーマサミィの祖父であるラージャ・サー・アンナーマライ、祖母のシーター・アーッチー、父親のムッタイヤーと母親のメイヤンマイ・アーッチー、亡くなった兄のムッタイヤーの写真が掲げられている部屋も訪れた。彼女は写真の一枚一枚にクンクムを施し、自分の額と首から下げた二つのターリーにも同じようにクンクムを施して加護を祈った。日常生活の一部を切り取ったこの儀礼は、彼女が家を守る人であることの象徴的な表現であり、彼女が夫と家を守ることを決意していることの自らへの表明でもあった。彼ら先祖からの加護を得ることは、まさしく夫の利益でもあり、それは彼女のスマンガリとしてのステイタスを守ることに直結しているのだ。

筆者はこのサーンディの後、しばらくぶりに会ったアーッチーに対して、この日の夜のことについて言及し、「シガッピ・アーッチーはとても疲れていたようだった」と感想をもらした。すると、次のような答えがすぐさま返ってきた。「どんなに疲れていても、これは彼女のサーンディだ。だから何があっても最後までやりきらなければいけない」。この言葉からも明らかなように、サーンディは実際には夫の長寿をもたらしたスマンガリのお祝い行事なのであり、ナガラッタールの女性たちはその事実を熟知しているのだった。

守り守られる存在の夫婦

南インドでは北インドと異なり、妻はよそ者ではない。交叉親族としてあらかじめこの家の利益と結びついているところからやってくる。ベネットによれば、北インドではステイタスの高い家に嫁ぎ、実家のステイタスを格上げしてくれる「聖なるシマイ」に対し、他所からやってくる「危険な妻」という対抗軸がつくられている（Bennett 1983）。彼女は夫の家についてはよく知らず、しかも格下の家からやってくるためにそれを埋め合わせるための「ダウリ」という贈り物を抱えてやってくる。うっかりすると家格を破壊しかねない。

だが、南インドでは交叉イトコ婚によって妻と夫の家はすでに知り合って縁組を結んでいる過去がある。夫の家の繁栄と夫の健康は、そのようなアーッチーたちによって守られる。男性にとり、自分の長寿と繁栄を祈るのはシマイだけでなく妻も同様だ。それゆえ彼女は夫にとって「吉なる存在」だ。同時に、彼女のスマンガリとしてのステイタスは彼の生存に支えられている。

ベック（Beck 1974: 7）は、タミル社会における女性の立場について、女性は親族という存在に囲まれて守られている核であると述べる。彼女の夫、兄弟、息子、父親といった男性に囲まれ、母の家と父の家をいったりきたりしてつなぐ存在なのだ。長期にわたる贈り物交換のコンテクストのなかではこれは正しい。だが、別の観点からみると、スマンガリに囲まれたラーマサミィの写真が示すように、親族の女性たちに囲まれて長寿であるように守られるのは男性のほうである。彼女らの加護に頼っているからこそ多くの儀礼は「スマンガリ」を必要としており、外部者であるバラモン僧侶がターリーに触れることは許されず、最初の聖水をかけるのも親族であらねばならないのだ。

「シャクティ」という神話

タミルの社会では、権利と義務は主に男性と男性の関係から生まれる。父と息子・孫、義理の兄弟・義理の息子と義理の父などがそれである。だが、神話では、女神の夫を含むすべての存在が女神

（シャクティ）によって形成される。生きとし生けるものはつねに変化しており、その変化を生み出すのはシャクティ、すなわち動態的な力であり、それは女神そのものでもある。

しかし、神話上の女性や女神は、非常に両義的な存在である。繁栄や雨をもたらすだけでなく、飢饉や病気ももたらす。民間伝承では、女性が適切に扱われないと、男性に災難が降りかかったり、間違った振る舞いをした女性が家族や夫に「火傷」を負わせたりする。したがって、女性の力を最大限に建設的に活用するためには、女性はつねに男性の親族に従わなければならない。そうすることで男性は女性からもたらされる祝福と幸運から利益を得ることになる。シマイの祝福は父や兄弟の戦いに勝利をもたらし、貞淑な妻は夫の繁栄と権力を増大させる。男性は、自分の保護下にあるこれらの女性を粗略に扱ってはいけない。粗略にすれば、彼女の呪いに身をさらすことになる（Beck 1974）。無論、この解釈はあくまで「神話的」なものだ。

ベックによれば、交叉親族（姻族）とは、友好的でなじみ深く、贈り物を交換すべき相手である。一方、平行親族（親族）とは、より形式的で控えめな交流が期待される。南インドでは、夫とそのキョウダイ、シマイは、親族用語でいう分類上の平行親族であり、シマイの行動パターンは彼らへの協力と友情を表現している。

ナガラッタールの事例はベックの主張によく合致しており、アーッチーの役割は、ベックの主張どおりにコミュニティの人々によって理解されているようにみえる。シガッピ・アーッチーは交叉イトコと結婚しているが、息子がいない。にもかかわらず、親族関係の核として周囲の男性親族に守られているが、同時に彼女はスマンガリとして夫を守っている。子供は養子をとることができるため、親族構造の中心にいる女性は、たとえ自分の子供をもてなくてもステイタスを保持できる。そして親族の男性たちの関係を「固める」役割を果たす。妻なくして男性の社会的地位の獲得もない。また、妻としての女性は、吉兆（マンガ・ラム）と強く結びついており、それには「生きた夫」が必要だ。

スマンガリの死後——確執に関与する「パンガーリ」たち

サーンディの数年後、チェンナイでシガッピ・アーッチーに会った折、彼女の体調はあまり良くはないようだった。大病を患い足の手術をしたといい、歩行にすら困難をきたしていた。だが、サーンディの四年後、彼らはアイヤッパンを養子に迎え、妻を迎えさせて初孫が生まれていた。孫の誕生にはラーマサミィも満足し、アイヤッパン夫婦と孫たちとともに撮った幸せそうなシガッピ・アーッチーの写真もある。しかし彼女はサーンディの儀礼を終えたのち、一五年後の二〇〇六年に六九歳で没した。

シガッピ・アーッチーの死とともにラーマサミィと養子に迎えたアイヤッパンの間には亀裂が入りだす。彼らの関係は坂を転げるように悪化し、ラーマサミィはついにアイヤッパンを廃嫡するという暴挙に出た(2)。二〇一五年六月、ラーマサミィはチェンナイのパレスに記者たちを集め、アイヤッパンはすでに廃嫡されていると発表し、つめかけた記者たちを驚かせた。そして自分の財産はすべて二つの信託に残し、イトコでパンガーリのACムッタイヤーに任せると宣言したのだ。

一方、アイヤッパン自身もチェンナイ市内の厳重に警備された自らの事務所内で会見し、「私の命は危険にさらされている」と公言する。ラーマサミィのパンガーリの誰かが自分の命を狙っていると公表したのだ。

両者にとっての大きな問題は、チェッティナードゥセメントという、アイヤッパンの努力によって急伸を遂げたグループの中核会社の経営権だった。会社を刷新する過程でラーマサミィが重用していたスタッフをアイヤッパンが解雇したこともラーマサミィの逆鱗に触れた。ラーマサミィはこの経営権は自分にあると主張する。だが、アイヤッパンは、彼は会社を自分で経営したことはなく、三八年の間一度もオフィスに足を踏み入れたことすらないではないか、と反論した。新聞の報道によれば、ラーマサミィが信頼する配下に会社を運営させ続けようとしたことが直接のいさかいの原因らしかった。だが、アイヤッパンがチェッティナードゥセメントの経営に直接携わってから同社の業績は一〇倍に成長していた。当然ながらそれはアイヤッパンの手腕に帰するところが大きく、そのことは世間も認めていた（Shoba 2015）。アイヤッパンは効率的な運営をし、大きな成果を上げ、株主総会でもそれを認めていると主張した。逆に、老いて経営判断力に乏しいのは彼の義父のラーマサミィだと酷評し、一方ラーマサミィは逆にアイヤッパンが自分を経営陣から排斥したと激怒していた。

「義父はパンガーリたちにそそのかされ、私が彼の財産のすべてを自分のものにしようとしていると誤解したのです」とアイヤッパンはプレスに訴えた。そしてその誤解こそが、ラーマサミィが彼を廃嫡した理由だという。

実際のところ、ラーマサミィは怒りのあまり、チェンナイの会社登記官を買収し、彼から経営権を剝奪しようとする株主総会の決定を無効化しようとした。このことが警察の捜査で明らかになっていたため、当時ラーマサミィにとっては不利な情勢が続いていた。だが、なぜアイヤッパンは急いで義父を経営から外そうとしたのだろうか。黙っていればラーマサミィの死後、自然にすべては彼のものになるのに。記者会見に出席した記者たちはそう尋ねた。するとアイヤッパンはいう。二〇一三年にラーマサミィが経営するアンナーマライ大学が、財政不正疑惑により管理運営権を州政府から取り上げられた事件が彼を不安にさせたのだと。同じことがチェッティナードゥグループという企業集団にも起こらないとは限らない。だから先手を打ったのだ（Ananda 2015a）。

だが、このようなラーマサミィとの確執は、ラーマサミィのパンガーリの男性らによって悪化したものだとアイヤッパンは主張した。実はアイヤッパンはラーマサミィと同じシヴァ寺の氏族に属していない。つまりラーマサミィはパンガーリではない別の氏族から養子を迎えたのだ。そのような「イレギュラーな事例」を引き起こしたのはシガッピ・アーッチーだ。彼女はアイヤッパンに米国で会ったとき、一目で気に入ったのだ。これがおそらくラーマサミィのパンガーリたちが気になっていたことに違いなかった。すでに何度か述べたように、このカーストでは先祖の財産を引き継ぐ養子として同じ氏族集団（パンガーリ）に属していなければ、カースト内では正式な後継者とは認められない。だが、彼のパンガーリが大いに反対していたのを押し切り、ラーマサミィはシガッピ・アーッチーの意見を入れ、アイヤッパンを養子にした。一説には夫婦ともに南インドで人気のある男神「アイヤッパン」を崇拝していたため、同じ名前をもつアイヤッパンに惹かれたのだと。だが彼女が亡くなって、二人の男性の間をつなぐ絆がなくなった。彼らの関係は急変したのだ。

アイヤッパンはいう。「ラーマサミィはすでに一族の最長老であり、誰も彼に助言できる人物がいない。それがそもそもの行き違いを引き起こしたのです」。ラーマサミィがアイヤッパンを廃嫡したことについて発表するつい五日前にも、アイヤッパンはラーマサミィに会っている。そして、今までの行き違いを詫び、膝を屈して「やり直しをしましょう」と懇願したという。だがラーマサミィは頑として受け入れなかった（Chandramouli 2017）。「チェッティナードゥセメントの経営権を自分の手に取り返すまで、彼は私のどんな申し出も聞き入れないといったのです」。

世代間の違いと二一世紀の波

おそらく、シガッピ・アーッチーがいたなら、このようには事は運ばなかったに違いない。だが、この種のいさかいは、結局「世代の違いによる経営スタイルの違いによるものだろう」と、あるCEOは取材にきた記者に語る。ラーマサミィは一時代前の殿様商売のやり方だ。そうやって部下に一切を任せても経営が成り立っていた時代に生きてきた。だが、時代はめまぐるしく変わりつつある。彼はRSアンナーマライ以降、チェッティナードゥの「王族」として生きてきた一族の末裔だ。しかし、王族のように富をひけらかすようなやり方は、本来のナガラッタール・カーストのスタイルではない。ラーマサミィの一族のスタイル自体がカーストの本来のスタイルではないというのだ。

「三代前のRSアンナーマライがビジネスで大成功を収めたのは当時の英国植民地政府の総督夫婦

との交友関係によるところが大きかったはずだ。彼は総督の妻にとても気に入られていたから」と、記者も暗に英国植民地時代の「ネポティズム」（えこひいき）がRSアンナーマライをあそこまで上り詰めさせたのだと類推する。だが二一世紀の経営戦略は当時とは大きくかけ離れている。ラーマサミィに忠実であるだけで会社の禄を食むスタッフを大勢抱え続けることは無駄だとアイヤッパンは判断した。整理し無駄を省き、スリムにした。米国で働き、米国の経営スタイルに慣れていたアイヤッパンは、システム的な会社経営を導入し、経営戦略とコスト管理を徹底していった。それにより、チェッティナードゥセメントを大躍進させ取引額を一〇倍以上にした。

「私は一生懸命働いて、一族の財産を増やすことに専念してきました」とアイヤッパンは語る。「義父は自分が興味がないことだったら私にやりたいようにさせてくれていました。だからチェッティナードゥセメントを当初は私が運営しても何もいわなかったのです。私が売り上げを一〇倍以上にしてからようやく気になりだしたのです。経営権を自分の手に取り戻す、といっても、彼は会社には三八年間一度も足を踏み入れたことがありません。関心がなかったからです。そしてその間一族でもない部下が経営していたにすぎません。でも私が経営し、努力した結果、業績を一〇倍に伸ばしました。それをみて、彼は経営に口出ししてきたのです」。

自分の財産をアイヤッパンにすべて取り上げられたと主張するラーマサミィに対し、アイヤッパンは強く否定する。ラーマサミィの口座にはいつでも自由に使える四億ルピーの現金がある。彼の七〇〇頭の馬の維持費用も会社が負担している。「一頭の馬の維持に月一万ルピー（一万八千円）かかります。それが七〇〇頭ですから、馬だけで毎月七〇〇万ルピー（一二六〇万円）かかります。それを会社が負担しているのです」。そういってアイヤッパンは、自分が義父にお金を渡していないというラーマサミィの発言を一蹴する。

記者の取材に匿名で応じたくだんのCEOにいわせると、ラーマサミィとアイヤッパンの問題は、世代間の経営スタイルや考え方の違いの問題でもある。業界では若い世代はアイヤッパンのやり方を支持するだろう。だが、年配者は経験と年齢を尊重すべきだと主張し、ラーマサミィを擁護するだろう。だが、おそらくアイヤッパンが主張するように、彼がラーマサミィと同じ氏族に属する「パンガーリ」であったなら、事態はこれほど悪化しなかっただろうとも彼は認めた。

激怒しているラーマサミィは自分の財産をすべて二つの信託に移し、パンガーリのACムッタイヤーに託した（Vaitheesvaran 2015）。ACムッタイヤーはRSアンナーマライの三人の息子の一人から派生した一族の総帥であり、ラーマサミィとは別の企業グループを形成している。しかしACムッタイヤーは彼と同年代であり、ラーマサミィの死後、信託財産の将来を運営してゆくような時間的余裕はない。おそらく彼は自分の息子にこの信託財産の運営をゆだねることだろう。それ自体はきわめて自然な解決法であるように思われる。もしかして彼の息子の代でアイヤッパンの一族との和解が成立し、信託財産を運営する委員会に彼の名を入れるかもしれない。

この問題についてミーナ・アーッチーは終始沈黙を守っていた。だが、プレスは彼女と彼女の養子もまた不仲になっている事象を取り上げてきた。彼女が一九八〇年代に養子に迎えたアンナーマライは、ミーナ・アーッチーの夫の氏族に属すパンガーリだった。だから、たとえパンガーリから養子を選んでも不仲になることは避けられないかもしれない。彼もまたラーマサミィとうまくいかず、本人の希望もありミーナ・アーッチーはアンナーマライを米国に留学させ、その後彼はマイクロソフトに勤めるエンジニアとなった。それから数年後、彼は一家でインドに帰国した。

だが、帰国後教育産業に進出しようとして課外教室をチェーン化し、多くの生徒を集めたものの、法制上必要とされるいかなる教育委員会にも所属していなかった点を突かれ、裁判所からは全生徒への賠償を命じられ多額の損失を被った。その事件以後、彼は社会的に抹殺され、引きこもりの暮らしを続けていた（Ananda 2015b）。

しかし、度々の不行跡にもかかわらず、ミーナ・アーッチーはアンナーマライを廃嫡にはしていない。一定の経済的なサポートを続けつつ、彼女の教育機関や財産すべての相続権は信託財産とし、彼女の養女であるプリタに任せた。プリタは他カーストから迎えた養女であるが、もともとミーナ・アーッチーの親友の女性に生まれた女児である。生家もきわめて裕福で、ミーナ・アーッチーの財産を当てにする必要もない。彼女は成人して後は多額の持参金をもらい、生家が選んだ同カーストの男性と結婚し、生家がスタートさせた大きな病院の経営に専念している。プリタを結婚後も「娘」として処遇するというきわめて自由な選択をしたミーナ・アーッチーだったが、驚くことに保守的なナガラッタールたちからさえ、この処置に対しては何ら反発は受けなかった。養子とはうまくいっていないのに他カーストの養女とはうまくいっている。だが、それはおそらく養女は彼女の財産には関心がないからでもあり、自分の財産である限り、アーッチーはそれを「好きなようにする権利」がある。異カーストで「女性」であるプリタがパンガーリの共有財産を引き継ぐ資格はなく、その財産には関心すらもっていないことは明らかだった。それゆえパンガーリの男性たちからも反対の意見はなかったのだ。

プレスはミーナ・アーッチーのアンナーマライに対する処遇をもち出し、ラーマサミィのアイヤッパンに対する仕打ちを暗に批判した。そして、このような混乱のなか、今度はアイヤッパンがラーマサミィを相手取って廃嫡の無効を訴えた。しかし係争中の二〇一五年、ラーマサミィは没し、アイヤッパンは現在ラーマサミィの息子としてチェッティナードゥセメントを率いている。しかしラーマサミィのパンガーリたちとの関係はいまだ修復されてはいない。

暗転したラーマサミィの生活

「子供の頃、このパレスでみんな一緒だった。あの頃は一番幸せだった。だがもうあの頃には戻れない」。死の数週間前、二〇一五年のインタビューで、ラーマサミィは過去をこう振り返っていた。当時はすでにほとんど椅子に座ったままだったが、毎朝、彼の居室から離れたプージャ・ルームまで歩き、祈りを捧げるのは欠かさないという。「信心深くて何が悪いんだ？　私はとても感傷的な性格だ。運を信じているし、人生の大半は運に恵まれてきた。そして、運命的なものも信じている」。

彼はシガッピ・アーッチーとの婚約が決まった日のことを記者に語る。一九歳のある日、両親とオジが彼を呼び出し、一三歳のシガッピとの結婚を決めたと告げた。それが「運命的なもの」だというのだ。シガッピ・アーッチーとの結婚は、彼にいわせると「幸せな、満足のいくものだった」という。

「シガッピが生きている限り、家族もみんな一緒にいられた」。

彼女が他界してからの一一年間というもの、ラーマサミィの暮らしは安寧とは無縁だった。彼が感じる安息感、幸福や安定感のほとんどは実はシガッピによって醸造された、空気のようなものだったのかもしれない。彼はシガッピが亡くなってからはじめてその事実に思い至った。

彼女を失ったことがその後の人生を暗澹たるものに変え、生活はみじめなものになっていった。彼女にしてしまった仕打ちへの反省、彼女の空気のような温かさへの郷愁が、死の数週間前に彼の脳裏によぎったのだろうか。

だが、このような家族内での経営方針の違いをめぐる紛糾自体は、ナガラッタールのなかでしばしば起こってきたことだ。それゆえパンガーリの分裂と再編成は繰り返されてきた。ラーマサミィとアイヤッパンの分裂は、氏族（クラン）から分裂する分節化した小氏族（リニジ）の創設という歴史のひとつとして、後に語られてゆくかもしれない。

今回の抗争のなかで、良いことがひとつあるとすれば、それはアイヤッパンが全力でラーマサミィのパンガーリと戦い続けることを決意したことだろう。養子になった当初、筆者は彼と彼の妻に会ったことがある。当時は義父の真似をして女優と浮名を流し、プレイボーイを気どって美しい妻を打ち捨てて顧みていなかった頃だ。妻は憔悴し、悲しみに満ちた表情をしていた。だがもはやそのような面影はない。彼は妻と家族のもとに帰り、一家をあげて世間の荒波に抗している。彼は正気を取り戻し、経営に専念し、妻は教育事業に全力を注いでいる。「全力を傾けて一族の財産を守り、増やしてゆくのが自分の務めだ」とプレスの前で言い切ったアイヤッパンは、その言葉を実行するべく自分を追い込んだ。

長い目でみれば、彼はそのようにして自分の経営スタイルを確立し、ビジネスマンとして社会に貢献してゆくことになるだろう。彼を養子にするというシガッピ・アーッチーの判断は、その点では正しかったのかもしれない。あるいは、たとえ彼女がアイヤッパンを選ばずとも、このような「分岐」は誰であっても避けられなかったのかもしれない。ラーマサミィがいったように、それはよくわからない「運命」のようなものだ。だが、彼女に選ばれた息子として、アイヤッパンとその家族はシガッピ・アーッチーを理想のスマンガリとして崇拝し続けてゆくに違いない。

第六章　葬送と寡婦たち

突然の死

二〇〇四年の春、外出先で携帯の電話が鳴った。発信元をみるとチェンナイのウマーだ。だが、電話から聞こえてきたのは彼女の夫のナーラーヤナンの声だった。通常、彼が電話で筆者に話すことはほとんどない。彼の声を聴いてそれだけで何か悪いことが起きたのだととっさに悟った。案の定、数分後に発した彼の言葉に筆者は言葉を失った。ウマーとナーラーヤナンの娘ヴァッリーの夫、パラニアッパンが交通事故で数日前に亡くなったという。

彼はまだ三〇代で、小学生の娘が二人いる。一三年前にヴァッリーが結婚した折、彼らの結婚式を筆者はつぶさに目撃していた。交叉イトコ同士でヴァッリーはパラニアッパンよりひとつ年上の二六歳だった。二人とも優秀で若く美しかった。皆が似合いの夫婦だとほめそやし祝福していたものだ。どこからみても彼らの生活は満ち足りていたようにみえた。パラニアッパンは米国でMBAをとり、結婚後数年はインドを代表する大企業のタタに勤め、ギリシャのキプロス島にある駐在事務所に数年間赴任し、新婚生活を送ってから退社し、父親の経営する紡績工場の経営を引き継いでいた。父と同じように、工場があるティルチ周辺とチェンナイの間を毎週車で行き来していたものだ。その途中の不慮の事故だという。彼の運転手が木に激突し、助手席に座っていたパラニアッパンだけが命を落とした。まったく信じられない展開だ。妻のヴァッリーは三九歳で寡婦になってしまった。

暗転した運命、取り外されたターリー

夫を失った当初から、ヴァッリーは数年の間鬱の状態から抜け出せずにいた。筆者がチェンナイで彼女に会ったのは夫の死後四か月あまりたってからだ。彼女と運命をともにするかのように、彼女の実家は嘆きに包まれていた。気晴らしに外に出かけることもない。朝娘たちを学校に行かせると、その足でヴァッリーは歩いて数分の実家にやってきて床に横たわり、嘆き悲しんでいた。依然として喪中の状態だ。

ヴァッリーは筆者に会うと、死の直前まで夫がもっていた携帯電話を見せた。いまだに形見として肌身離さずもっているという。それを見せながら事故の日の出来事を話しだした。長女のカーンティ

が州のバドミントン大会で優勝した。それを真っ先に告げようと携帯で夫を呼び出した。だが電話から聞こえてきたのは聞きなれない男の声だった。ヴァッリーが警戒して夫を出すように要求すると、その男は自分が警官であり、事故現場に落ちていたパラニアッパンの携帯を拾い上げたときに着信があったのだという。そして彼は、たった今しがたパラニアッパンが息を引き取ったと告げた。ヴァッリーは耳を疑った。娘の優勝の喜びから一気にどん底に叩き落とされたのだ。聞いている筆者も言葉を失った。指示に従って現場近くの病院にかけつけ霊安室で夫の亡骸と対面した。それから後は夢遊病のような状態で、ヴァッリーは夫の葬式を終えた。だが今もふと夫が出張から帰ってくるような気がする。寡婦になったのだという現実が受け入れられない。だが自分が寡婦だという現実は徐々に彼女の日常をむしばみ、彼女のそれまで築き上げたアイデンティティを突き崩してゆく。彼女の同年代の既婚のイトコたちとはまったく違う生活と待遇が彼女を待ち受けていたのだ。

もう華やかな場所にゆくことも、ショッピングや外食にゆくこともできないだろう。そうやってただ老いて死んでゆくのを待つだけの生活だ。絹の豪華なサリーはおろか色つきのサリーを身に着けることもない。なぜなら、婚礼やサーンディには足を踏み入れることができなくなったからだ。その現実を受け入れられず、彼女はサリーではなく地味で目立ちにくいチュリダーを着ていた。長い上衣の下にゆったりとしたズボンを履く北インド風の装束で若い女子学生たちがよく着る着衣だ。ターリーを身に着けているかどうか尋ねると、胸元から細い金の鎖を取り出してみせた。それはターリーではなく、単なる金のネックレスだ。「何か首に着けていないと気持ちが落ち着かないから」と寂しげな表情で微笑んだ。妻としてパラニアッパンと過ごした日々が遠ざかってゆくのを懐かしく思い出すようにその鎖を手にして一瞥し、また胸元にしまった。ターリーは自分で外して誰かに渡したのだろうか。ヴァッリーはうなずく。受け取った相手は彼女の父だ。葬式が終わった日、実家の自分の部屋にいるとナーラーヤナンが入ってきた。そしてターリーを渡すようにいった。ヴァッリーは首からターリーを外し、ナーラーヤナンに渡し、彼はターリーをもって部屋を出ていった。ターリーが彼女の胸から失われたとき、どれほどの悲しみが彼女を襲っただろうか。そして、なぜそうせねばならなかったのか。筆者にはどう考えてもわからない。ヴァッリーの話を聞いてナーラーヤナンに怒りすら湧いてきた。

寡婦になったらターリーを外すのがインド社会の規範だが、この行為がどれほどの苦痛を彼女に与えただろうか。ターリーを外すことは女性たちを絶望の淵へと突き落とす。おそらく夫の死以上にこの行為は女性たちへのストレスをもたらすはずだ。肌身離さず身に着けていたターリーを外すということは社会的死を意味するのだ。

娘たちが学校にゆくと、母の家にやってきて一日中床の上に身を横たえたままで起き上がることすら容易ではない。筆者が滞在している間も彼女に何かのキャリアをつけさせようという動きもあった。知り合いのＩＴ関連の会社でプログラミングの道に進むことも勧めてみた。ヴァッリーも興味を示した。だが彼女のシュウトで母方オジでもあるラクシュマナンは強く反対した。「幼い娘たちをおいて働きにゆくべきではない。今もっとも大事な時期にある娘たちを育てることに力を注ぐべきだ」。たしかにそれは一理あることだと筆者もうなずいてはみた。だが、このまま寡婦として社会的に抹殺されることはヴァッリーにとっては耐え難いはずだ。そして「社会的抹殺」を示す親族の何気ない所作によってもヴァッリーは深く傷つけられ続けていた。

社会的ステイタスを奪われる寡婦の生活

母方祖母のラクシュミー・アーッチーにとって、ヴァッリーは彼女の夫が亡くなるまではもっとも気に入りの孫娘だった。だが、夫の死後数か月たってから、彼女の所作は気に入りの孫娘であるはずのヴァッリーに「社会的な死」を認識させるそれへと変わっていった。孫たちを招いて催した昼食会で、ヴァッリーは自身のステイタスの変貌を否応なく認識させられる。庭に咲いたジャスミンの花を摘み取り、ラクシュミー・アーッチーは孫娘たちを並ばせ、それぞれに花を渡していった。だが、ヴァッリーの前までくると、アーッチーはわざと彼女を飛ばし、次に並んでいた孫にジャスミンの花を渡した。寡婦になれば、花などはもはや身に着けることすらかなわないということを行動で示したのだ。

イトコたちの前でこのような所作をされ、ヴァッリーは衝撃を受け、深く傷ついた。それは自分の社会的ステイタスが突然変わったことを悟らせられる瞬間でもあり、彼女の自尊心は失われ、絶望感は深まった。このような小さな出来事が積み重なり、若い寡婦たちはプライドを失い、もはや自分には社会的な価値がないとすら思い詰めてゆく。彼女のような境遇に陥る若い寡婦はインドには決して少なくない。

以下にみてゆくデータが示すように、インドの女性が寡婦になる時期は二極化しており、三〇代後半と六〇代以降となっている。つまり、ヴァッリーのような三〇代で寡婦になるケースは必ずしも珍しくはないということなのだ。

寡婦が陥る困難さとインドの家父長制

若い寡婦は夫の婚家が扱いに困るという故で嫌われ、「前世の行いが悪かったから夫を早死にさせたのだ」と婚家からは怨まれる。一方、六〇代以降の寡婦の多くは経済的に困窮する。そして悲惨な生活を送ることになる。インドでは寡婦の経済的な困難さは長らく社会問題化しているのだ。

インドの寡婦が抱える経済的・心理的な苦難については、インド内外のメディアが度々取り上げている。独身女性や既婚女性であっても被る性差別と切り離して考えることはできないが、独身女性や既婚女性に比べても経済的な困難や社会からの差別に遭遇しやすいのが寡婦である。家庭の経済状況によっては、夫の死によりすぐさま生活の糧を失う女性もいる。貧困から逃れるために売春や乞食などをするはめに陥ることも稀ではない。夫という経済的、社会的な保護者を失ったことで恰好の「性的対象」として近隣の男たちに襲われるという悲惨な人生が待っていることもある。

かつては寡婦となった若い女性を夫の屍を焼く火のなかに生きたまま投げ込み、「貞淑な妻」として焼死させるといった恐ろしい「サティー」と呼ばれる風習も存在していた。この風習は英国植民地政府によって禁止されたのだが、現在も時折北部の農村部などで引き起こされ、メディアに取り上げられる。インド政府がたまりかねて一九八七年にサティー禁止法を制定するに至ったのだが、二一世紀の今日でさえその風習が根絶されたとはいいがたい。警察の目を逃れ実施され、女性が焼き殺されてはじめて事件としてとりざたされる。

インディアン・エクスプレス紙によれば、二〇一五年三月に五〇歳の女性がインド北西部に位置するマハラシュトラ州のラトゥール郡で夫の親族によって、夫の屍を焼く火中に投げ込まれたという(Express News Service 2015)。中世社会の魔女狩りが現代に生き返ったかのような野蛮さがそこに潜んでいる。たとえ二一世紀のＩＴ化社会を牽引しているインドであっても、辺境地帯にゆくにつれて女性の身は危機にさらされる。彼女たちを守るには親族関係の倫理によって守られるしかないのではないかと筆者は考えてしまう。実際南インドではサティーの習慣を耳にしたことがないのだ。

北インドの寡婦と南インドの寡婦の違い

インドの寡婦たちの苦境と、父系相続、父系居住、性別分業といった幅広い家父長制的制度との間には密接なつながりがある。このような見解は多くの研究によって従来から指摘されてきた。たとえば、マーティー・チェンとジーン・ドレーズによる一九九五年刊行の「インドの寡婦に関する最近の研究――ワークショップと会議報告」では、東西南北の諸州にわたっての調査結果が分析されている

（Chen and Dreze 1995）。ベンガル（東インド）、ウッタル・プラデシュ（北インド）、ラージャスタン（西インド）、ケーララ（南インド）、タミルナードゥ（南インド）、アーンドラ・プラデシュ（南インド）の六州にまたがり、合計五六二人の寡婦に面談を行っている。この調査が画期的なのは、低カースト（主として前不可触民カースト）と高カーストの両方の女性に面談を行い、言語が異なる諸州をまたぎ、東西南北で通常慣習が異なるとされる地域を網羅的に調査した点である。

夫を亡くした後、再婚しなかった女性は五六二人のなかで五一〇人だった。この結果だけでも、インド全体で寡婦は再婚するべきではないとする慣習が根強いことを示している。この縛りは高カーストであるほど強いが、ケーララ州のように離婚と再婚を女性に対して認める地域では再婚へのハードルは低く、実際に寡婦の再婚は同州では行われている。

一方、インドでは妻を失った男性の再婚率は非常に高い。むしろ再婚しない男性のほうが少数派である。ジェンダーによる世間的な通念の差を如実に表しているのだが、連れ合いを亡くした男性の場合、その生存率は女性に比べ、きわめて低いこととも関係しているのであろう。

この調査によれば、男性は、六〇代を過ぎ、召使いがいたり自分で身の回りのことができる場合や子供たちに負担をかけたくないという場合は、再婚せずに独居生活をする。実際、妻のサーラーを亡くしたヴァッリーのシュウトのラクシュマナンも独身を続けている。

だが、男性が再婚したいという意思がありながらもそれが困難な場合は、経済的、社会的な理由がある。あるいは身体的に特別な障害を抱えているといった理由がある。

この調査報告では、南と北の地域差も如実にレポートされている。マリ・バット（Bhat 1998）によると、女性の場合でも、北部の州（パンジャブ州、ハリヤナ州、ウッタル・プラデシュ州、ビハール州など）では、寡婦と既婚女性との死亡率の差が、インドの南部諸州に比べてはるかに大きい。それは、女性が親族や姻戚によってつながっていない相手と結婚させられ、知り合いが皆無の村に嫁がねばならない場合がほとんどだからだ。北部では寡婦になっても女性は夫の村で生活し続けなければならない。寡婦になった女性を生家は引き取らないからである。そして彼女たちはその処遇によって精神的なストレスにさらされる。一方、交叉イトコ婚やカースト内婚がほとんどの南インドでは、村内での縁組も珍しくない。女性は両親もしくはキョウダイの目の届くところで生活できるため、寡婦になったとしても親族と姻族双方によって守られる。

チェンやドレーズらが調査した女性の半数近くがヴァッリーと同様、三五歳前後に寡婦となっている人々である。そして、夫の死後、誰と暮らしているかというと、両親や自分の親族（三二パーセント）、義父母や亡くなった夫の親族（二〇パーセント）だという。しかし、なかでも息子と同居したり一人暮らしをしたりしている寡婦が多い（四六パーセント）。若くして寡婦になり、手に職をもつ女性たちは一人暮らしを望み、年齢が六〇代である場合は、自分で生活の糧を稼ぐことは難しく、成人した息子との生活を選ばざるをえない。だが寡婦となった母を経済力がないとして虐待する息子も多い。寡婦をとりまく経済状況が悪い背景には、なんといっても自力で生活の糧を稼ぎにくい状況に置かれていることが影響しているのだ。

農村部に住む中・低カーストの場合、農業分野での賃金労働に従事する女性の割合が、寡婦になった当初を頂点として急激に減っていくことが指摘されている。当初は寡婦が賃金労働に従事する割合は四〇パーセントであったのが、寡婦になってから数年後には二五パーセントに減少している。同報告書は、この減少は、低カーストの女性が男性らとともに人里離れた農作業場や工事現場などで働くことに対して地域社会から向けられる厳しいまなざしと関連していると指摘している。調査対象の寡婦のうち、男性とともに働くことができると答えたのはわずか三分の一にとどまり、その場合でも近親者などが周囲にいることが条件であるという回答が多かった。親類の男性らがいない野良で、親戚でない男性らとともに働くことはできないと答えた女性は三分の一にのぼった。男性とともに働くことが特定の条件下で可能だと答えた女性たちの場合も、夫の家族でなく、自分の家族の男性がその場にいることという条件をつけた回答が多かったという。

野良仕事で賃労働ができず、夫の家族と同居が続く場合、若い寡婦の労働力は家事労働として搾取される。家事労働に無償で長時間従事することを求められ、場合によってはメイドとして他人の家で家事労働に従事する。この場合、寡婦は最低賃金以下の賃金で長時間働かされ、医療手当、育児支援、退職手当なども ない。家事労働は女性が従事できる唯一の仕事であることが多いものの、ほとんどの雇用主はメイドが子連れでやってくることを好まない。都会でメイドとして働く場合、子供は夫の親族に預けるか、孤児院に預けなければならず、親子が離れ離れになることになる。

チェンとドレーズが中心となった一九九五年のワークショップで二人の寡婦の状況を事例として説明したラマクリシュナンによると、七五歳の寡婦のマニアンマルは、七四歳まで建設労働者として働き、建設労働者の待遇改善運動の先頭に立ったという。だが建設労働者としての年金は受け取れず、貧困寡婦として一か月当たり七五ルピー（一五〇円）の年金が支給されるまで、一年あまりも行政と争わなければならなかった。また、サヴィトリは若い寡婦で、都会のスラム街で二人の子供と暮らしているが、労務作業からの収入を補うため子供たちを働きに出し、サヴィトリ自身は売春婦にならざるをえなかったという（Chen and Dreze 1995）。

家父長制による寡婦への抑圧

チェンとドレーズが報告しているウマー・チャクラヴァルティーの分析によると、寡婦が独身を貫き、禁欲的な生活を送ることが期待される理由の根底にあるのは、寡婦、特に若い寡婦は、性的な危険性があるとみなされることである。すなわち、彼女の存在自体が死んだ夫の血縁関係や社会にとってマイナスであり、社会的信用を失墜させる可能性があるとみなされているのだ（Chen and Dreze 1995）。

高カーストの場合、そのような性差別による女性への虐待は、より強く働く。カーナタカ州のバラモン・カーストを調査した事例では、女性は低カーストにみられる生産的役割よりも再生産役割（子孫を生む役割）のほうが重要視されている。再生産機能を放棄せざるを得ない寡婦は、夫の一族にとっては重荷以外のなにものでもない。

チャクラヴァルティーは、「高カースト」の寡婦と「低カースト」の寡婦に対する家父長制的な道徳規範による抑圧は、構造的に同じであると結論づけた。カースト制度は、高カーストにおいては集団内の生殖活動を管理することで、自分たちのカーストのステイタスを保つ。カースト外の集団との通婚はステイタスの下降をまねくために避けられねばならない。他方、低カースト女性の場合、高カースト男性から性的な誘惑を受け、性関係を結ぶに至る危険性がつねにある。だが、彼女らの再生産能力は、高カーストの男性の管理下に入ることで経済的な報酬を得たり、低賃金労働を彼の世話で確保することにもつながったりする可能性もある。

チェンとドレーズによる報告書で、アバ・バイヤは、女性のセクシュアリティ（性的魅力）、再生産能力、労働力などに対し、家父長制的なモラルによる支配と管理が行われる結果、寡婦やその他の独身女性に対してもそのモラルによるコントロールが働き、女性自身の「ネガティブな自己イメージ」形成にも影響していることを指摘した（Chen and Dreze 1995）。

南インドの寡婦たち

この議論のなかで注目されるのは、北インドと南インドの地域差は両地域における高カーストの寡婦たちの状況について特に著しいという点である。北でも南でも下位カーストの女性たちは過酷な生活を強いられてはいるものの、生産力と再生産能力の両方を周囲から評価されている。

反面、中位および高カーストにおいては北と南では異なる状況がある。北インドも南インドも家父長的なカースト社会でありながら、両者を隔てるのは、縁戚関係がない相手との結婚を基盤としているか、交叉イトコ婚にもとづくカースト内婚を基盤としているかの違いである。この点で、筆者は南インドの高カーストの場合、寡婦たちの境遇は北インドに比べるとそれほど悲惨ではないという仮説をもっている。以下に示すのはナガラッタールの寡婦たちの状況を考察した事例である。

大学教員のヴィサーラクシーの場合

彼女は五〇代前半で近くの村にある女子短大で数学を教える大学教師だ。人生の大半、すなわち四〇年あまりを寡婦として生きてきた。一六歳で結婚し一八歳で寡婦になった。寡婦になってから大学に入り、数学を学び、大学院まで進んで大学教員の資格を得た。その間、亡き夫のキョウダイたちは彼女の面倒をよくみてくれた。共同で営んでいたビジネスの一部を売り払い、夫の持ち分を彼女のものとして支払ってくれた。それには三年ほどかかった。夫の財産を手にしたのは良かったのだが、その間に再婚のチャンスを失った。彼女に結婚を申し込んだ男性が一人現れたのだが、遺産の取り分を待っていた間に年月がたち、彼はあきらめて別の女性と結婚したのだ。

夫も子供もいない今の生活が寂しくないわけではない。だが、長く寡婦を続けている間にヴィサーラクシーはその状態に慣れ親しんだ。考えてみるとそれほど悪い境遇ではないかもしれないと思い直している。「彼女はラッキーだ。独身で子供もいないが、大学の教員としての収入のほかに財産がある。どこにいっても彼女はお祝いをはずむから、社会的なステイタスもあり、親族の間では敬意を払われている」。近所の若いバラモン女性はヴィサーラクシーの生活状況についてそうコメントした。このバラモンの未婚女性は結婚相手が決まらないでいらついている自分より、むしろ彼女のほうが安定した生活を送っていると思っているようだった。

ヴィサーラクシーは自力で家を建て、パートの小間使いを雇い、一人で住んでいる。未婚の若い女性にとってはその自由きままぶりがうらやましい。それでもヴィサーラクシーに聞くと、唯一再婚のチャンスがあった機会を取り逃して以降、後悔することも時折あるという。「あのとき結婚していたら、子供にも恵まれて幸せだったかもしれない」。彼女はそう振り返る。

だが、若くして寡婦になったとはいえ、すでに今は五〇を過ぎている。そしてその年齢ゆえに許されていることもある。色物だが少し地味な色のサリーを着て大学に通い、結婚式にも普通に絹の色つきのサリーで出席する。若いときはそれなりに色眼鏡でみられたのかもしれないが、五〇を過ぎると寡婦として生きる女性も周りに増えてきて、さほど目立つ存在でもない。親戚の間でもステイタスは確立しており、結婚式その他の儀礼にはかかさず招かれる。近所のバラモン女性が述べたように、ご祝儀をはずむからかもしれない。もし再婚していたら、こうはいかなかっただろう。おそらく彼女の夫のキョウダイたちは事業の利益を彼女に配分してくれなかっただろうし、再婚しても夫のカースト集団に受け入れられたかどうかはわからない。

「再婚したら、亡夫のもっていた事業への権利はすべて放棄しなければならなかっただろう」とヴィサーラクシーも認める。夫が早く亡くなったからこそ、彼のキョウダイや親族たちが面倒をみてくれたのだ。

女性は一度夫を失うと再婚を勧められる。低カーストもムスリムも女性に再婚を勧める。それは女性がひとりでいることによって彼女の身に降りかかる弊害への危機感のためである。

だがヒンドゥーの高カースト集団は、ステイタスを保つために寡婦の再婚を表立って認めることはない。再婚したら亡夫の親族との間にねじれが生じる。亡夫との間の子供と次の夫との間にできる子供はどう処遇されるべきか。財産権やカースト成員権の問題があり、それでも再婚するとなると、彼女は自分のカーストとのコンタクトを断つしかなくなる。

夫のワラヴ・ヴィードゥに住む寡婦たち

年配になってから夫を亡くした女性たちの場合、息子夫婦と同居するよりも自由に生活したいという思いもある。息子たちが若干金銭的面倒をみてくれ、都会よりも静かな生活が望ましいというのであれば、チェッティナードゥのワラヴ・ヴィードゥの一角に住むという選択肢もある。そんな寡婦たちに会ったことがある。彼女らはいずれも七〇代だった。話を聞くにつれてわかってきたのは、両者の暮らし向きに差があり、ひとりは裕福な女性で、もう一人はあまり楽な暮らし向きではないことだった。裕福な女性は、娘がマレーシアに嫁ぎ、里帰りで彼女に会いにくることがあった。もう一人の女性は、いつも寡婦の色である白い木綿のサリーを着、ほとんど訪問者がなかった。

だが、ふたりともがらんとしたワラヴ・ヴィードゥに管理人のように静かに住むことが気に入っている風だった。時々親戚が行う大きな行事の手伝いをしたり、建物修理の話などをパンガーリたちにしたりしながら、彼女らは静かな生活を送っていた。

寡婦たちはそれぞれの家計を自分で管理しており、一緒に食事をすることはなかった。三度の食事は各自が調理し、白いサリーを着た女性は、ときには近くの食堂で一人で食事をすることもある。裕福な女性は基本は自炊だが、マレーシアからやってきた娘とならば連れ立って出かけることもある。経済状態が異なりながら、同じワラヴ・ヴィードゥに住み続けられるということに、むしろ筆者は感心したものだ。

暮らし向きの良しあしがどうであれ、それが影響しないような経済的自立性が保てれば多くは望まなくてもよいはずだ。息子夫婦に煩わされることもない。そんな生活スタイルを彼女たちが選び取れるということ自体が良いことのように思われた。そしてそれを可能にしているのがカースト内婚であるがゆえのチェッティナードゥでの居住形態だろう。嫁いでからたとえ寡婦となっても、生家近くの村にある夫のワラヴ・ヴィードゥに住むことができる。これは北インドにはない女性にとっての利点であろうと思われた。

ナガラッタールの葬儀とパンガーリたち

ヴァッリーと彼女が失ったターリーの話をしていてふと記憶によみがえったことがある。筆者がチェッティナードゥに住んでいたときに遭遇した葬式でのことだ。ワラヴ・ワーサルに筵に包まれて横たわっていた死者の骸をみてから数日後、筆者が葬式の最後の日に寡婦となった女性に会いに行ったときだ。彼女の部屋から突然、悲鳴が聞こえてきた。彼女から親族の女性によってターリーが無理やりむしり取られるように奪われたのだ。

鋭い痛みを感じたかのような寡婦の悲鳴が家のなかに響き渡り、そのときの彼女の苦しみと悲嘆が、ヴァッリーの話を聞きながらフラッシュバックのようによみがえった。おそらくヴァッリーも家族とともにワラヴ・ヴィードゥでパラニアッパンの屍を洗い清めたことだろう。葬式が終わり、チェンナイの自宅に戻るまで、彼女はターリーを身に着けていられた。それは葬式の日にターリーをむしり取られるように奪われたあの女性よりはましだったのかもしれない。

ナガラッタールの家で死者が出ると、遺体がどこにあっても、基本的にワラヴ・ヴィードゥまで運ばれねばならない。そこで聖水と灰で清められ、白い布で覆われ、筵にくるまれて中庭に安置される。死が村以外の場所で起こると、通常亡骸はできるだけ速やかにワラヴ・ヴィードゥに運び込まれ、葬式の準備が始まる。パラニアッパンはおそらくティルチ付近の幹線道路近くで事故にあい、近くの病院に運ばれたのだから、そこから車で父方のワラヴ・ヴィードゥに運ばれたはずだ。

九年前、同じ場所でパラニアッパンと結婚したヴァッリーは、骸となった夫の葬儀を整え見送らねばならなかった。だがあのときと異なり、主な役割を担うのは、夫のパンガーリだ。彼女の一族は関与しない。喪主はパラニアッパンの弟だ。そして葬儀で祭司となるのは村の床屋カースト、前不可触民カースト、そしてバラモンの祭司だ。床屋カーストは喪主の頭を剃り、パンガーリとともに火葬場まで遺体と同行する。

パンガーリの男性が葬送行列の開始を告げるために法螺貝を吹き、死者の出発を告げる。遺体は運び出され車に乗せられる。パンガーリの男性たちが火葬場まで車に同乗する。火葬場では床屋カーストの祭司と死体を焼く薪を集める前不可触民カーストのパッラーやパラヤ・カーストの担当者たちが彼らを待っている。

ワラヴ・ヴィードゥから死体が運ばれると、残った女性たちは水をまき、中庭を清掃する。中庭にしばらく筵に包んで死体を置いておくのは、生前の人物をしのび、しばし憩わせるためだ。生涯の重要な部分を過ごした先祖の家に死者が別れを告げる時間を与えるのだ。

死者を弔う村の祭司たち

グッド（Good 1991: 133）が報告したアーサリ（大工カースト）たちの葬儀では、死体は剥き出しの状態で床の上に置かれ、パンガーリによってすぐさま焼き場に運ばれたという。おそらく死者に敬意を払うよりも死体へのケガレ観が優先しているのであり、死体のケガレを嫌うという点でバラモン・カーストの態度と似たところがあるが、これが一般的な死者への態度と断じることはできない。

ナガラッタールの場合、死のケガレへの恐れよりも死者への愛着を示す行為が目につくからである。亡くなった親族が男性ではなく女性であっても、あるいは寡婦であったとしても、彼女らは男性と同じ葬礼で敬意を払われる。そして同じように焼き場につれていかれ、儀式を受ける。女性の場合、スマンガリとして亡くなった場合はもっとも幸せな死に方をしたとして、赤いサリーをまとわせ、赤いポットゥを額につけて祝福され、礼拝されて送り出される。寡婦の場合は白いサリーとなる。

ナガラッタールは自分たちのカースト用の火葬場をもっており、死体とともにその焼き場での儀礼も行われる。死体とともに到着した喪主は直ちにその場で床屋から剃髪される。これは喪主になることを示す。パラニアッパンの場合は息子がなかったため、彼の弟が喪主となった。死体が焼かれている最中、喪に服すための清めの時期が始まる。死者には聖水が振りかけられ、小銭が渡される。グッド（Good 1991: 135）によれば、これは死者が冥土で使うお金であるという。死体が焼かれた後、故人の骨は小さな箱に入れられる。伝統的に、ナガラッタールの間では、喪は一六日間続けられる。

死体が焼かれている間、床屋カーストの村の祭司を伴って喪主は火葬場をあとにする。初潮儀礼や婚礼などの吉事の折の祭司が洗濯屋カーストと産婆であることと、葬式が床屋カーストであることは村の儀礼では対をなしている。死体が焼かれる間、床屋カーストの祭司は素焼きの壺に入れた水を地面に垂らしながら半時計回りに屍の周りをまわる。前不可触民カーストのパッラーは夜通し火の番をし、遺体が焼けるまで時々薪を追加しながら見守る。

喪主はいったん家に帰る前にシヴァ寺に立ち寄り、寺の脇にある門から寺のバラモンに贈り物を手渡す。彼は喪中でケガレのなかにおり、喪が明けるまで寺に入ってはならないので、脇の門からバラモンに触れないようにして渡すのだ。贈り物は、米や野菜、生の穀類、生きたヤギなどであるが、死者への供物でもある。穀類や米、野菜などは、ドンナイと呼ばれるココナッツの殻でできたカップに盛られるが、最低一〇品目を含むべきである。それが故人の功徳を積むためだからだ。ドンナイのカップに含まれるのは、黒豆、ひよこ豆、塩、ウコン、生米などである。これらの受けとり手は、宗教的な功徳を積んで死のケガレに抗することが出来るとされるバラモンの祭司たちに限られる。

死者として振る舞うバラモン僧たち

喪明けは喪主が身に着けていた聖紐の交換によって示される。この聖紐は、ヴェーダ文献にある再生族というカテゴリーに属するカーストのみが身につけることを許されるとされ、男子のみが儀礼の折に身に着けるものだ。バラモンの祭司がマントラを唱え、喪主はそれについてマントラを唱え、清めの儀式が始まる。清めとして、バラモン祭司は壺の水を喪主にマンゴーの葉で振りかける。喪主とその妻は清めの水（牛乳、ヨーグルト、牛尿、米などを混ぜたもの）を数滴口にする。祭司はターメリックで着色した黄色い米のボールを数個つくり、父方の祖父、父、そして新たな死者のために捧げる。さらにこの三つの玉を混ぜ合わせて一つの大きな玉をつくり、後で池や水槽、川に投げ入れて死者と祖先らへの供物とする。故人の遺骨を納めた箱はのちに家の一角に埋められ、数日後に取り出して聖なる川（ガンジス川やヤムナー川など）に運び、水に流す。

筆者が参加した葬式では、死者の灰を入れた箱はのちに南インドの聖地、ラーメシュワラムに運ばれ、海に流されたという。ヒンドゥーのなかには、ベナレス（カーシー）まで遺骨をもっていき、川に流す人もいる。ナガラッタールは、インドのほとんどすべての巡礼地に、カーストメンバーのためのレストハウスを用意しており、リーズナブルな料金（家族で一日一〇～一五ルピー）で好きなだけ滞在できるようにしている。このため、遺灰を南インドの聖地であるカーシーやラーメシュワラムで供養する人々も多い。

葬式の喪が明けて一か月ほどしてから死者への再度の供養が行われることがある。その場合、死者として先祖の代わりをするバラモンが一二名ほど呼ばれ、死者に代わってドンナイに入った穀物や野菜などを受け取る。

パンガーリとダヤーディィの役割分担と相補性

交叉イトコ婚では、夫方と妻方の氏族（クラン）は儀礼的に同格であるとみなされている。だが、吉事と凶事における役割は、死者にとって自分がパンガーリにあたるか、あるいはダヤーディィにあたるかによって異なる。婚姻儀礼やサーンディィというもっとも浄化され吉である儀礼においては、母方の人々（ダヤーディィ）が重要な役割を果たす。一方、葬儀ではパンガーリが重要な役割を果たす。

葬式を執り行うのは死者の息子もしくは彼／彼女の代理人を務める夫、父系の甥や孫である。かつてキョウダイや父方オジ、平行イトコの男子らは死者の財産に共同で権利を所有していた。それゆえ平行親族としての夫婦の死のケガレを引き受ける。火葬場までついていくのはパンガーリの男たちのみで、パンガーリであっても女性はついていかず、ダヤーディに属する男たちもいかない。

パンガーリとしての女性が果たす役割

だが、ナガラッタールの場合、女性には特殊な任務が課せられている。女性であってもパンガーリであれば、翌日にはパンガーリの女性として、火葬場にゆく必要がある。火葬場で、骨を集め、箱に入れ、故人が思い残したことがないかどうかを骨の色によって見分けるのだという。もしも赤みがかった骨が混じっていれば、故人は何か俗世に思い入れを残して亡くなったということになるのだという。

一般に、他のカーストは女性を火葬場に送ることはしない。火葬場に女性を行かせないという風習はインドだけでなく東南アジアにもみられる。ヒンドゥー教徒が多いバリ島で耳にしたのは、火葬場にはたとえ使用されていない時であっても日中ですら近寄って歩き回ったりしてはいけない、特に女性はやめたほうがよいという不文律だった。理由を尋ねると、「火葬場には悪い霊（ジン）がさまよい、女性にとりつく」からだという。

このような「女性は弱いから火葬場にやってはいけない」という不文律はインドでも同様にあるらしく、親族の男性のみに任せるのはそれゆえであろうと思われた。だが、ナガラッタールの場合、若干規範は異なる。女性であっても死者にとってのパンガーリであれば、そこに行き、骨を拾い、その色を確かめて死者がこの世に思い残したことがないかどうかを見極めるという役割が振られている。つまり、女性であってもパンガーリとして死者への敬意を示すことを要求されているのだ。葬儀という一連の儀式においては女性もまたパンガーリとして儀礼的な役割を担っているという点で、男女の相補性をみることができるのだ。

人々はかかわる親戚を吉事と凶事に分け、行事によって行動すべき人々が変わる。それを立場によって決める。同じ人間が、あるときはパンガーリとなり、あるときにはダヤーディとなる。喪に服するかどうかも死者と本人との親族関係による。このように、絶対的な吉と凶があるわけではなく時と場所と立場によるように、浄と不浄であっても時と場所と立場によって変化する。本人と儀礼の中心人物との関係、本人の置かれた親族的位置と立場によって変化してゆくのだ。

悲しみとケガレを共有する葬儀での共食

日本では葬礼で客に食事を振る舞うことは一般的であり、それが死者を思い出して話をすることによる供養だからという考え方がある。葬儀場で酒と食事をとり、帰宅する前に菓子折りの紙袋などを渡されるが、それには塩のパッケージが入っていて、自宅に入る前に塩を全身に振りかけてキヨメを行うことになっている。インドでは、葬式に参加した後で家に入る前に家の裏にある井戸で水浴びをして新しい衣服に着替えることが行われている。もっともこれを順守出来るのは戸建ての田舎に住むバラモンくらいなので、実際には玄関で日本と同じように塩を振りかけ、勝手口もしくは玄関で着替えることが多い。

葬式に参列することはケガレを受けることなので、もしも日本人が喪中をケガレと厳格にとらえているとすると、葬儀場で食事をとった時点で人々はケガレを受けることになる。だが日本ではそこまで深く考えず、「死者の家族と思い出を共有する」という供食の部分に重点が置かれている。

日本人とほぼ同じように考えるのがナガラッタールだ。葬式というと供食を思い浮かべ、「家に死者が出ると真っ先に米屋に走る」と村に住むナガラッタールの男性はいう。なぜなら数百人の弔問客に食事を出さねばならないからだ。野菜やダール（豆汁）は「水で薄めればなんとかなる」のだが、米はそうはいかない。だから米をかき集めるために米屋に走るのだ。婚礼は予定が立てられるので食事の心配はないが、死は突然やってくる。婚礼費用ほどではないが、葬式にもお金がかかる。

一家の主は結婚したらその費用もまた積み立てておかねばならない。どのカーストでも、貧しくなければ葬式の費用くらいは積み立てているはずだ。食べずに帰る人々がいてもそれはかまわない。無論、出す料理は精進料理である。

ナガラッタールの場合、弔問に訪れる客が近くの村々から牛車や徒歩でやってきた昔を考えると、弔問客への食事の提供はむしろ必須であったと理解できる。旅をしてきた人々を空腹のまま帰すわけにはいかない。当時は葬式が終わっても一週間程度は弔問客があったのも、理解できる。彼らは当日に間に合わなかった人々だからだ。今日でも三日間程度は弔問客がやってくるし、突然の来客への食事の提供は喪明けの一〇日後まで続くと考えてよい。中流家庭でも弔問に来るのは当日を含め、二〇〇人から五〇〇人に及ぶ。このため、ナガラッタールは結婚式だけでなく葬儀に備えてその費用を貯めておく。ある老人は、つねに家族の葬儀のための資金は用意しておかねばならないという。「結婚した男性であれば、そのような事態に備えて準備万端にしてこそ、一人前なのだ。葬式に備え資金を準備していないのは恥ずかしいことだ」と主張する。

喪中のナガラッタールの家では弔問にきた参加者全員に食事を振る舞い、喪が明けると儀礼の参加者に贈り物をする。葬儀という緊急時に際し、近くに住むパンガーリらが手助けをし、彼らの家で料理をつくることもある。これらの費用は喪主の家が全額負担するのはもちろんだが、パンガーリの家々がその行事を手伝いケガレを共有してやるという規範は生きている。また、弔問にゆき、そこで食事をとることは葬送のケガレを引き受けることでもある。ナガラッタールたちはカースト集団としてその場で共食し、悲しみだけでなくケガレも共有する。それゆえ弔問客は急ぐ場合であっても少なくともコーヒー一杯を飲んでから喪家を後にするのが礼儀とされる。

喪の最終日には、来客に対し、キンマの葉や檳榔樹の実に加え、ポリヤル（米を炊いたもの）が入ったステンレス製のカップなど、ささやかな贈り物が手渡される。ステンレスのカップは傷がつきにくく、光り輝いているため、縁起の良さを象徴している。檳榔樹の葉の緑は実り豊かな将来を暗示し、死のケガレを共有し、死を乗り越えてゆくための助けとなる。

葬礼と清浄さの矛盾

パリィ（Parry 1985, 1989）によれば、ベナレスに住む葬儀の祭司でマハーブラーマンと呼ばれるバラモン・カーストは、葬儀専門の祭司として、他カーストの死者のケガレを引き受ける。弔いを約束する代わりに遺族に多額の費用を要求することで知られている。葬儀の折は食事の提供や贈り物を要求し、彼らが死者に代わって食事をすることさえ行う。そのことで、故人の罪を彼らが吸収し、清らかな存在として冥土に送り出せるという。また、インドでは死者への法要（シュラーダ）を行う場合、死者の代わりとして一一名のバラモン祭司を呼ぶことになっている。彼らは故人を称え魂が安らかに来世へ移行することを支援するために呼ばれ、儀式が正しく行われなければ故人の魂は幽霊になり、救済を得られないとすらバラモンは主張する。

だがこれは矛盾を含んだ言説である。バラモン・カーストの祭司はベジタリアンであり、清浄なカーストとされながら、もっともケガレを引き起こす他者の死にもかかわることになるからだ。これはむしろ「清浄」な状態が「死」を迎えるにあたって不可欠であることを示しているのではないだろうか。つまりインドにおける宗教的「タブー」観とは浄・不浄だけでは理解できないのだ。それを理解するには浄・不浄だけでなく吉凶性を考えると理解がしやすい。寡婦を「凶」であるとして遠ざけ、寡婦たちに白の木綿のサリーのみを強要し、慎み深く宗教的に浄性に満ちた生活を送らせようとするヒンドゥー的な言説には、浄・不浄と吉凶のエレメントが交錯しているのだ。

浄・不浄と親族倫理が拮抗する葬式の儀礼

そう考えてみると、スマンガリ（既婚女性）とアマンガリ（寡婦）が対立項として存在する意味がみえてくる。サンスクリット語で「amangali」は、不吉または吉でないという意味をもつ。「a-」という接頭辞は、その後につく言葉の意味を否定することが多い。したがって、「amangali」は「mangali」の反対で、「mangali」は吉または好ましいという意味である。だが、「吉事」は速やかに去っていく。ヒンドゥーの思想では、マンガリは特定の日、時間を指し、それにもとづいた行動が他よりもより好ましい、または幸運とされている。一方「amangali」もやはり「去っていくもの」だ。不吉または不運とされる時間や状況を示すのであり、元来は人という存在につねに付与されるものではない。喪が明けるように、アマンガリであった状態の寡婦もまたその状態を解かれてしかるべきなのだ。

人々の浄・不浄観は矛盾に満ちており、ときに刹那的であったり個別のレベルで修正を図ったりする場合もある。カーストと浄・不浄の論理を端的に結びつけることは現実と乖離している。バラモン・カーストであっても職業としての「僧侶」を選び取った人々以外であれば、ケガレとされる他人の肉体に触り、外科医として執刀し血を浴びることもある。だがそれらのケガレは時間とともに消滅していく。

ナガラッタールが葬式の言説において示しているのは、ケガレの共有と親族構造における役割分担であるように思われる。共食はケガレよりも死者へのカースト集団としての愛着を示し、女性であっても死者のパンガーリであれば、骨を拾い、その思いを見届けることができるだけの強さを備えている。逆にいえば、それほどの強さを備えているのであれば、「寡婦」という「凶」の状態からいつかは脱却し、自らの人生を生きることも可とする可能性を示しているのではないだろうか。それに必要な経済的自立性と強い意思を示すことができるのであれば、コミュニティとともに生きる術は認められているように思われる。そのもっとも良い例が、エピローグで言及するミーナ・アーッチーである。

エピローグ　寡婦たちの今、そして未来

二〇〇四年、チェンナイのウマーの家に滞在していたある日、「パレス」から夕食への招待が届いた。シガッピ・アーッチーの住むパレスではなく、パレスの敷地にあるもうひとつの邸宅の女主人であるミーナ・アーッチーからだった。「ヴァッリーも一緒に連れてくるように」とのお達しだった。

ミーナ・アーッチーは一九七〇年に亡くなったMAMラーマサミィの兄ムッタイヤーの妻で彼の交叉イトコだ。若い頃から才気煥発で結婚後は「チェッティナードゥの女王」と呼ばれていた。クマール・ラジャ（王子）と呼ばれていたムッタイヤー亡き後も、人々は彼女をクマール・ラーニ（王妃）と呼び崇拝していた。重要なカースト内外の行事には人々は事あるごとに彼女の出席を期待し、メディアは熱心に写真を撮りまくり、彼女が出席したことがわかるようにその写真を必ず載せていた。チャリティや教育事業にも熱心で、それが嵩じて一九八六年にパレスの敷地内で幼稚園を開園している。学校は年とともに拡大を続け、幼稚園の次には小学校、中学校と高校の一貫校が開校され、女子向けの短大も併設した。そしてついに男女共学の総合大学までを開校するに至り、パレスの敷地内は

連日一万六千人もの学生と園児、教員を含むスタッフが行き来していた。

もっともナガラッタールの富裕層にとって学校経営は珍しいことではない。実際ミーナ・アーッチーの一族はすでにチダムバラム市に医学部を含む総合大学をもっている。有力な一族はいずれも何らかの学校をもち、子弟の教育にあたっている。だがミーナ・アーッチーの学校の特徴はチェンナイのパレスの敷地内にすべてが建てられていること、そしてターゲット層は上流家庭の子弟というより、幅広く中流階層の共働き家庭の子弟であることだ。彼らが入りやすいように授業料はリーズナブルな額に抑えられ、その結果華やかな経歴をもつアッパーミドルの共働き家庭の児童もいれば、父が警察官や小学校の教員、酒屋の店主といった中流家庭の子弟もいる。多様な家庭からの児童を受け入れることで学校は活性化し、児童と話をしてもとても興味深い。そういってミーナ・アーッチーは毎日幼稚園や小学校を見回るのを楽しみにしていた。子供たちに「ミーナ・アーンティ」（ミーナおばさん）と親しげに呼ばれ、幼稚園や小学校へ彼女の邸宅から歩いて出向くことを日課にしていたのだ。彼女がこの学園全体の理事長であるため、毎日五〇件もの決定事項に署名せねばならないともいっていたのだが、それすらも楽しんでいた。実子に恵まれず、養子として迎えたアンナーマライにも裏切られ、何か達観する地平に立っているようだった。「この学園の子供たち全部が私の子供だ」と筆者に告げ、残された日々を学園全体を見守ることを生きがいにしているようにみえた。

彼女の主導で生粋のナガラッタールの精進料理も給食として供されていた。「今の共働きの家庭では母親が忙しくて手間のかかる料理をつくってやれない。だがそれでは南インドの食の伝統が失われる」と彼女はかねて嘆いていた。そして朝食抜きで学校に現れる児童さえいることを聞くに及び、決意をもって始めたのが家庭で朝食をとれない児童への朝食の提供だった。その試みの成功によってその後の昼食の給食化が実現したのだ。一〇〇名の料理人たち総出で幼稚園と小・中学校向けの給食がつくられ、同じメニューをミーナ・アーッチーも食していた。

自身も幼稚園を経営しているウマーはいう。「私には給食を提供することなどとてもできない。責任があまりにも重すぎる。万が一食中毒でも起きたら父兄から訴えられ大問題になるからだ。だからこそ、ミーナ・アーッチー自身も毎日その給食をとって、実際に問題がないことを公にしているのだ。それを知っているから父兄も安心して給食サービスに依存することができる」。

考えてみれば、これは長らくカーストの最上層に位置してきた彼女にとってはまさにうってつけの事業だ。給食すらも彼女のカーストの伝統を生かしたものになっている。婚礼やサーンディ、葬式などの大行事における大規模な共食を混乱なく行ってきた伝統が生きている。南インドの伝統的な精進料理を味わうことによる「食育」が彼女のモットーだったが、それを具体的に実践できる場をつくりだせたのは彼女の決断力と実行力があってこそだった。

以前、彼女は消えかかっていた南インドの伝統壁画技であるタンジョール絵画の手法を復活させたこともある。敷地内に絵師たちとその見習いを寄食させる場所をつくり、給料と食事を提供して数年がかりでタンジョール絵画の伝統を復活させた。その経験を活かし、この学園の課外活動には伝統の絵画技法を学ぶクラスやインドの伝統音楽の楽器演奏を習得するクラスもある。

無論、それらの伝統文化を復興させることに意欲を燃やしたミーナ・アーッチーの姿勢はカースト内外から大いに称賛を受けた。彼女が寡婦であることは皆知っているが、その行動力と華々しさの前には彼女が寡婦であることを忘れたかのように、誰もあえて口にすることすらしない。

「活動する寡婦」としてのミーナ・アーッチー

たしかにミーナ・アーッチーは寡婦ではある。ヴァッリーと同様、交叉イトコと結婚し、一〇年あまりの短い結婚期間の後、一九七〇年に夫は亡くなった。彼女はヴァッリーより若い三五歳で寡婦になったのだ。夫婦の間には子供がいなかったため、亡夫と同じシヴァ寺に属するパンガーリ集団からアンナーマライを二〇年あまり後に養子に迎え、その後アンナーマライはカースト内での縁組により結婚した。

優秀でみばえもよく堂々とした風情のアンナーマライは、跡継ぎとして順風満帆の人生をたどると思われた。だが数年でミーナ・アーッチーやラーマサミィとの関係にはひびが入り始めた。ミーナ・アーッチーが試みたあらゆる親子関係づくりの活動は、かえってアンナーマライ夫婦を彼女から遠ざけることとなり、不仲はたちまち人々の知るところとなった。

ミーナ・アーッチーが迎え入れたアンナーマライであれ、シガッピ・アーッチーとラーマサミィが迎え入れたアイヤッパンであれ、きわめて優秀で自信にあふれた成人男子たちであり、その能力ゆえに大企業に就職し出世することも可能な人材である。それゆえ自己主張も強い。幼少期に迎え入れ一から教育された養子とは大きく異なる。そして養子たちは当主であるラーマサミィと鋭く対立し、いずれも決裂し、結局パレスを去っていった。

「アンナーマライにはじめて会ったとき、亡くなった夫の風貌によく似ていて、すっかり気に入ってしまった」とミーナ・アーッチーは後に筆者に語った。なるべく活動的に振る舞ってはいても、夫の死後何年たっても夫が亡くなったという事実を受け入れ難かったのかもしれない。ある日、彼女と邸宅の応接間に座っていたとき、夫が亡くなった朝について語りはじめた。大広間から見渡せる壁側にある階段を指し示し、こう語りだした。「あの日の朝、いつまでも目覚めない夫を召使いが起こしに行った。だが夫の心臓はその時すでに止まっていた。夫の骸が担架に乗せられてあの階段をつたって下に運ばれてきた。車に乗せられた夫の亡骸を玄関で見送ったあの日のことは生涯忘れられない。あの階段をみるたびに思い出す」。

ヴァッリーがそうだったように、スマンガリとして一〇年あまりを過ごした彼女はその幸福の絶頂で失意のどん底に叩き落とされた。今まさに失意のどん底にあるヴァッリーを「連れて会いにくるように」と筆者に伝達したとき、同じように夫を失った親族の娘に対する励ましの言葉をかけようとしていたのだ。

ミーナ・アーッチーのシュウトメ、メイヤンマイ・アーッチーのミッション

招待を受けてヴァッリーと車に乗ったのはいいが、ヴァッリーの有様とミーナ・アーッチーの有様

はことごとく違って見えた。ミーナ・アーッチーは額に赤いポットゥと呼ばれる吉兆のマークをつけている。ダイヤと金でつくられた豪華な装身具を身に着け、趣味の良い明るい色の絹のサリーを日に何度か着替える。おそらく今は夕暮れにふさわしい涼しげなサリーをまとっているはずだ。ヴァッリーはというと、控えめな色のパンジャビードレスを着、なんだか女子学生のようだ。ポットゥもつけていなければターリーも首から消えていて、土色の沈んだ顔をしている。七〇代とはいえ、笑顔をたやさずにきらきらした存在のミーナ・アーッチーとはあまりに対照的だった。

だが、夫が亡くなってから、どのようにミーナ・アーッチーは夫の死を乗り越えたのだろうか。そんな興味も湧いてきた。以前から疑問に思っていたのは、夫が亡くなっても相変わらず華やかな生活を続けるミーナ・アーッチーにシュウトメは何もいわなかったのだろうかということだ。

邸宅につき大広間に入ると、ミーナ・アーッチーが待ち構えていた。彼女はヴァッリーに歩み寄り、その手をとり、慰めと励ましの言葉をかけた。そして彼女が夫を失ったのもヴァッリーと大差ない三五歳のときだったと告げた。だが「ひとつだけ違っていたことがある」、と彼女は言葉を継ぐ。ヴァッリーには二人の子供がいるが、彼女には子供がいなかったことだ。それはとても大きな違いだ。そしてヴァッリーに「気をとりなおし、二人の娘たちを立派な大人に育てるように」と励ました。

その後、お金が入った封筒がトレイに入れて運ばれてきた。ミーナ・アーッチーはひとつをヴァッリーに、もうひとつを筆者に手渡してくれた。なかには数千ルピーが入っていた。ヴァッリーは驚いてそれを返そうとする。だが、ミーナ・アーッチーはとっておくようにいい、にこやかに微笑みながらヴァッリーと筆者をテーブルへと案内した。そして茶菓とコーヒーを勧めてくれ、しばし三人で語らった後、筆者とヴァッリーはパレスを後にしたのだった。

ミーナ・アーッチーが渡してくれた封筒に入った金銭は日本と同様祝儀にも香典にも使われる贈り物だが、この場合はおそらくヴァッリーへの励ましという見舞いの意味と、筆者には「今後ともヴァッリーをよろしく」という意味であったととれる。筆者とヴァッリーがリラックスしてコーヒーを飲んでいる間に、筆者はかねて聞いてみたいと思っていた質問をミーナ・アーッチーにしてみた。シュウトメのメイヤンマイ・アーッチーのことだ。彼女はシュウトメをどう思っているのだろうか。彼女はシュウトメには感謝しかないと即答した。メイヤンマイ・アーッチーは彼女に対して「息子の生前とまったく同じように振る舞うように」と諭したという。色柄のサリーはもちろん、宝飾類もそのまま身に着け、ターリーも今までどおり身につければよい。外す必要などない。「最愛の息子を亡くして落ち込んでいたであろうに、私に対しては今まで以上に親切で思いやりに満ちていた。そして息を引き取るまで、私を気にかけてくれていた」。

その話を聞きながら、チェッティナードゥにあるパレスのエアコンが効いた一室に足を踏み入れたときのことを思い出した。キンキンに冷えた部屋でむせかえる程に香るバラの花輪に囲まれ、巨大なメイヤンマイ・アーッチーの写真のみがテーブルの中央に掲げてある部屋があった。シガッピ・アーッチーはサーンディを無事終えてから、まずこの部屋に礼拝に赴いた。その次に隣にあるRSアンナーマライ夫婦とメイヤンマイ・アーッチーと夫のムッタイヤー・チェッティヤール、彼の長男のムッタイヤーが祀られている部屋にゆき、礼拝した。この部屋の五つの写真はとても大きく筆者の上半身くらいあったが、その前の部屋のメイヤンマイ・アーッチーの写真はそのサイズのさらに倍だ。

同じ女性が二つの部屋に祀られていることに筆者はあの当時違和感をもっていたものだ。なぜそれほど彼女は崇拝されるのだろうかと。だがミーナ・アーッチーの話を聞くにつれ、彼女が二人のヨメにとっては心情をくみ取ってくれるすばらしいシュウトメであり、家の繁栄は彼女の加護によるのだとラーマサミィも理解していたことがわかってきた。

メイヤンマイ・アーッチーは家の繁栄を第一に考えていたに違いない。だがカーストの伝統に逆らうようなことはあえてしないはずだと思っていた。だからミーナ・アーッチーの話に筆者は少なからず驚いた。傍にいたヴァッリーにとっても驚きだったようだ。母方祖母のラクシュミー・アーッチーから受けた仕打ちをヴァッリーは忘れていない。ラクシュミー・アーッチーより年上の、しかも彼女の長兄であるムッタイヤーの妻の言葉だ。彼女がヨメで寡婦となったミーナ・アーッチーに「ターリーは外さなくてもよい。今までと同じように振る舞うように」といったと聞けばラクシュミー・アーッチーはどう反応するのだろう。「それはメイヤンマイ・アーッチーの考えで、自分とは違う」とでもいうだろうか。だが、ラクシュミー・アーッチーにこのことを聞く機会は彼女の生前に訪れることはなかった。

メイヤンマイ・アーッチーのヨメに対する「今までと同じように振る舞うように」との要請の背景には、いくつかの理由が考えられる。まず、ミーナ・アーッチー夫婦が交叉イトコ同士であり、双方の家が同盟関係にあることだ。だがこれはヴァッリーも同じだ。メイヤンマイ・アーッチーは交叉親族からやってきたヨメを信頼することができていた。それはラクシュミー・アーッチーも同様だ。だが、メイヤンマイ・アーッチーはRSアンナーマライの長男として生まれた彼女の夫、ムッタイヤーの長男の妻としての役割を果たし続けることを期待していた。夫が亡くなったとはいえ、その責務を果たす妻が社会的に抹殺されることは一族にとって大きな損失だと彼女は考えただろう。ミーナ・アーッチーを息子のヨメとして選んだ理由には変更がなく、たとえ息子が亡くなっても同盟の結束はそのまま続く。それならば、すでにひかれたレールをそのままにものごとを進めればよい。そう考えたからこその言葉ではなかったのだろうか。

実際のところ、彼女の長男のムッタイヤーが亡くなっても次男のラーマサミィがいる。家全体の構成が大きく変わることはない。弟が総帥として兄を引き継ぎ、パレスの私的領域での行事や慈善事業、教育関連事業などはシガッピ・アーッチーとミーナ・アーッチーが分担してやればよい。そして実際にそのように執り行われてきた。三者の間には暗黙の合意があった。もしも彼女がまったく同盟を結んでいない家からのヨメであった場合は、さまざまな軋轢があったかもしれない。おそらく、ここまで三者がうまくRSアンナーマライの家を運営することはできなかっただろう。

アンナーマライの悲劇

ミーナ・アーッチーが夫の死後もメイヤンマイ・アーッチーや弟夫婦に受け入れられたようには養子たちが受け入れられることはなかった。いかに同じカーストからの養子であっても、彼らと生活の接点がまったくない家からやってきた二人の成人男性たちにとっては、きわめてストレスの多い日々であっただろう。
ラーマサミィはミーナ・アーッチーがアンナーマライを養子にすることには反対しなかった。だがアンナーマライを自身が信頼する部下の下で、有無をいわせず丁稚奉公から始めさせ、会社運営の仕方を一から教えようとした。それはアンナーマライのプライドをいたく傷つけ、彼は妻子を連れてチェンナイを離れ一時米国に生活の拠点を移している。だが数年後に帰国して彼が始めた教育事業は失敗に終わり、彼は引きこもりの生活に入ってしまう。

数々の行き違いと葛藤がありながら、ミーナ・アーッチーはアンナーマライを廃嫡しなかった。しかるべき額の財産を分与し、それ以外は信託財産とし、幼児期に養女に迎え入れ、彼女が育てた親友の娘のプリタに託した。なぜプリタを養女にしたかというと、「養子を迎え入れれば実子を身ごもることもある」といわれたからだという。実子が生まれた際に係争の種にならないよう、彼女は女児を選んだが、他カースト出身ですでに富裕層であった親友の家から新生児をもらい受けた。彼女が二人の母親の間を行き来し、幼児期から調整役としての能力を身につけたことは幸いだった。老齢期に入り、彼女の財産には何の利害ももたないプリタは、ミーナ・アーッチーの片腕として活躍しながらも、夫が建てた富裕層のための大きな病院チェーンの経営陣として働いている。

二〇二三年四月にはアンナーマライの娘ミーナクシーの結婚が盛大に祝われ、ミーナ・アーッチーもパンガーリであるACムッタイヤー夫婦も祝宴に姿を現している。婚姻儀礼への参加によってミーナ・アーッチーとアンナーマライの間の軋轢が解消されたことが示されたように、一時の感情的な軋轢もアイヤッパンとACムッタイヤーの息子の世代であれば収まるかもしれない。アンナーマライの娘たちは結婚し、それぞれの家庭を営んでいくだろうし、アイヤッパンの子供たちもやがては結婚するだろう。そのときにはすでにACムッタイヤーもミーナ・アーッチーもいない。和解のチャンスは訪れるかもしれない。

現在ラーマサミィ夫婦が住んでいたチェンナイのパレスには主がいない。アイヤッパンはこの宮殿の主となるために養子に入ったが、ラーマサミィとの抗争ゆえに宮殿を出てチェンナイに別邸を構え、チェッティナードゥセメントの経営に専念している。この宮殿の建物自体も、ユネスコの世界遺産となっているチェッティナードゥのパレスも、ラーマサミィはACムッタイヤーに託した信託財産に入れているはずだ。これらは切り売りされることなく一族の費用によって管理運営され続けてゆくだろう。

かつて隆盛を誇ったRSアンナーマライの一族がこの宮殿に戻ることはおそらくない。だが、このパレスの敷地全体が信託化され、教育施設として続くことになるという点では大きな社会遺産となる。インド文化の粋を表している文化遺産を人々が皆で享受できることになる。それ自体がすばらしいことだ。もはやラーマサミィのようなライフスタイルは過去のものとなったが、パレスを訪れる人々はありし日のRSアンナーマライ一族が隆盛を誇った姿を歴史として振り返ることだろう。

カーンティの恋愛結婚

ミーナ・アーッチーのパレスからの帰路、ヴァッリーは珍しく明るい表情だった。ミーナ・アーッチーに励まされたことがうれしかったのか、自分の娘たちを立派に育てることを改めて決意したと筆者に語った。

それから数年の間、ヴァッリーは二人の娘の教育に専念し続け、長女のカーンティは弁護士となっていた。そして次女のラクシュミーは医学生だった。そのカーンティには縁談がもちこまれ、二〇一六年に結婚することになった。マドゥライの実業家一族の長男との縁談だ。偶然にもこの実業家一族は筆者とも交流があり、両家の女性たちも相互に知り合っている仲だった。だが婚礼を二週間後に控えていたある日、筆者の携帯が鳴った。ナーラーヤナンからだった。「結婚式はキャンセルされた」という。呆然として理由を尋ねる筆者に、「ハナムコが式をキャンセルした。理由はわからない」とだけいい、予約していた飛行機の切符をキャンセルするようにと指示して電話はきれた。

インドにおいて、父親を失った娘の縁談をまとめることは一般的にいって難しい。特にヴァッリーの家系のような名家であれば、彼女の家につりあう家からのオファーをもらうのはもっと難しいだろう。その困難を克服した良縁にヴァッリーも周囲もほっとして喜びに包まれていたはずだ。実際のところ、この縁談が決まった折、筆者はウマーと電話で話している。周囲からのにぎやかな話声が聞こえ、パーティがたけなわだったのを記憶している。夫を一七年前に失い、さらに今長女の縁談が結婚式のわずか二週間前に破談となり、ヴァッリーは強い衝撃を受けているはずだ。彼女にあえて電話をする気にはなれなかった。

それから半年後、カーンティのハナムコとなる予定だった男性はナガラッタールの別の女性と結婚式を挙げた。そしてカーンティも一年後に結婚を果たした。ウマーによると、同僚の弁護士だという。バラモンだということだった。周囲はこの勇気ある若い弁護士に救われたに違いない。カーンティの元婚約者がなぜカーンティとの結婚をキャンセルしたのか。それは今もって筆者にはわからない。だが、インドでは婚礼をキャンセルするという大事はハナムコ側にだけ許された特権だ。ハナヨメ側は、ただ引き下がるしかない。そして「結婚をキャンセルされた女性」としての恥をしのばねばならない。カーンティの母や祖母のウマーのことを考えると胸が痛んだが、彼女がともあれ結婚したということは周囲にとってなにものにも代えがたい喜びと安堵を引き起こしたに違いない。

カースト内婚にこだわったであろうラクシュミー・アーッチーはすでになく、ヴァッリーの母方オジでシュウトのラクシュマナンもこの「恋愛」結婚には一切反対しなかった。むしろこの期に及び、あえて反対など唱えられる状況ではない。ヴァッリーが一四歳になったとき、「恋愛してはいけない。皆が悲しむから」と釘をさしたウマーですら反対を唱えることはできない。ヴァッリーはウマーの忠告に従い、結婚を申し込んできた彼女の交叉イトコと結婚した。だが彼は交通事故で亡くなりヴァッリーは女手で娘二人を立派に育てた。そしてその長女は破談を経験したが、同僚に救われ、恋愛結婚をした。このような展開は運命としかいいようがないかもしれない。

次女のラクシュミーは女医だから、おそらく同業の医者と恋愛結婚をするだろう。医学生ともなると、すでに経済的自立の道が開かれているから同期のなかから適当な相手を見つけ、恋愛結婚するのが普通だといわれている。そしてそれを誰も止めることはできない。

新たな歴史のスタート

コロナ・パンデミックが猛威を振るっていた二〇二一年の春、筆者はチェンナイのウマーからSNSで写真を受け取った。そこにはカーンティに似た幼い少女が写っている。ウマーに曾孫が生まれたのは知っていたが、その曾孫のヴィサーラクシーが二歳になったという祝いのメッセージだった。写真に写っていたヴィサーラクシーはウマーの家の玄関に立ってこちらをじっとみつめていた。その表情や背格好はまさに二歳の頃のカーンティそっくりだ。おそらく誰よりも彼女の誕生を喜んだのはヴァッリーに違いない。夜更けに熱を出したカーンティを医者にみせるためにヴァッリーと一緒に車に乗り込んだ夜のことを思い出した。医者に注射されて顔をゆがめたときのカーンティの表情にそっくりな表情をカメラに向かってヴィサーラクシーがつくっていた。ヴァッリーとウマーの家族は、カーンティの結婚と初孫の誕生によって再び一族の平穏な生活を取り戻すことができるだろうと筆者は安堵した。

ヴァッリーの幸福とは

二〇二三年の夏、パンデミックがようやく落ち着いた頃、筆者は久しぶりにチェンナイに向かった。夫が亡くなって以来ヴァッリーは筆者がウマーの家に行ってもほとんど姿を見せたことはなかった。だが、今回の筆者の訪問に関しては前向きにとらえていたらしく、孫娘のヴィサーラクシーを抱えたヴァッリーがにこやかに玄関で筆者を出迎えた。あたかも母親のように孫娘を抱きかかえ、笑顔で筆者を出迎えた彼女の姿は、夫のパラニアッパンが生存していた頃とほとんど変わらない。

筆者がお土産にもっていった着物を着せ、孫娘の写真を撮り続けるヴァッリーをみていると、娘を育てる幸福感に満ちたヴァッリーが再来したかのようだった。おそらく彼女はこのように家族と親族に囲まれて過ごすのがもっとも幸せなのだろう。過去の幸せだった時代をヴァッリーは取り戻すことができ、まさに今幸福に浸っている。

カーンティはヴァッリーのかつての家に夫婦で移り住み、ヴァッリーは弟夫婦と一緒に近くに建てたマンションに移り住んでいた。弟夫婦とはフロアーを別にしているが、同じ建物内で生活ができる。カーンティの妹のラクシュミーが住むフロアーもある。

かつて夫がいつかは帰ってくる長い出張に出ていた頃のように家族に囲まれ、イトコたちとも行き来して自分の娘を自慢していた頃の幸せをヴァッリーは取り戻したようだ。仕事で忙しいカーンティに代わり、ヴァッリーが彼女の孫娘を育てる様子を想像し、ふとカーライクディのまちで出会ったイサイ・ヴェッラーラ・カーストのラージを思い出した。

彼女はバラタナティヤムの踊り手として自活しながら息子が置き去りにした孫娘を育てた。孫娘を押し付けられても、むしろ孫を育てることに満足しているようにみえた。彼女のカーストは居住形態やカーストの成員権の付与などが母系中心にまわっている。だが夫婦がともにイサイ・ヴェッラーラ・カーストである場合、夫方居住でカースト成員権が父系によって与えられる。いってみれば双系原理で運営されているカーストだ。

ナガラッタールは父系で先祖の財産を相続してゆき、カースト成員権も父系で与えられ続けている。だが、交叉イトコ婚を基底としているために夫婦の居住地は妻の「母の家」の近くであることが多い。そして結婚した女性の家族は彼女の母の家との結びつきが強い。そこは母系的な要素でもある。

夫婦が共稼ぎの家庭が増えている昨今では、子供を母方祖母にみてもらうことが多くなり、おそらくその傾向が今後一層強まるのではないだろうか。それが親族名称に表れた母方祖母を「アーヤー」と呼ぶことに反映されているのだ。アーヤーとは標準タミル語で「子守りの女性」の意味もある。彼らは父方祖母にはこの語を使わない。

恋愛結婚したカーンティだが、もしかしたら彼女の娘や息子たちは父のカーストの人と結婚するかもしれない。彼らの交叉イトコと結婚する選択ができる可能性もある。交叉イトコとはカーンティの夫のシマイの子供たちやヴァッリーの弟のアヌシュの子供たちだ。母のキョウダイの子供、もしくは父のシマイの子供たちが交叉イトコだが、カーンティの家族は今のところ彼女の母の家により近い居住形態を選んでいる。このため、カーンティの子供たちが再度ウマーの一族との縁組によってナガラッタールのなかに帰ってくる可能性はないとはいえない。それはあくまでも筆者の勝手な想像だが、ウマーは家族を大事にし世間の思惑を気にしないところもあり、あくまでも両者が合意している限り、可能性として否定はできない。

南インドの社会ではカースト内婚よりも交叉イトコ婚のほうがより強い親族構造の因子として働く。幼少の頃から知っている交叉イトコであれば、両家にとって不都合はない。たとえカーンティの夫がバラモンであろうと、彼らの子供はヴァッリーの弟のアヌシュの子供や孫たちにとっては交叉親族となり、年齢的につりあえば結婚の可能性はあるかもしれない。

そのような、カーストの境界線がややぼんやりした通婚関係を周辺のサブ・サブカーストとの間でつくり続けてきたのがヴェッラーラ・カーストだ。第二章で登場した眼科医が述べたように、彼らの間では他カーストとの通婚も認められ、なおかつ交叉イトコ婚も認められている。それゆえ婚礼で母方オジがハナヨメとは別のカーストに属することもあるのだが、彼らにとっての支障はないという。

ナガラッタール・カーストがカーストの人口を維持し、増やそうとするのであれば、そのような他カーストからの新たな成員の取り入れも可能だ。八世紀にさかのぼるが、ナガラッタール自体がチェッティヤールとヴェッラーラの通カースト婚から生まれたサブ・カーストであったように、ある時点でナガラッタール・カーストの分岐化、拡大化も起こりえる。海外に住むナガラッタールたちの子供がナガラッタールの分岐カーストをつくりだすことも考えられるだろう。そして「サブ・サブカースト間の通婚は差し支えない」となってゆくかもしれない。

グローバル化する世界、内婚を続けるインド人

二一世紀に至っても、南インドのカーストはグローバル化に柔軟に適応しているようにみえる。海外に移住しても相変わらず南インド人コミュニティを維持し続け、人脈を維持し続ける。北インド社会は南インド社会よりも通婚圏が広く、移住先の現地社会に定着して現地の人との婚姻にも抵抗がない。

だが、それでもインドの人々は、カースト内婚を基底的には続けようとしている。キョウダイ・シマイのなかでは外国人と結婚するキョウダイ・シマイもいるだろう。だが何人かがカースト内での結婚を選び、インドに住み続ける限りカーストは維持される。ポスト産業社会の二一世紀においても、カーストという所属集団は彼らにアイデンティティの基礎を与え続けるのだろう。

カーストとは水平的な連帯意識によって編成されている。身体性や行動のなかに組み込まれたインプリント（痕跡）のような慣習によってそのアイデンティティが維持されてゆく。それらのインプリントは日々の行動をつくりあげる儀礼や親族構造によって血となり肉となって人々の身体に刻み続けられる。ピエール・ブルデューがいうごとく、まさに「プラクシス」（実践）そのもので出来上がっている。ブルデューはプラクシスを「階級」の構成要素として論じたが（Bourdieu 1990=1988）、それ以上に人間の構造を規定してゆくのがカーストであり、その根幹は親族構造なのだ。

我々は人間がつくりだしたプラクシスがつくる構造（あるいは規範）のなかで生かされている。本書を書き始めるにあたり、筆者が立てた問いは「南インド社会の安定は何によってもたらされているのか、そして二一世紀においても南インド社会は安定的に経済成長を続けられるか」というものだった。そして「南インドの安定的な社会は親族と婚姻制度によってもたらされている」というのが筆者の答えだ。親族と婚姻制度を支えているのは南インドでは交叉イトコ婚にもとづく親族構造だ。カーストの根幹はあくまでも交叉イトコ婚を基底としたカースト内における限定交換だ。

レヴィ＝ストロースの『親族の基本構造』によれば、北インドもまたこのような交叉イトコ婚と限定交換をかつて行っていた。現在みられる昇嫁婚をモデルとした婚姻形態はあくまでそのヴァリエーションとして発達してきた。すなわち交叉イトコ婚はかつては基礎的な女性の交換方法として全インド大陸に広まっていたのだが、さまざまな民族の侵入にさらされた北インド地域では異集団を吸収し社会を維持してゆくために昇嫁婚モデルをつくりだしていった。その結果、交叉イトコ婚や平行イトコ婚などはカースト規範からは排除されてゆくに至った。だが交叉イトコ婚の残像は北インドのポケットエリアに残っている。交叉イトコ婚を北インドの慣習法が「インセスト」として忌避しようとしてもおそらく残存し続けるだろう。

二一世紀になったからといってもインド社会が突然カースト内婚や交叉イトコ婚をやめ、「自由に」結婚相手を選ぶ社会になるとは考えにくい。「自由」とは人々の状況によっていかようにも変わりえるヴァリアントにすぎない。ジャン＝ポール・サルトル（Sartre 1943=1999）によれば、人間には他人によって決められた役割や社会の期待に縛られることなく、「自由に生きることが選択できる」という。同時に、自由を選択したからこそ生じた行動には責任を負う必要があるともいう。だが、そのような「自由」が存在するかどうかは疑問だ。人々は規範から抜け出すことは不可能だからだ。自由はあくまでもそのヴァリアントだ。そこから逸脱する自由とは規範によって規定された自由だ。我々は規範がなければ「自由」なるものをイメージできない。規範の対抗概念として規範のなかにひっそりと存在するのが自由だ。自分たちが慣れ親しんだ規範に従って結婚相手を選び、生活を構築してゆくことに快適さをみいだしている人々はそれを「幸福」と呼ぶかもしれない。

見合い婚に固執するインド人たちは外国人からみると閉塞的にみえるかもしれない。だが、カースト内婚はカースト内に富を蓄積し、人脈によって人々の文化・社会資本も維持し、女性の立場もある程度保全される。そこから現在のミーナ・アーッチーが行っているように、社会全体への貢献も可能だ。

二一世紀になっても相変わらずカースト集団内の結婚が好まれているのは、カーストが与えるアイデンティティと安心感によるものではないだろうか。その規範にあえて逆らって生きることも自由ではある。規範自体は何もなしえず、ただ存在するだけだ。カースト規範に「反抗」することで得られる自由を選択するためには「規範」が必要だ。親や親族の意思に反する選択をするかもしれない。それをインド人は「運命」と呼ぶのかもしれない。そのような目に見えない構造のなかで生かされているのが人間なのだというインド人の考え方に筆者は同意するしかない。規範のなかにひっそりと存在する「ここちよさ」「安定感」を人それぞれが求めつつ死を迎える日まで人生を生きてゆく。おそらくそれが人間の生活というものだろうと思っている。

注

序章

（1）英国人は牛肉を食するため、カーストヒンドゥーの料理人は雇うことができず、牛馬の解体と肉食の習慣があった不可触民カーストを雇い入れることが一般的であった。

（2）兵士のための学校教員を両親にもつ不可触民カーストの「マハール」出身のアンベッドカーは、インド独立後の初代法務大臣としてインド憲法の起草に携わった。彼は長じて英国で弁護士となり、米国で法学博士号を取得し、当代きっての知識人でもあった。だが、彼は生涯を通じてインド国内では被差別カーストであることからの差別を体験し続けた。このため、インドの不可触民制に対する戦いを続け、晩年には不可触性を切り離すことのできない一部とするヒンドゥー教に失望し、マハール・カーストの大半をともなって集団改宗を行い、仏教徒となった。だが、このカーストは現在「新仏教徒」という新たなカーストをつくり出すこととなった（Kumar 2020; Gokhale 2020）。

（3）北インドでは「ダウリ死」が大きな社会問題となっており、南インドに比べて「ダウリ」の被害も大きいとされている。

（4）第四章で取り上げるように、ＲＳアンナーマライの息子たちが父の財産を分割し、それぞれが企業グループを形成したものである。

第一章

（1）南インドとされる四州では、四つの異なったドラヴィダ系とよばれる言語が話されている。タミル語がもっとも古く、それから派生したカンナダ語、テルグ語、マラヤラム語の四つである。

（2）ジョン・V・ウィリゲンやV・C・チャンナらが一九九一年にダウリ死を取り上げて以来、ダウリ死については多くの研究書がインドにおける問題として取り上げている。Statistica によれば、二〇二二年には六五〇〇名あまりがダウリ死を遂げており、これは年間八五〇〇名であった二〇一四年より減少している（https://www.statista.com/statistics/632553/reported-dowry-death-cases-india/）。

（3）ワールドバンクのブログサイトに掲載された調査によれば、二〇二一年までの調査では高カーストの家庭での「ダウリ」の支払いは平均値でみても中位および低位カーストに比べてきわめて高額だった。だが、「ダウリ」の支払額の平均は州によっても大きく異なることも示されている（Anukriti et al. 2021）。

（4）この新聞は日刊紙としてはインド最大の発行部数（一二〇万部）を誇るベンガル語の大手新聞 ***Ananda bazar Patrika*** である。ここに求婚広告を掲載した七八三人の無作為サンプルにインタビューした結果を分析したものである。

（5）このデータには平行イトコとの結婚をみとめるイスラム教徒の事例も含まれているため、必ずしも交叉イトコ婚とは限らず、「イトコ婚一般」と考えてよい。

（6）当時の結婚に際してのナガラッタールの「ダウリ」の額は以下が相場であった。一五万ルピー（当時の価格で三〇万円）以下：中の下、三〇万ルピー（六〇万円）：中の上、三〇万ルピー（六〇万円）以上：金持ち。二〇二一年のワールドバンクの調査によると、高カーストの平均で「ダウリ」の支払いが二〇〇八年時点で一〇万円程度であるため、ナガラッタールの平均「ダウリ」額はかなり高額であるといえる。

第二章

（1）イライヤタングディ、イルパイクディ、イラニーコーイル、マートゥール、ネーマム、ピライヤールパッティの六村であり、その村にあるシヴァ寺が彼らの先祖によって建立された。
（2）ここでは標準タミル語ではなく、ナガラッタール・カーストの方言によって表示した。ルールについては標準タミル語と同様である。
（3）標準タミル語では父はアッパー、母はアンマー、兄はアンナン、弟はタンビ、姉はアッカー、妹はタンガイ（タンガッチー）である。
（4）カーナードゥカーッターン村にあるＲＳアンナーマライが建てた宮殿は部屋数が一〇三あり、今日ユネスコの世界遺産として登録されている。また、その敷地の一角には鉄道の駅までつくられた。今日でも残る「チェッティナードゥ」駅である。
（5）ＭＣＴチダムバラム・グループ（実業家であり国会議員でもあったＭＣＴチダムバラムが設立）は主に貸金業で財をなした。ＡＭＭグループは家電製品製造業と化学肥料製造、ＭＡＭグループは建設業、化学工業、セメント製造業などで成功をおさめている。また、ＩＴビジネスや教育産業にも参入している。ＡＭＭグループに属するＡＣムッタイヤーとＣＶＣＴ家は、化学薬品、肥料、ラジエーター製造などで知られている。
（6）現在ナガラッタールの菩提寺に記録された婚姻届けなどの調査から、カースト全体の人口は一〇万人を若干超える程度と推定されており、ここ三〇年あまりは人口の増減はないと思われる。

第三章

（1）シールダナム（あるいは略してシール）とは、結婚する娘に生家の親が与える贈り物（ダナム）という意味で、マーミヤール・シールダナムとはシュウトメ（マーミヤール）への贈与（ダナム）という意味だ。シールダナムは前章で説明した「ダウリ」（ハナムコ料としての婚家への支払い）とは区別され、結婚する娘の財産として残る贈り物である。

（2）一九一九年から一九二三年にかけてステンレス・スチールは英国のシェフィールドではじめて外科用メス、工具、刃物の製造に使われるようになった。それから瞬く間に家庭用品としても普及していった（Thomas 2013）。

第四章

（1）本書では、儀礼と儀式を特に差異化せず、用語の統一上「儀礼」の語をもちいて分析する。英語では **ritual** と **rite** という二語があり、**rites of passage**（通過儀礼）などとつかう場合もあるが、この場合、**rites** と **rituals** は互換可能であると考える。

（2）母系集団の場合、生物学的な父は外から通い、妻の家には定住しない。一方、子供の社会的父の役割は母方オジが担う。母方オジとは母と住むキョウダイであり、先祖の財産として引き継いだ農地や家屋などを管理するマネージャーのような役割をもち、彼もまた性的パートナーを家の外にもつ。この場合、社会的な父である母方オジは父系社会における「父」のような厳しい存在であり、生物学的な父は育てる責任を負わないため、父系社会における母方オジのような「優しく甘やかす」存在となる。

（3）タラヴァード（母系親族集団がもつ共同家屋）は一九世紀末に崩壊が始まり、それと前後してナンブディリ・バラモン出身の二〜四男らによるナンブディリ・バラモン集団の改革運動が行われた。V・T・バッタティリパドやM・R・バッタティリパドらとともに、ナンブーティリパドはナンブディリ・バラモン・コミュニティ内のカースト主義と保守主義に対抗し、彼ら二〜四男らがナンブディリ・バラモン・カーストの女性と結婚する権利を勝ち取った。一方、今日のナーヤール・カーストは核家族志向が強いが、他カーストのように結婚式を挙げることが一般的となっている。だが、離婚があまり非難されないという点では他のカーストと大いに異なっている。

（4）あるナーヤールの男性によると、「初婚だと結婚に対してあまり経験がないため、結婚してはじめて相手との大きな不一致を発見することはよくある。だから自分の周囲でも初婚で離婚する事例は多い。だが、さすがに二度三度と結婚、離婚をくりかえすのはどうかと思う」ということだった。おそらく彼らの結婚にたいする価値観は、他のカースト集団にはほとんど共有されないであろうが、このように他のカーストとは異なった結婚観ですらカースト集団として主張すれば、他から認められ、共存できる。

（5）このような婚姻規制は、一九五〇年代に終焉し、財産相続は双系で引き継がれる（Gough 1961）。ナンブディリ・バラモンのライフスタイルについてはメンチャー（Mencher 1966）を参照。

（6）現在ではこのようなタブーはない。二〇一八年のナショナル・ポスト紙の記事によれば、インドの最高裁判所は同性愛を合法化し、婚外交渉を非犯罪化し、生理中の女子が寺院に入ることを禁じていた慣習法を取り消させた（Doshi 2018）。だが、現実に個々の家庭でどの程度このタブーが解消されているかについては疑問も残る。

（7）ＳＣ／ＳＴ（登録されたカースト／登録された部族）の労働者は同じ資格を持つ他の労働者と比較して一五パーセント低い賃金を受けているとされる（Attewell and Madheswaran 2007）。ピュー・リサーチセンターによると、カーストの分類は一部で経済的な階層に基づいて行われており、彼らの調査によれば、高学歴のインド人は高カースト、教育のない人々は後進カースト（前不可触民カーストや森林部族民）として自己を認識し、そこには経済力の差も反映されているという（Pew Research Center 2021）。

（8）森林部族民の衛生観念が今日的にみても妥当なものであるという議論（Lahiri 2018）、あるいは「古代のインドにおける衛生観念」(Bhat 2020)などがあげられる。

(9) 結婚式の際にターバンを巻くことはチョーラ王朝(九世紀から一三世紀)のもとで許された特権であるという伝説がカースト内では伝えられている。

第五章

(1) ネイティブアメリカンの間で行われる、威信をかけた競争的な饗宴による散財行為。

(2) アイヤッパンはタイムズ・オブ・インディア紙からのインタビューに応え、「ラーマサミィの親族の一人が自分を追い出そうとしている」と語り、ラーマサミィの信託財産すべてを彼が乗っ取ろうとしていると告げ、「自分はアマゾンで買われ、気にいらないからと翌日に返品される商品ではない」と述べ、ラーマサミィの養子縁組解消発言に対して激しく反発している(Chandramouli 2017)。一方、ラーマサミィは「息子は私を殺そうとしている」とプレスに語った(Janardhanan 2015)。

あとがき

本書は南インドの文化を理解するための手がかりとして親族組織を論じてみることからはじまった。読みかえすと、ストーリーはウマーの家族と彼女の母方交叉イトコのＭＡＭラーマサミィの一家を中心にまわっている。月日が経つにつれ、そのなかで登場したり筆者と交流があったりした多くの人々がすでに鬼籍に入っている。ウマーの母のラクシュミー・アーッチーや彼女の最愛の兄だったアンナーマライが逝き、長兄の妻であるヴィサーラクシーも逝き、夫のナーラーヤナンの両親も今はすでにいない。だが筆者にとって、彼らはいまだに生きて生活し続けているようにも思える。かつての交流が本書を書きながら記憶に蘇ってきたからだ。ナガラッタールは大きな行事のために、チェッティナードゥにある先祖の家に集う。そして女性たちは儀礼の間中も廊下の壁に掲げられた写真に写っている人々を話題にし、記憶を蘇らせようとする。それが何よりの先祖たちへの供養であり、吉兆を呼ぶのだと彼らに言われた。死者と生者はこうして話題にされることでつながってゆくのだ。

婚姻は生きている人々のためのものでありながら、死者となった親族たちをそこに取り込まねばならない。それが親族というもので、生者と死者を繋ぐ構造として存在するのだ。ハナムコとハナヨメに祝福をもたらすご先祖さまは吉兆をもたらす存在だ。これは日本人の法事に際しての感覚にもあてはまるように思う。そして、南インドの人々が使う「運命」や「運」という文脈もまた日本人にはなじみが深い。

改めてラーマサミィが記者に語ったという「運命というものを信じている」という言葉が思い起こされる。彼は「自分は運がいい」と記者に語っていた。妻を失ってからの彼には幸せな時間が少なかっただろうとは思う。だが、それを含めての彼が「運がいい」といっているのを考えると、運とは彼の運命、宿命でもあり、その心情がなんとなく理解できる。そして彼が生まれ、死ぬまでの時間を過ごしたチェンナイのパレスにゆくと、彼の気配とともに、彼の妻のシガッピ・アーッチーの姿が蘇ってくるようにも思える。彼らが向こうの世界からこちらをみつめているようにも思える。日本の古来からの言い伝えには死者が生者とともに生き、生活しているというものがある。死者は四九日を経て清められ、年月とともに徐々にご先祖さまとなって昇華されてゆく。それにつれて日ごろの愛憎の感情も浄化され、生き残っている人々への加護を与える透明な存在となる。ラーマサミィとシガッピ・アーッチーもまたパレスを守るご先祖さまになったのだ。

日本では、ご先祖さまたちは精霊となり秋冬は山にこもり、春とともに下山して田畑を守る。そして盆の祭礼で迎え火を焚かれ、送り火によって山へと送り出される。精霊となったご先祖さまと共存するライフスタイルはミクロネシア・ポリネシアなどの民間信仰とも符合する。死者は海や山にゆくという水平的な他界観は日本にも古来から存在し、死者は我々の身近にいるという考え方は現在の日本人の心のなかにも生きている。南インドと日本もこの点では違和感なく通じ合い、このような他界観と親族構造によって南インドから環太平洋の文化圏とつながっている。

源氏物語に光源氏と女三宮との間のオジ－メイ婚が描かれているが、その基底にあるのがイトコ婚だ。かつてはイトコ婚は日本でも頻繁に行われていた。そしてオジ－メイ婚や交叉イトコ婚を共有する文化は環太平洋圏に現在でも多く存在する。レヴィ＝ストロースに従えば、交叉イトコ婚は北米やオーストラリアの原住民たちの文化に色濃く残っているし、かつては欧州やアジアでも頻繁にみられる習慣だった。本書を書きながらそのような広い文化的なつながりを思い起こす日々でもあった。本書を手にとられた読者の方々にその思いが少しでも伝われば幸甚である。

なお、本書を執筆するにあたり、新曜社の伊藤健太氏には大変お世話になった。短期間で無事刊行にいたることができたのは伊藤さんの機能的な采配とすぐれた編集力によるところが大きい。また、本書は令和六年度駒澤大学特別研究出版助成を受けている。記して謝辞としたい。

また、本書のもとになった南インドでの現地調査を行っている間、駒澤大学の学生有志らが吉祥寺・月窓寺の後援を受け、南インドの被差別民カーストの集落でのボランティア活動を数年にわたって行った。同プロジェクトは今春旅立たれた村尾昭賢老師のご支援によるものである。南インドと日本を繋ぐ同プロジェクトへの生前のご支援に深く御礼を申し上げ、ご冥福をお祈りする次第である。

二〇二五年一月

西村　祐子

ウールのショール	1	ジレットシェーヴィングセット	1
聖灰用袋	1	サーフ洗剤粉（大）	1
ナショナルパナソニック 2-in-one カセットプレイヤー	1	日記帳	1
めざまし時計	1	ボールペン	1
スーツケース（エコーラブランド）	1	折り畳み式ナイフ	1
ゴムと籐製バッグ	1	鍵用リングと瓶開け（セット）	1
歯ブラシ	1	プラスチックのクリップ	12
ゴールドリッジ社製椅子	1	ハーモニカ	1
ラヴェンダー石鹸	3	ブラシ	2
ソピア石鹸パウダー（マレーシア製）	1	コート掛け	4
タータヘアオイル瓶	1	ロープ（男性の腰巻用）	1
オイル瓶	1	色付き男性下着	7
スポンジ	1	タオル	2
歯ブラシ	1	マフラー	1
シェーヴィングフォーム	1	ソックスセット	2

文献

網野善彦，1978，『無縁・公界・楽——日本中世の自由と平和』平凡社.

Ananda, Jonathan, 2015a, "Charting the Chettiars: Raja of Chettinad to the Disowned Son," The New Indian Express, (https://www.newindianexpress.com/states/tamil-nadu/2015/Jun/15/charting-the-chettiars-rajaof-chettinad-to-the-disowned-son-769287.html).

————, 2015b, "MAMR Muthiah, the Second Adopted Son in the Family Who Failed to Fall in Line," The New Indian Express, (https://www.newindianexpress.com/states/tamil-nadu/2015/Jun/15/mamrmuthiah-the-second-adopted-son-in-the-family-who-failed-to-fall-in-line-769289.html).

Anukriti, S., N. Prakash and S. Kwon, 2021, "How Dowry Influences Household Decisions in Rural India," World Bank Blogs, (https://blogs.worldbank.org/en/developmenttalk/how-dowry-influences-household-decisions-rural-india).

Attewell, P. and S. Madheswaran, 2007, "Caste Discrimination in the Indian Urban Labour Market: Evidence from the National Sample Survey," *Economic and Political Weekly,* 42 (41) : 4146–4153.

Banerjee, A., E. Duflo, M. Ghatak and J. Lafortune, 2009, "Marry for What: Caste and Mate Selection in Modern India," National Bureau of Economic Research.

Barnard, A. and A. Good, 1984, *Research Practices in the Study of Kinship: ASA Research Methods in Social Anthropology, 2,* Academic Press.

Barnett, S. A., 1975, "Approaches to Changes in Caste Ideology in South India," B. Stein ed., *Essays on South India,* University of Hawaii Press, 149–180.

Baum, M., 1971, "Love, Marriage and the Division of Labor," *Sociological Inquiry,* 41 (1) : 107–117.

Bayly, C. A., 1983, *Rulers, Townsmen, and Bazaars: North Indian Society in the Age of British Expansion, 1770–1870,* Cambridge University Press.

————, 1986, "The Origins of Swadeshi (Home Industry) : Cloth and Indian Society, 1700–1930," A. Appadurai ed., *The Social Life of Things: Commodities in Cultural Perspective,* Cambridge University Press, 285–322.

BBC.Com, 2021, "What the Data Tells Us about Love and Marriage in India," (https://www.bbc.com/news/world-asia-india-59530706).

Beck, B. E. F., 1969, "Colour and Heat in South Indian Ritual," *Man,* 4 (4) : 553–572.

————, 1974, "The Kin Nucleus in Tamil Folklore," T. R. Trautmann ed.,

Kinship and History in South Asia: Four Lectures, University of Michigan Press, 1–28.

Bennett, L., 1983, *Dangerous Wives and Sacred Sisters: Social and Symbolic Roles of High-caste Women in Nepal,* Columbia University Press.

Béteille, A., 1965, *Caste, Class, and Power: Changing Patterns of Stratification in a Tanjore Village,* University of California Press.

Bhat, N. M., 1998, "Widowhood and Mortality in India," M. A. Chen ed., *Widows in India: Social Neglect and Public Action,* Sage Publications, 47–62.

Bhat, V. R., 2020, "Hygiene in Ancient India as Described in Ganeśa Purāṇa," Indica Today, (https://www.indica.today/quick-reads/hygiene-ancient-india-ganesha-purana/).

Bourdieu, P., 1984, *Distinction: A Social Critique of the Judgement of Taste,* Harvard University Press.（石井洋二郎訳，1990，『ディスタンクシオン――社会的判断力批判』藤原書店.）

――――, 1990, *The Logic of Practice,* Stanford University Press.（今村仁司・港道隆訳，1988，『実践感覚』みすず書房.）

Caplan, L., 1984, "Bridegroom Price in Urban India: Class, Caste and 'Dowry Evil' among Christians in Madras," *Man,* 19 (2) : 216–233.

Caplan, P., 1985, *Class & Gender in India: Women and Their Organizations in a South Indian City,* Tavistock Publications.

Chandramouli, R., 2017, "I Wasn't Bought on Amazon to Be Returned the Next Day," Times of India, (https://timesofindia.indiatimes.com/toireporter/author-Rajesh-Chandramouli-6299.cms).

Chen, M. and J. Dreze, 1995, "Recent Research on Widows in India: Workshop and Conference Report," *Economic and Political Weekly,* 30 (39) : 2435–2439, 2442–2450.

Corichi, M., 2021, "Eight-in-ten Indians Limit Meat in Their Diets, and Four-in-ten Consider Themselves Vegetarian," Pew Research Center, (https://www.pewresearch.org/short-reads/2021/07/08/eight-in-ten-indians-limit-meat-in-their-diets-and-four-in-ten-consider-themselves-vegetarian/).

Daniel, E. V., 1987, *Fluid Signs: Being a Person the Tamil Way,* University of California Press.

Davenport, W. H., 1986, "Two Kinds of Value in the Eastern Solomon Islands," A. Appadurai ed., *The Social Life of Things: Commodities in Cultural Perspective,* Cambridge University Press, 95–109.

Dirks, N. B., 1987, *The Hollow Crown: Ethnohistory of an Indian Kingdom,* Cambridge University Press.

Doshi, V., 2018, "India's Supreme Court Rules to Allow Women in Ancient Hindu Temple while Menstruating," National Post, (https://nationalpost.com/news/indias-supreme-court-rules-to-allow-women-in-ancient-hindu-temple-while-menstruating) .

Douglas, M., 1966, *Purity and Danger: An Analysis of Concepts of Pollution and Taboo,* Routledge & Kegan Paul.

Dumont, L., 1983, *Affinity as a Value: Marriage Alliance in South India, with Comparative Essays on Australia,* University of Chicago Press.

Epstein, T. S., 1962, *Economic Development and Social Change in South India,* Manchester University Press.

Express News Service, 2015, "Suspected Case of Sati in Latur, Woman's Body Found from Husband's Funeral Pyre," The Indian Express, (https://indianexpress.com/article/india/india-others/suspected-case-of-sati-in-lathur-womans-body-found-from-husbands-funeral-pyre/) .

Fabricius, J. P., 1972, *Tamil and English Dictionary,* Evangelical Lutheran Mission Publishing House.

Fruzzetti, L., 1982, *The Gift of a Virgin: Women, Marriage, and Ritual in a Bengali Society,* Rutgers University Press.

Fuller, C. J., 1976, *The Nayars Today,* Cambridge University Press.

Fuller, C. J. and P. Logan, 1985, "The Navarātri Festival in Madurai," *Bulletin of the School of Oriental and African Studies,* 48 (1) : 79–105.

Fuller, C. J. and H. Narasimhan, 2014, *Tamil Brahmans: The Making of a Middle-Class Caste,* University of Chicago Press.

Gale, D. and L. S. Shapley, 1962, "College Admissions and the Stability of Marriage," *The American Mathematical Monthly,* 69 (1) : 9–15.

Gandhi, G., 1983, *Tamil Nadu District Gazetteers: Pudukkottai,* Government of Tamil Nadu.

Gennep, A. van, 1909, *Les rites de passage,* Emile Nourry. (Monika B. Vizedom and Gabrielle L. Caffee, trans., 1960, *The Rites of Passage,* University of Chicago Press.)

Gokhale, P. P., 2020, "Ambedkar and Modern Buddhism: Continuity and Discontinuity," P. P. Gokhale ed., *Classical Buddhism, Neo-Buddhism and the Question of Caste,* Routledge, 177–192.

Good, A., 1991, *The Female Bridegroom: A Comparative Study of Life-crisis Rituals in South India and Sri Lanka,* Clarendon Press.

Goodman, D. and R. Robison eds., 1996, *The New Rich in Asia: Mobile Phones, McDonald's and Middle Class Revolution,* Routledge.

Gough, E. K., 1956, "Brahman Kinship in a Tamil Village," *American Anthropologist,* 58 (5) : 826–853.

———, 1959, "The Nayars and the Definition of Marriage," *The Journal of the Royal Anthropological Institute,* 89 (1) : 23–34.

Ifeka, C., 1989, "Hierarchical Woman: The Dowry System and its Implications among Christians in Goa, India," *Contributions to Indian Sociology,* NS23 (2) : 261–284.

池亀彩，2021,「インドのカースト『ただの階級でない』意外な真実――ポルトガル語の『カスタ＝家柄・血統』が語源」東洋経済オンライン，(https://toyokeizai.net/articles/-/467640?page=2) .

Itao, K. and K. Kaneko, 2020, "Evolution of Kinship Structures Driven by Marriage Tie and Competition," *Proceedings of the National Academy of Sciences of the United States of America (PNAS)* : 117 (5) : 2378–2384.

Ito, S., 1970, "A Note on Business Community in India, with Special Reference to the Nattukottai Chettiars," *The Developing Economies, Vol. A.,* 367–380.

Ito, Y., 1966, "The Nattukottai Chettiars: A Traditional Business Community in Contemporary India," *The Journal of Asian Studies,* 46 (2) : 376–377.

Janardhanan, A., 2015, "'My Son Will Kill Me': Chettinad Co-founder Ramaswamy," The Indian Express, (https://indianexpress.com/article/india/india-others/my-son-will-kill-me-m-a-m-ramaswamy/) .

Kane, P. V., 1968–77, *History of Dharmashastra, Vol. I - Vol. V,* Bhandarkar Oriental Research Institute.

Kolenda, P., 1984, "Woman as Tribute, Woman as Flower: Images of 'Woman' in Weddings in North and South India,' *American Ethnologist,* 11 (1) : 98–117.

Kumar, K. P., 2020, "Religion, Caste and Modernity: Ambedkar's Reconstruction of Buddhism," P. P. Gokhale ed., *Classical Buddhism, Neo-Buddhism and the Question of Caste,* Routledge, 233–256.

Lahiri, N., 2018, "Washers, Not Wipers: What Ancient India's Ideas about Hygiene Tell Us," Scroll.in, (https://scroll.in/article/906007/washers-not-wipers-what-ancient-indias-ideas-about-hygiene-tell-us) .

Leach, E. R., 1976, *Culture & Communication: The Logic by which Symbols Are Connected,* Cambridge University Press.

Lévi-Strauss, C., 1949, *Les structures élémentaires de la parenté,* Presses Universitaires de France. (福井和美訳，2000，『親族の基本構造』青弓社.)

Mahadevan, R., 1978, "Immigrant Entrepreneurs in Colonial Burma: An Exploratory Study of the Role of Nattukottai Chettiars of Tamil Nadu, 1880–1930," *The Indian Economic & Social History Review,* 15 (3) : 329–358.

Malinowski, B., 1922, *Argonauts of the Western Pacific,* G. Routledge & Sons.（増田義郎訳, 2010,『西太平洋の遠洋航海者』講談社学術文庫.）

Mauss, M., [1925]1954, *The Gift: The Form and Reason for Exchange in Archaic Societies,* W. W. Norton & Company.（冨牧由美子訳, 2015,『贈与論』青土社.）

Mencher, J. P., 1966, "Namboodiri Brahmins: An Analysis of a Traditional Elite in Kerala," *Journal of Asian and African Studies,* 1 (3) : 183–196.

Mencher, J. P. and H. H. Goldberg, 1969, "Kinship and Marriage among the Nayars of Malabar," *Ethnology,* 8 (2) : 207–225.

Nagarajan, K., 1985, *Rajah Sir Annamalai Chettiar,* Annamalai University.

Nishimura, Y., 1990, *Gender, Kinship and Property Rights: Nagarattar Womanhood in South India,* Oxford University Press.

O'Hanlon, R., 2017, "Caste and its Histories in Colonial India: A Reappraisal," *Modern Asian Studies,* 51 (2) : 432–461.

Parry, J. P., 1979, *Caste and Kinship in Kangra,* Routledge.

————, 1980, "Ghosts, Greed and Sin: The Occupational Identity of the Benares Funeral Priests," *Man,* 15 (1) : 88–111.

————, 1985, "Death and Digestion: The Symbolism of Food and Eating in North Indian Mortuary Rites," *Man (NS)*, 20 (4) : 612–630.

————, 1989, "On the Moral Perils of Exchange," J. Parry and M. Bloch eds., *Money and the Morality of Exchange,* Cambridge University Press, 64–93.

Pew Research Center, 2021, "Attitudes about Caste," (https://www.pewresearch.org/religion/2021/06/29/attitudes-about-caste/).

Reynolds, H., 1980, "The Auspicious Married Woman," S. S. Wadley ed., *The Powers of Tamil Women,* Maxwell School of Citizenship and Public Affairs, 35–60.

Rudner, D. W., 1994, *Caste and Capitalism in Colonial India: The Nattukottai Chettiars,* University of California Press.

Sahlins, M., 1972, *Stone Age Economics,* Tavistock Publications.（山内昶訳, 2015,『石器時代の経済学』法政大学出版局.）

Sartre, J. P., 1943, L'être et le néant: d'ontologie phénoménologique, Gallimard.（松浪信三郎訳, 1999,『存在と無——現象学的存在論の試み（上下）』人文書院.）

Shoba, V., 2015, "MAM Ramaswamy: The Last King of Chettinad," OpenMagazine.com., (https://openthemagazine.com/features/india/mam-ramaswamy-the-last-king-of-chettinad/).

Shulman, D. D., 1980, *Tamil Temple Myths: Sacrifice and Divine Marriage in the South Indian Saiva Tradition,* Princeton University Press.

Siegleman, P., 1962, "Colonial Development and Chettiar," Ph.D. dissertation,

University of Minnesota.
Somalay, R., 1953, *Raja Sir Annamalai Chettiyar,* Annamalai University.
Srinivas, M. N., 1952, *Religion and Society among the Coorgs of South India,* Oxford University Press.
———, 1957, "Caste in Modern India," *The Journal of Asian Studies,* 16 (4) : 529–548.
———, 1984, *Some Reflections on Dowry,* Centre for Women's Development Studies.
Tambiah, S. J., 1973, "Dowry and Bridewealth and the Property Rights of Women in South Asia," J. Goody and S. J. Tambiah, *Bridewealth and Dowry,* Cambridge University Press, 59–169.
Thapar, R., 1975, "Ethics, Religion, and Social Protest in the First Millennium B.C. in Northern India," *Wisdom, Revelation, and Doubt: Perspectives on the First Millennium B.C.,* 104 (2) : 119–132.
Thomas, G. P., 2013, "The History of Stainless Steel – Celebrating 100 Years," AZO Materials, (https://www.azom.com/article.aspx?ArticleID=8307) .
Thurston, E. and K. Rangachari, 1909, *Castes and Tribes of Southern India, 7 volumes,* Government Press.
Vaitheesvaran, B., 2015, "Losing Trust in Foster Son, Father MAM Ramaswamy Sets Up Series of Trusts," The Economic Times, (https://economictimes.indiatimes.com/news/politics-and-nation/losing-trust-in-foster-son-father-mam-ramaswamy-sets-up-series-of-trusts/articleshow/47602090.cms?utm_source=contentofinterest&utm_medium=text&utm_campaign=cppst) .
渡辺雅男, 1997,「ヴェーバーにおける階級の概念」『一橋大学研究年報 社会学研究』36: 3–47.
Weber, M., 1978, *Economy and Society: An Outline of Interpretive Sociology, Volume 1,* University of California Press.
Yalman, N., 1967, *Under the Bo Tree: Studies in Caste, Kinship, and Marriage in the Interior of Ceylon,* University of California Press.

砂糖用バッグでつくった刺繍つきタオル布	1	マラヤマット	1
ひよこ豆用袋（小）	2		

ハナムコ用の品々

シチズン腕時計	1	筆記作業用台	1
カセットテープ	4	ヒーローペン	1
ヴィジャイ社製アイロン	1	ペーパーウェイト	1
スーツケース（普通品）	1	ペーパークリップ	1
折り畳み式バスケット	1	鉛筆削り	1
椅子	1	写真用アルバム	1
サンダルウッド石鹸	3	スリッパ1組	1
ラヴェンダーフェースパウダーボトル	1	クイーンローズ香水	1
ワセリン瓶入り	1	洗濯物干し	1
普段使い用オイル瓶入り	1	下着セット	7
石鹸用ボックス	1	ヴェシュティ（腰布）	1
コルゲート練り歯磨きチューブ	1	バスタオル	1
髭剃り用ブラシ	1	ハンドタオル白	1
書き物用紙一束	1	ショール	2
パイロットペン	1	傘	2
鉛筆	12	ナショナル扇風機	1
象の置物	2	テーブルランプ	1
シガレット用ライター	1	皿（小）	1
嗅ぎタバコ用ボックス	1	プラスチック製バッグ	5
洗濯用ブラシ	1	テーブル	1
香水	1	鏡	1
ベルト	1	“501” 洗剤	2
ココナッツの葉でつくったバッグ	1	液状ファンデーション	1
白の下着	5	ビンディ用瓶	1
厚手の布バッグ	1	パウダー用箱	1
ハンドタオル	1	櫛	1

腕時計ストラップ	1	パウダー用ブリキ製ボックス	1
ビーズ製バッグ	2	シャンプー	1
アルミニウム製化粧品ボックス	1	洗濯用ブラシ	1
傘	1	錠前	1
虱除去用櫛	1		

ハナヨメ用サリー

正絹サリー	2	コットンサリー	2
ポリエステル製サリー	12		

その他の品々

サリー用ブラウス	16	普通の袋	2
ブラジャー（普通品）	5	マットレス	6
トルコ風呂用タオル	2	ベビーマットレス	1
布製長形バッグ	2	正方形カーペット	1
赤ちゃん用服	1	蚊帳	1
ディンディクル枕カヴァー	1	ビルママット（小）	2
米用袋（大小）	3	扇	1
敷物用袋	2	ナイドゥーホール印ブラジャー	1
カンマークマット	1	タオル	2
ビルママット	6	刺繍付き布バッグ（大）	1
プラスチックマット	1	刺繍付き布バッグ（小）	3
長いカーペット	2	果物用ネット製バッグ	1
絹製敷物	1	サテン生地乳児用服	1
シガレットパケットでつくった正方形マット	1	バナナの葉用袋	1
ペチコート	6	クッタラムバッグ	2
リボン	16	枕	31
布製ゆりかご	2	普通のマット	5
刺繍付きバッグ	5	カーペット大	2
乳児用カバータオル	1	乳幼児用蚊帳	1

テッカルールポット蓋なし	3	檳榔ナッツカッター	1
ティルワニポット	1	櫛	1
カサニポット	2	コーヒークーラー	4
特大円筒型容器	1	手洗い用ポット	1
マイソール容器（大）	5	蓋つきミルク煮沸用容器	1
樽	2	タンブラー	1
19 穴イドゥリ用プレート（3 種）	1	バスケット型容器	1
ランプ保存用容器	1	ドンナイ型容器	2
ギー用小容器	7	長いハンドルつきスプーン大	1
蓋つき円筒型容器（小）	1	ハルヴァカット用スプーン	9
円形容器取っ手付き	7	檳榔パウダーの入れ物とグラインダー	1
取っ手付き円形容器	1	野菜盛り付け用プレート	1
ティフィン持ち運び容器（大小）	3	プーナプレート	2
プレート	5	マイソール容器（小）	4
ポンガルメーカー	3	ベル	1
カーシーポット	2	ミルク攪拌用スプーン	2
ミルクポット	1	魚調理用スプーン	1
ふいごセット	1	小カップ	3

ナーッチャンマイ用の品々

シチズン腕時計婦人用	1	化粧ソープ	12
皮革製財布	1	オイルボトル	1
スーツケース	1	スノー印フェースクリーム	1
プラスチック製せっけん入れ	1	シェーヴィング用キット	1
櫛	3	キーチェイン	1
シグナル練り歯磨き	1	籐製ハンドバッグ	1
サーフ洗濯洗剤 500g	1	革製ケース（大小）	2
ソピアフェースパウダー	1	シルバーパウダーボックス	1
シャンプー用櫛	1	鏡（大小）	2
スリッパ 1 足	1	ヘアブラシ	1
パウダースポンジ	1	“501” 洗濯石鹸	1

チンタマーニポット	2	魚調理用スプーン（大小）	4
ランチプレート（4種）	2	パーンペースト用の箱	1
楕円型プレート	2	琥珀製の箱	4
四角形プレート	2		

真鍮製容器

背の高いランプ（大小）	2	ミルク沸かし用ポット（大小）	3
銅製のポット	5	イディアッパムメーカー	1
テッカルールポット	1	カーシープレート	3
籾付き米を煮る容器（大）	1	カーシーポット（大小）	3
米保存用円筒型容器蓋つき	2	計量カップ（4個セット）	1
マイソール容器（小、20個）	4	マイソール容器	1
バター用円形容器（大小）	5	小カップ	1
イドゥリのプレート7穴	3	オイルポット蓋つき	1
マイソール風バケツ	1	水さし蓋つき	3
ビリヤニ用容器	6	カーッティガイランプ	3
蓋つき小麦粉用バケツ	1	プレート（小）	1
チンタマーニ型容器	2	楽器	1
円形スクリュータイプ蓋	1	カーシープレート	4
テッカルールポット蓋つき	2	洗濯用テッカルールポット	2
サーンディの儀礼用ポット	1	ミルク沸かし用容器	1
クンバコナムポット	2	ドーサ用粉容器	1
大型容器	1	布製芯とたいまつ	1
100ルピーで買った容器	2	マイソール容器	4
大きな円筒型入子式容器（5個）	1	計りのセット	1
米入れ	2	ごはん盛り付け用杓	3
4穴式イドゥリ用プレート	3	ミルクポット	1
バケツ型容器	6	計り用プレートセット	2
U型容器	6	タンブラー（大小）	2
蓋つき樽	1	ポンガル用ポットと蓋	2
菓子用カラハニ容器蓋つき	1	蓋つきカーシーポット	1
コーヒーフィルター	2	穴付きスプーン	5

粉引き用容器	1	かぼちゃ型蓋つき容器	1
バケツ（大と小）	6	ギー用スプーン（小）	6
円筒形容器	7	サンバール給仕用スプーン	2
入子型サービス用容器（15 個）	3	楽器	1
テッカルールポット	2	ハルワ調理用ナイフ	1
タンブラー	24	ドンナイ型容器大	1
ランチ用プレート	1	トレイ（大と小）	4
コーヒーフィルター	4	カーッティガイ式ランプ	2
ドーサ用プレート	3	粉すくい用匙	2
4 つの小型足つきプレート	2	トング	1
蓋つき 5 穴イドゥリ用プレート	3	檳榔の実入れ	1
蓋つきテッカルールポット	2	穴付きスプーン	2
蓋つきポンガル用ポット	4	蓋	3
入子型細長容器セット	1	ギー用小スプーン	3
ティフィンキャリア	3	コーヒー用スプーン	1
ミルク入れ	2	カップとソーサー	2
2 つハンドルつき容器	2	野菜切り用ナイフ	2
バターミルク用ポット	1	ポット立て	1
プーリ用箱	1	円筒型オイル入れ	1
儀式用の小カップつきプレート	8	小容器	2
ギー(油)用の取っ手と蓋つき容器	3	魚用串	1
フルーツとココナッツ用のトレイ	2	スプーンたて	1
カーシープレート	1	カルシウムペーストをいれる楕円型ボックス	1
コーヒー冷却用の小容器	3	ドンナイ型容器	10
ポット大	1	ブリキのスプーン	1
米を炊くポット	1	ゆりかご用スプリング	1
ミルク用ポット（入子式）	1	紅茶用フィルター	1
氷用タンブラー	1	スクリュードライバー	4
ランプを入れる蓋つき容器	2	檳榔の実用トレイ	1
円筒型蓋つき容器（ランチボックスタイプ）	1	ほら貝型の哺乳瓶	2

付録：ナーッチャンマイのサーマーンのリスト

銀製品

ランプ（高さ３フィート）	1	極細の針	1
小さなランプ（高さ２フィート）	1	マイソール風容器	1
ポンガル用ランプ（大）	1	ココナッツとフルーツ用トレイ	1
ポット（小）	1	サンダルペースト用容器	1
スレートのランプ	1	聖灰用入れ物	1
ヴィナーヤガの像	1	ランプの芯を入れる容器	1
ほら貝	1	小麦粉のグラインダーの木のカヴァー	1
矢	1	鋭い先をもつ容器	1
ポンガル用ポット	1	赤ちゃん用のミルク入れ	1
マイソール風容器（小）	1	足首用の飾り	1
小さな容器	3	タンブラー	1
銀のマッチ箱	1	菓子用のトレイ	1
タンブラー	1	クンクム用のスタンドとギーを入れる容器	1
メッティ	6	スプーン	1
給仕用スプーン（大と小）	2	皿	2
櫛	1	ディナー用皿	2

扉のある収納家具（ビューロー）

ビューロー	1	マットレス収納用ビューロー	1
鏡のついたビューロー	1	パッタナムビューロー	1
カップボード	1	台所用カップボード	1

ステンレススチール製品

ランプ	1	イドゥリ用７穴プレート	2
入子型マイソール容器（10個）	2	檳榔の葉用プレート	1

著者略歴

西村祐子（にしむら　ゆうこ）

駒澤大学総合教育研究部教授。東京大学大学院人文科学研究科に在学中に南インドのタミルナードゥ州にて村の祭礼に関するフィールドワークを行う。ロンドン大学大学院（LSE）における博士論文でナガラッタール・コミュニティをとりあげ、同論文にもとづいた*Gender, Kinship and Property Rights*をオックスフォード大学出版局より出版。国際交流基金による安倍フェローとして渡米、シアトル市のアジア系コミュニティにおけるコミュニティ開発を研究、『草の根NPOのまちづくり』（勁草書房）を出版。以降、JICA後援による南インドおよびフィリピンにおける開発プロジェクトを手掛ける。近著では日本や海外における皮なめしにかかわるコミュニティの社会・文化的なコンテクストを比較研究した『革をつくる人びと』（解放出版社）、『皮革とブランド』（岩波新書）などがある。

新曜社

現代南インドの女性たち

カーストがもたらす規範と幸福

初版第1刷発行　2025年2月28日

著　者　西村祐子

発行者　堀江利香

発行所　株式会社　新曜社

〒101-0051　東京都千代田区神田神保町3-9
電話（03）3264-4973㈹・Fax（03）3239-2958
E-mail：info@shin-yo-sha.co.jp
URL：https://www.shin-yo-sha.co.jp/

印　刷　メデューム

製　本　積信堂

ISBN978-4-7885-1878-0　C1039

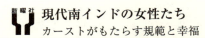